맞벌이
부자들

남들보다
2배 이상 빨리
돈이 모이는
기적의 돈 관리

맞벌이 부자들

김경필 지음

프롤로그

우연히 '맞벌이 부자'가 될 수는 없다

"맞벌이를 한다고 정말 부자가 될 수 있을까?"

물론이다. 실제 금수저를 물고 태어난 상속 부자가 아니라도 맞벌이로 부자가 된 사람들은 많다. 여기에서 부자란 빌딩 몇 채를 가지고 있을 법한 재벌을 말하는 것이 아니다. 앞으로 이 책에서 다룰 '맞벌이 부자'의 기준을 명확히 해두도록 하자.

세상엔 두 종류의 사람이 있다. 먹고살기 위해 일하는 사람과 먹고살 만하지만 그것과 상관없이 일하는 사람이다. 바로 생계형 경제활동과 자아실현형 경제활동의 차이다. 누구나 후자를 꿈꾸지만 안타깝게도 지금 일하지 않는다면 당장 생활이 불가능한 생계형 경제활동이 대부분일 것이다. 따라서 맞벌이 부자의 기준은 매우 단순하다. 다니던 직장이나 하던 일을 당장 때려치워도 현재 생활수준을 죽는 그날까지 유지할 수 있는 사람들. 그들이 '맞벌이 부자'들이다. 또한 자아실현형 경제활동을 하는 사람들이다.

"부자가 고작 그 정도냐?"라고 말할지도 모르겠다. 그럼 자신에게 물어보자. 당신은 그 수준에 언제쯤 도달할 수 있는가? 은퇴 전에 현재의 생활수준을 계속 누릴 수 있을 만큼 준비하지 못한 사람들이 수두룩하다. 그래서 평생을 은퇴 없이 계속 일해야 한다는 한숨 섞인 말도 많이들 한다.

지금 한번 생각해보라. 여러분은 왜 일을 하는가? 많은 직장인들이 1년이면 매달 한 번씩, 한 12번쯤 사표를 내던지고 회사를 뛰쳐나가고 싶은 충동을 느낀다고 한다. 그런데 왜 그만두지 못하는가? 너무나 당연한 이유지만 생계를 위한 경제활동을 하고 있기 때문이다. 반면 언제든지 지금 하는 일을 그만둘 수 있음에도 일을 하는 사람은 어떨까? 좀 더 나은 경제적 풍요와 자아실현을 위해서 선택적으로 일하는 것이다. 이것이 얼마나 다른 것인지 상상해보자.

주택이나 자녀교육의 문제가 모두 해결된 상태에서 현재 준비된 것만으로 당장 은퇴가 가능한 사람, 이런 사람이 바로 이 시대 진정한 '맞벌이 부자'다. 그렇다면 이 시대 모든 맞벌이들이 이런 단순하고도 명확한 목표를 향해 순항하고 있는 걸까? 과연 은퇴 전에 '맞벌이 부자'라는 항구에 도달할 수 있는 경우는 몇이나 될까?

당신이 만일 맞벌이를 계획하고 있거나 혹은 온갖 장애물을 극복하고 지금 맞벌이를 하고 있다면 여러분의 맞벌이는 어디로 항해

중인가? 혹시 맞벌이의 최종목표를 조금 전에서야 깨달았는가? 소득이 외벌이의 두 배(Double income)라는 것에는 그에 따른 재산증가의 속도 또한 두 배 이상일 수 있다는 기대가 가능하다. 맞벌이의 경제적 효과는 단순하게 생각해도 1+1=2다. 그러나 현실에서는 맞벌이 공식이 그냥 1×1=1이 되어버리는 경우도 허다하다. 여러분은 맞벌이의 목표를 생각해본 일이 없거나 오히려 맞벌이라서 마음 편히 과잉소비를 즐겼을 수도 있다. 또 물밑에서 벌어지는 부부 간 경제 갈등 때문에 맞벌이라는 시대적 특권을 가지고도 그 기회를 제대로 활용하지 못하고 여전히 답답한 경제현실에 갇혀 있을 수도 있다.

1년 전 지인의 추천으로 30대 후반 부부의 재무상담을 맡게 되었다. 대기업 과장으로 근무하는 아내 박정아 씨(37세)와 IT벤처 차장으로 근무하는 남편 박양수 씨(38세)는 결혼 5년차에 접어든 맞벌이 부부였다.

상담 내용은 월 여윳돈이 생겨 저축을 할 계획이니 적합한 금융상품을 추천해달라는 것이었다. 과거 2년 동안 함께 사는 입주 도우미가 아들을 돌보았으나 최근 4살이 되어 어린이집 종일반에 다니게 된 이후로는 도우미에게 나가던 비용만큼 고스란히 여유가 생겼다. 언제나 소비에 목말라 있는 것이 직장인인데 여윳돈이 생기자마자 저축을 하겠다는 결심을 했으니 무척 훌륭한 생각이라고 부부를 격려해주었다. 30대에 완전히 안착해 결혼을 했으니 각자 어느 정도는 돈을 모아서 시작했을 것이었다. 결혼 당시 부모님께 지원도 받았다고 한다. 지난 5년간 차곡차곡 모았다면 경제적으로 꽤나 안정적이리라는 그림이 그려졌다. 그러나 실상은 기대와 많은 차이가 있었다. 부촌 지역인 과천에 살고 있지만 전세자금 4억 원 중에 2분의 1에 가까운 1억 8000만 원이 대출이었다. 예금과 같은 금융자산도 많지 않았다.

굳이 따져보자면 남편이 갑자기 대기업에서 벤처기업으로 직장을 옮기게 되면서 줄어든 월급이 변명일 수 있다. 하지만 그것을 감안하고 백보 양보하더라도 결혼 전 부모님에게 지원도 받았고 지난 10년간 두 사람이 받은 월급만 7억 원, 지금까지 5년이나 맞벌이를 했는데도 고작 자산이 2억 원대 초반이니 분명 아쉬움이 남는다. 저축현황을 보면 매월 두 사람의 월급 700만 원 중 20%인 150만 원 정도에 불과했다. 월 500만 원을 넘게 쓴 것이다. 보통 '저축황금기'라고 하는 결혼 후 10년을 이처럼 낮은 저축률로 보낸다면 제 아무리 소득이 높더라도 안정된 미래 준비는 단연코 불가능하다. 그 돈은 다 어디로 갔을까?

금융상품을 추천하는 일에 앞서 맞벌이 효과가 전혀 나타나지 않은 근본 원인부터 찾아보았다. 첫째로 눈에 띄는 것은 결혼 후 4년 동안이나 돈 관리를 따로 해왔다는 점이다. 좀 더 정확히 말하자면 결혼 후 공동생활비만 갹출하고 나머지 돈은 각자 관리했다.

두 사람 모두 경제관념이 약한 편인 데다가 설상가상 남편은 지난 4년간 공동의 생활비를 내놓고는 아내 모르게 마이너스를 조금씩 쌓고 있었다. 그도 그럴 것이 본인소득이 아내보다 낮음에도 불구하고 더 많은 공동생활비를 부담했던 것이다. 당연히 저축은 고사하고 마이너스통장의 금액만 불어나고 있었다. 회사를 옮기던 당시 상황을 들어보니 아내가 걱정할까 봐 소득을 정확히 말해주지 않은 점도 이해는 가지만 처음부터 소득이 완전하게 공개되었더라면 애초에 이런 일은 없었을 것이라는 아쉬움도 들었다. 아내 또한 실수가 있었다.

3년 전이었다. 아내는 갖고 있던 자금 중 일부를 주식에 넣었다가 2000만 원 남짓 손실을 보았다. 화들짝 놀라 주식에서 돈을 뺀 후 지금은 주식을 쳐다보지도 않는다고 했다. 역시 'ㅇㅇ주식이 뜬다더라!' 또 '△△ 종목 얼마까지 간다더라!' 하는 일명 '카더라 통신'에 얇은 귀가 팔랑거려서 생긴 일이다.

또한 두 사람 모두 빚에 대해서 무감각했다. 사상 초유의 저금리가 이자 부담을 적게 만들었다. 당장 나가는 비용이 적으니 갚아야 한다는 책임감은 사라졌다. 돈을 따로 관리하니 내게 마이너스가 생기더라도 상대 배우자가 돈을 벌고 있다는 생각에 '큰 문제는 없다'는 정신적 안정감도 생겼다. 배우자의 월급이 얼마인지, 저축은 얼마나 하는지도 모르면서 배우자의 소득이 서로에게 심리적 보험이 된 셈이다. 아울러 돈이 나뉘어 있으니 재무적 목표를 이루려고 하는 책임감도 느슨해졌다. 셋째는 마스터플랜이 없었다는 것이다. 장기계획이 없으니 저축은 줄어들고 지출은 늘 주먹구구식이었다.

둘이 벌고 있으니 자연히 '과잉소비'도 생겨났다. 필요한 곳에 필요한 만큼만 소비하는 것이 아니라 필요하지 않은 곳에 필요 이상 소비하게 되는 것이다.

신혼 초부터 살고 있는 지금의 전셋집, 자녀도 없는 5년 전으로 생각해보면 너무 큰 집은 아니었을까? 과천에 33평형 아파트면 프리미엄급이다. 전세 가격에 큰 영향을 주는 것은 교통이나 기타 편의시설이다. 이는 분명 신혼부부에게도 필요한 환경이지만 사실 가장 큰 영향을 끼치는 것은 바로 학군, 교육환경이다.

당시 학교를 다니는 자녀가 없는 신혼부부가 왜 군이 과천에 신혼집을 얻었을까? 그것도 30평형 아파트로 말이다. "서 있으면 앉고 싶고, 앉으면 눕고 싶다"는 옛말이 있다. 몇천만 원 더 높은 전세 가격이 그렇게 엄청난 차이를 만들겠느냐고 생각할지 모르지만 더 좋은 지역, 더 큰 집은 높은 유지비는 물론 눈에 보이지 않는 과잉소비를 계속 만들어낸다.

이 경우와는 반대로 엇비슷한 월급을 받으면서 맞벌이 부자를 향해 잰걸음으로 가는 경우도 있다. 초등학교 교사 박민정 씨(36세)는 중견기업 과장인 남편과 결혼하여 어느덧 6년차에 접어든 맞벌이 부부다.

현재 5살 아들 1명을 키우고 있는 박민정 씨는 자녀출산으로 인한 맞벌이의 공백을 최소화하고자 출산에 맞춰 육아 도움을 받을 수 있는 친정 근처로 이사를 가는 원정출산을 감행했다. 그 결과 단

6개월 만에 육아휴직을 끝내고 빠르게 맞벌이로 복귀했다. "애가 어릴 때 빨리 모아야죠!" 그녀의 말 한마디는 모든 것을 짐작하게 했다. 실제로 결혼 6년차인 지금 둘이 모은 자산은 4억 원에 가깝다. 현재는 두 사람의 월급인 650만 원 중 약 60%인 400만 원을 매월 저축한다. 이들은 아이가 초등학교에 입학하기 전에 대출 없이 35평형 아파트를 마련할 계획이다.

이 부부의 성공 요인 중 가장 눈에 띄는 것은 아내의 강력한 리더십이다. 결혼 초부터 '선先저축 후後소비'라는 기본 개념을 가지고 상황이야 어찌 되었건 일단은 큰 금액을 저축해왔다. 너무 많은 저축액 때문에 어쩔 수 없이 적금을 깬 적도 있다. 하지만 적금이야 금액을 줄여서 다시 시작하면 되는 것. 무리한 저축으로 손실을 본 일은 없다.

아울러 부부의 월급은 서로 완전히 오픈되어 합쳐진 상태. 덕분에 확실하고 강력한 저축드라이브가 가능했다. 남편은 아내의 돈 관리에 대해 전폭적인 신뢰와 믿음을 갖고 있었다. 게다가 지난 6년 동안 줄곧 적금만 고집하던 부부에게 공모주청약이나 펀드투자 같은, 작지만 몇 번의 성공적인 재테크의 행운도 뒤따랐다. 아이를 키우는 가정으로서 이처럼 높은 저축액과 낮은 생활비가 불편하지는 않았을까? 그녀는 같은 돈을 쓰더라도 누구는 맨날 쓸 돈이 없다고 하는데 자기는 적은 돈이지만 할 건 다한다고 당당하게 말한다.

보통 사람들이 쓰는 가계부에는 사용한 금액들이 항목별로 적혀 있다. 하지만 그녀의 가계부엔 그 외에도 한 가지가 더 적혀 있다. 항목별 예산금액이다. 문화생활비 월 9만 원, 외식비 월 13만 원, 의복비 분기 32만 원 등 사용 주기와 예산금액이 세부적으로 정해져 있는 것이다. 그러고 나서 예산에서 실제 얼마나 쓰이고 얼마가 남아 있는지를 적는다. 분기, 월간, 주간으로 나누어져 있는 예산을 기준으로 사용하다 보면 특정 항목에서 예상치 못한 지출은 사라지게 된다. 외국 브랜드의 대형 할인마트에서 장을 보게 되면 너무도 싼 가격에 대량구매를 하는 경우가 많은데 대부분 얼마 가지 않아 냉장고에서 처치 곤란이 되어버린다. 예산에 따라 소비하면 필요한 만큼만 사게 되는 반면 싸다는 이유로 사들이다 보면 결국 필요하지 않은 것을 너무 많이 소비하게 된다. 그녀는 이처럼 아주 디테일한 항목의 예산을 가지고 살림을 한다. 새는 돈은 없고 적은 생활비로도 가족들 모두가 불편함 없이 생활할 수 있게 만드는 그녀만의 노하우다.

이처럼 거친 파도가 몰아치는 바다 위에서도 '맞벌이 부자'라는 항구를 향해 방향타를 고정하고 줄기차게 항해하는 배도 있다. 반면 파도가 치는 대로, 또 바람이 부는 대로 그냥 표류하는 배도 있다. 결코 '맞벌이 부자'라는 항구에 우연히 도착하는 배는 없다.

요즘처럼 직장을 구하기가 하늘에 별 따기인 현실에서 맞벌이가 가능하다면 대단한 축복이고 특권임에 분명하다. 이제 우리는 선배 '맞벌이 부자'들을 롤 모델 삼아 무엇을 어떻게 해야 할지를 살펴볼 것이다. 이 책을 읽는 동안 많은 부부가 대화를 통해 갈등을 해소

하고 앞으로의 경제 문제를 확실하게 돌파하는 맞벌이 최강 콤비이자 멋진 '맞벌이 부자'로 변신하기를 기대해본다. 이것은 여러분 인생에 아주 중요한 문제임에 분명하다.

김 경 필

이것만은 꼭 읽고 시작하자!

■ '맞벌이 부자'란?

> 지금 당장 맞벌이를 통해서 얻는 근로소득이나 사업소득이 없어진다고 해도 주거용 주택*을 제외한 나머지 잉여자산**만으로 부부가 현재 생활수준***을 죽는 날까지 유지하는데 아무런 문제가 없는 사람.

■ '맞벌이 부자'에 도달하는 기준시점이란?

> 부자의 기준이란 일하지 않더라도 현재의 생활수준 이상이 유지되어야 한다는 전제조건이 필수적이다. 소득이 없어진다고 해서 강제로 생활비를 줄이는 개념이 아니란 뜻이다. 아직 자녀가 교육 중에 있다면 교육비도 계속해서 들어가야 한다. 은퇴 후엔 고정지출은 크게 변동이 없겠지만 오히려 여가나 문화생활비만큼은 크게 증가할 수도 있다. 따라서 현재 사용하는 월 생활비와 당장 은퇴생활이 시작되었을 때 필요한 새로운 노후생활비에는 분명 차이가 있다. 주거용 주택에서는 계속 거주해야 하기 때문에 주거용 주택을 노후에 자산으로 활용할 수는 없다. '맞벌이 부자'에 도달하는 기준시점은 주거용 주택을 제외한 나머지 자산으로 현재 생활수준(새로운 노후생활비)을 종신토록 감당할 수 있는 시점으로 진입하는 것에 도달하는 것을 의미한다.

- * 주거용 주택: 현재 소유하고 있거나 전세로 있는 거주주택의 가격(대출금은 제외).
- ** 잉여자산: 주거용 주택과 대출금액을 제외한 예금, 주식, 연금, 부동산 등 순자산 평가금액.
- *** 당장 은퇴하고 노후생활을 시작했을 때 필요한 생활비. 지금 월 생활비에서 대출원리금 상환비용을 빼고 각 지출항목에 적용배수를 곱해 새로 계산된 생활비.

현재 생활수준을 계산하는 방법은?

예시) 김○○ 님(50세), 이△△ 님(48세)은 고등학생 자녀 2명을 둔 맞벌이 부부다. 그들이 지금 당장 은퇴한다면 현재 생활수준을 유지하기 위해 필요한 노후생활비는 얼마나 될까?

【현재 월 생활비】

구분	지출항목	금 액	×적용배수
고정지출	경상비용	월 70만 원	×1.0
	의료비용	월 20만 원	×1.5
	자녀교육비	월 150만 원	×1.0
	대출원리금 상환	월 50만 원	×0
변동지출	문화생활비	월 30만 원	×3.0
	쇼핑/유흥비	월 30만 원	×2.0
	외식비	월 20만 원	×2.5
연간지출	명절비용	월 평균15만 원	×1.0
	여행비용	월 평균15만 원	×1.0
합 계		월 400만 원	

현재 생활수준을 유지하기 위한【노후생활비】

증가	금 액
없음	월 70만 원
소폭 증가	월 30만 원
없음	월 150만 원
감소	월 0만 원
대폭 증가	월 90만 원
대폭 증가	월 60만 원
대폭 증가	월 50만 원
없음	월 평균 15만 원
없음	월 평균 15만 원
자녀독립 전 합계	월 480만 원
자녀독립 후 합계	월 330만 원

〈적용배수의 기준〉

경상비용(×1.0)
: 교통통신비, 주택관리비, 공과금, 월세 등의 고정비용을 의미하며 은퇴 후 큰 변화는 없다.

의료비용(×1.5)
: 어떤 연령에서 은퇴하는가에 따라 달라지겠지만 보통은 증가한다고 봐야 한다.

자녀교육비(×1.0)
: 자녀가 독립 전이라면 동일하게 들어갈 것이고 자녀가 독립한 후에는 모두 사라지게 된다.

대출 원리금 상환(×0)
: 지금 은퇴를 한다면 있는 모든 채무를 정리한다는 가정이므로 모두 사라지게 된다.

문화생활비(×3.0) 쇼핑/유흥비(×2.0) 외식비(×2.5)
: 가장 높은 배수가 적용되는 항목으로 평소 일주일 기준으로 1~2일인 휴일에만 지출되던 항목이지만 은퇴 이후에는 4~5일 기준으로 지출된다.

이 부부는 현재 생활비는 400만 원, 지금 당장 은퇴한다면 자녀가 독립하기 전까지는 월 480만 원, 자녀가 독립한 후에는 월 330만 원의 생활비가 종신토록 필요하다.

차례

프롤로그_ 우연히 '맞벌이 부자'가 될 수는 없다 5
이것만은 꼭 읽고 시작하자 14

PART 1 고용불안정 시대, 맞벌이는 축복이다

Chapter 1
'맞벌이 부자'로 달려가는 사람들

그들은 작은 명분보다 큰 실리를 추구한다 23
소비평준화의 함정에 빠지지 마라 25
연애시절부터 완벽한 맞벌이를 꿈꾸다 29
맞벌이의 진정한 가치는 일을 통한 자아실현 33
맞벌이를 응원하는 열렬한 서포터즈들 40
맞벌이 자녀들은 서울대에 못 간다? 41
맞벌이 부자들의 자녀교육 하프 인 투자법 47

Chapter 2
맞벌이 효과가 사라지는 경제적 함정

과잉소비와 대량소비의 강렬한 유혹 51
맞벌이에게 더 가파른 소득절벽 59
맞벌이에게 나타나는 착시현상 62
어설픈 금융상식이 빠지기 쉬운 일반화의 오류 68
맞벌이의 경제 효과를 사라지게 하는 진짜 이유 78

PART 2 맞벌이 부자들의 3대 능력

Chapter 3
그들은 '소통' 능력이 다르다

소통형 맞벌이가 보여주는 환상의 콤비 플레이 **87**
간단 소통 능력 테스트 **94**
맞벌이라서 더욱 요구되는 소통 능력 **100**
맞벌이의 독은 바로 불통 **102**
원하는 삶을 추구하는 동상동몽 부부 **105**

Chapter 4
그들은 '계획' 능력이 다르다

재테크란 머털도사의 도술 같은 것 **108**
마스터플랜의 힘 **110**
인생 5대 자금 목표 세우기 **114**
맞벌이 부자들에겐 꼭 있는 것, 소비예산 **122**
맞벌이 부자들에겐 절대 없는 것, 5無의 돈 관리 **126**
철저한 저축원칙 다섯 가지 **136**

Chapter 5
그들은 '실행' 능력이 다르다

빠른 의사결정의 힘 **142**
성공투자 뒤에 숨겨진 저축과 보험의 비밀 **148**
발 빠르게 시작된 수익형 부동산 **154**
3W를 바탕으로 한 완벽한 노후계획 **159**
이 시대에 필요한 맞벌이 부자의 기준 **165**

맞벌이 부자로 가는 성공 로드맵
1+1=3 Really?

Chapter 6
첫걸음, 돈의 흐름을 장악하라

올바른 돈 관리 습관을 가져라 171
똑똑한 통장시스템으로 심적회계를 극복하라 179
착한 대출과 나쁜 빚을 구분하라 190
맞벌이 윈윈 서약서 만들기 194
부부가 함께 생각정리 박스_ 실천사항 체크 200

Chapter 7
맞벌이 부자로 가는 재무 피트니스 플랜

이제는 핏의 시대가 열린다 201
결혼계획 피트니스, 인생계획에 첫 단추를 끼우다 204
주택계획 피트니스, 10년 안에 80%를 모을 수 있어야 진짜 내 집이다 212
자녀계획 피트니스, 교육비의 25%는 저축으로 장학기금을 만들자 217
부부가 함께 생각정리 박스_ 실천사항 체크 221

Chapter 8
맞벌이 부자를 완성하는 노후 피트니스 플랜

꿈꾸어온 노후생활, 월 500만 원이 필요하다 222
달라진 노후생활, 슬로우 워커의 등장 230
노후에 안정감을 더하는 4개의 바퀴 233
맞벌이 부자와 맞벌이 푸어의 갈림길, 노후 준비 251

Chapter 9
맞벌이 부자라는 목표를 향해 달리다

무엇인가? VS 얼마인가? 253
중위험 중수익의 투자효과를 노려라 256
라벨링이 강한 저축을 만들자 261
노후 월세 500만 원 만들기 263
맞벌이 부부를 위한 적절한 보험상품 가입하기 271
맞벌이 부부를 위한 세제 혜택 챙기기 277

PART 4
맞벌이 부자의 라이프스타일
1+1=3!

Chapter 10
인생을 품위 있게 즐기는 사람들

0.8의 법칙, 길어지는 라이프 그래서 느려지는 라이프 285
최선을 추구하되 항상 최악을 대비하다 292
자신이 좋아하는 일을 찾아라! 296
남성의 이성적 정보 능력과 여성의 감성적 소통 능력이 만나다 300
여성의 현실감각이 최고의 경쟁력이다 303
"슈퍼맨이 돌아왔다!" 306
신데렐라가 자라서 파워 워킹맘이 되다 312

에필로그_ 걸림돌이 있다면 ☐ 디딤돌로 삼아라 318

PART
1

고용불안정 시대, 맞벌이는 축복이다

Chapter 1
'맞벌이 부자'로 달려가는 사람들

| **그들은 작은 명분보다 큰 실리를 추구한다** |

　맞벌이는 분명 외벌이보다 소득이 높다. 생각하기에 따라서는 남들보다 더 좋은 차나 더 큰 집을 소유할 명분도 있다. 소비의 기준이 허세인지 아니면 격에 맞는 품위유지인지 그 경계는 정말 모호하다. 하지만 맞벌이 부자들은 외벌이와 사정이 크게 다를 것이 없다고 생각한다. 이는 내가 상담해본 모든 맞벌이 부자들의 공통된 생각이었다. 어째서 외벌이와 다를 바가 없다고 생각하는 것일까? 진짜 맞벌이 부자들은 언젠가 멀지 않은 미래에 외벌이가 될 상황까지 계산하기 때문이다. 그들은 마치 외벌이처럼 소비하고 외벌이처럼 저축한다. 매달 한 사람의 추가소득이 들어오지만 허세인지 아

니면 격에 맞는 품위유지인지 그 경계가 모호한 곳에 돈을 쓸 여력은 없다.

함께 식사를 하고 계산을 할 때면 의례적으로 더치페이를 하는 외국 사람들과 달리 우리나라 사람들은 누가 계산을 할 것인가를 놓고 서로 자기가 내려는 신경전(?)을 벌이기도 한다. 이처럼 일상생활에서도 명분과 실리 사이에서 게임은 계속된다. 맞벌이 부자들은 이런 경우 어떨까? 내가 만나본 맞벌이 부자들은 의외로 밥을 잘 산다. 모든 상황에서 계산적이지 않다. 그러나 그들은 결정적일 때에 실리를 우선한다. 맞벌이 부자들에게 실리를 우선한다는 것은 소소하고 작은 모든 부분에까지 악착같이 무조건 돈을 아낀다는 뜻이 아니다. 사치물품, 예컨대 과도하게 비싼 차나 불필요하게 큰 집과 같이 지속적으로 큰 지출이 나갈 수 있는 사치를 절대 만들지 않는다는 뜻이다.

다시 말해 작은 명분을 버리더라도 큰 실리를 반드시 추구하는 사람들이 바로 맞벌이 부자들이다. 동료들에게 수십 번 밥을 사더라도 본인에게 걸맞지 않은 큰 차를 타지만 않는다면 소비에 아무런 문제가 없다고 생각한다. 또 할인쿠폰을 챙기지 못해 바겐세일 기간이 지난 후에 물건을 샀다고 할지라도 과도한 전세자금대출로 필요 이상의 큰 집에만 살지 않는다면 역시 문제가 없다고 생각한다. 결국 맞벌이 부자들의 라이프스타일은 큰 실리를 추구하는 것이며 결정적으로 작은 명분을 추구하느라 큰 손실을 만들지 않는다는 뜻이기도 하다. 작은 명분보다는 언제나 큰 실리를 선택하는 라이프스타일이 몸에 밴 맞벌이 부자들. 과연 여러분은 어떠한가?

소비평준화의 함정에 빠지지 마라

"지옥 중에 가장 견디기 힘든 괴로운 지옥은 어떤 지옥일까?"

정답은 바로 '천국이 내려다보이는 창문이 있는 지옥'이다. 절대적 빈곤보다도 더 견디기 힘든 것이 바로 상대적 빈곤이다. 돈이 많은 사람조차 돈이 더 많은 사람을 보면서 상대적 박탈감을 느낀다. "배고픈 것은 참아도 배 아픈 것은 못 참는다"는 말이 나온 이유도 여기에 있다. 이처럼 모든 것이 상대적인 시대에 빈익빈 부익부 현상이 커진다면 그야말로 상대적 빈곤감이나 박탈감은 극에 달할 수밖에 없다.

2015년 국회 기획재정위원회 국정감사보고 자료에 따르면 2013년 기준 우리나라 상위 1% 소득은 전체의 13.05%, 상위 10% 소득은 전체의 47.77%로 나타났다. 그 어느 때보다도 소득양극화의 문제가 심각한 상황이다.

인류 역사에는 부자와 가난한 사람들이 늘 존재해왔다. 하지만 과거에는 그들 간의 정보 교류가 거의 없었다. 따라서 지금과 같은 '소득불평등'이니 '소득양극화'니 하는 말조차 없었다. 부자는 가난한 사람들의 모습이 어떤지, 또 어떻게 살아가는지에 관심이 없고 가난한 사람들도 부자들이 어떻게 살아가는지 도무지 알 방법이 없었다. 하지만 20세기 현대사회에서는 이런 정보 차단의 벽이 모두 무너져

버렸다. 특히 21세기에 인터넷의 시대가 도래하면서 누구에게나 또 언제 어디서나 정보 교류가 가능하게 됐다. 정보 차단의 벽이 사라지니 소득불평등과 소득양극화 문제가 수면 위로 올라왔고 사회적 갈등의 씨앗이 되었다.

하지만 내가 10년 넘게 직장인을 상담해오면서 '소득양극화의 문제'에 못지않게 큰 문제라고 느낀 것이 있다. 바로 '소비평준화의 문제'다. 좀 더 정확히 말하면 소비가 '상향평준화'되었다는 뜻이다. 그런데 연 소득도 높고 현재 자산도 많은, 그야말로 예비 맞벌이 부자들일수록 이젠 좀 여유를 가져도 되겠다는 생각부터 하기는커녕 오히려 저축과 투자 등 재테크에 더욱 열을 올린다. 반면 연 소득도 낮고 아직 갈 길이 먼 가정일수록 허리띠를 졸라맬 생각보단 오히려 문화생활에 더 많은 돈을 쓰고 있다.

중소득층 또는 고소득층에 비해서 저소득층의 경우 오히려 '최저생계수준'이 많이 상승했다. 부자나 가난한 사람이나 씀씀이에 별 차이가 없다. 지금이야 별 문제가 없을지 모르지만 과연 은퇴 후엔 어떨까?

예를 들어보자. 연 소득 3억 원이 넘는 상위 1%에 속하는 사람이나 연 소득 3000만 원의 전체 평균인 사람이나 똑같은 스마트폰을 사용한다. 소득 상위 10%에 속하는 사람이나 연 소득 전체 평균인 사람이나 살고 있는 주택의 크기에도 차이가 없다. 또한 강남 중산층의 가정이나 서민층의 가정이나 큰 차이 없는 사교육비를 지출한다. 10년간 상담을 하면서 만난 2030 젊은 층의 재무목표를 보면 이런 소비의 평준화를 실감할 수 있다.

대부분 도시에 산다는 점과 직장생활을 한다는 점, 미혼이거나, 혹 기혼이라도 자녀가 아직 어리다는 특징이 있다. 하지만 그들 사이에서도 소득은 완전히 다르다. 특히 외벌이인지 맞벌이인지 또 어떤 직장인지에 따라서 연 소득만큼은 큰 차이를 보인다. 이런 차이에도 불구하고 미래의 재무목표는 맞벌이나 외벌이나 큰 차이가 없다. 소위 '이 정도는 하고 살아야 한다'는 기본적인 눈높이가 존재하는 것이다. 다음은 상담고객 재무목표 현황 중 몇 가지를 정리해본 것이다.

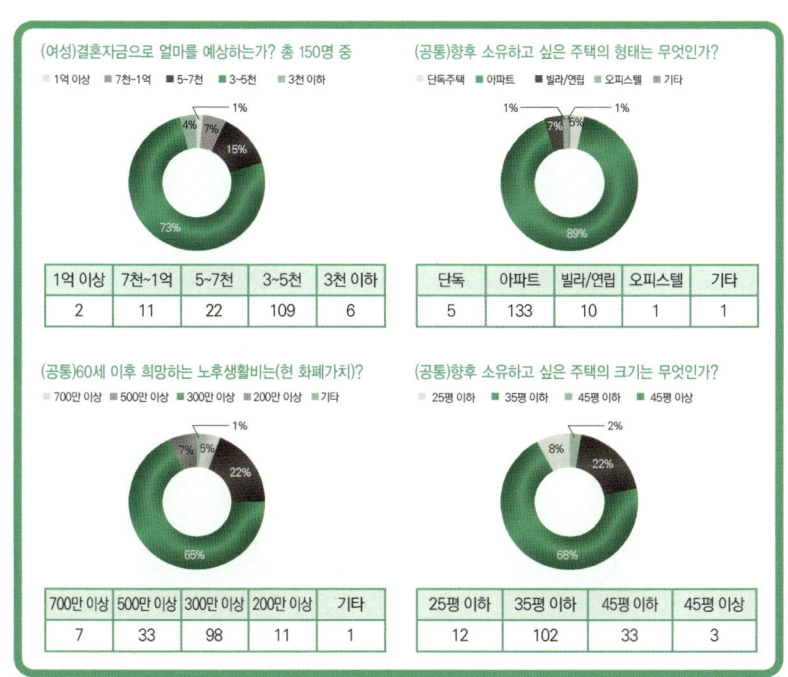

이 통계의 평균치를 계산해보면 다음과 같다.

■ 2030 세대가 생각하는 재무목표 평균치

결혼자금	5000만 원
주택자금	4억 원 (수도권 30평형 아파트 평균 가격)
자녀교육	1억 5000만 원 (인당 자녀교육비 통계 1억 5757만 원)
노후자금	8억 원 (전국 임대수익률 기준 월 임대료 300만 원 기준)
(해당시점 기준) 합산	약 14억 원

만약 미혼이라면 결혼자금부터 포함하여 가구당 약 14억 정도가 필요하다. 물론 이 계산은 해당 시점에서 자금을 단순히 합산한 것이다. 따라서 실제로 인플레이션이나 다른 조건이 변한다면 액수가 더 커질 수도 있다. 그러나 이것보다도 더 낮은 눈높이를 요구하기란 현실적으로 쉽지 않다.

이후 10년 현금 흐름표를 작성해서 현재 저축과 투자가 지속될 경우 과연 각 목표자금이 언제 달성되는가를 가늠해본다. 당연히 외벌이보다는 맞벌이의 목표 달성 기간이 빠르다.

'소득양극화'와 '소비평준화'는 그동안 사람들을 중산층 밖으로 밀어내는 역할을 했다. 특히 이런 현상은 외벌이들에게 더 집중될 것이다. 그러므로 여러분이 지금 맞벌이를 하고 있다면, 또 맞벌이를 준비하고 있다면 그만큼 앞서갈 수 있는 유리한 위치를 차지한 것이다. 경제성장률이 1% 떨어지면 일자리 10만 개가 사라지는 현실에서 꼬박꼬박 나오는 소득으로 맞벌이를 할 수 있다는 것 자체가 축복이다. 여러분은 이 시대의 수많은 사람들이 갖지 못하는 엄청난 기회를 가지고 있는 것이다.

연애시절부터 완벽한 맞벌이를 꿈꾸다

대기업 계열사인 D건설회사에 근무하는 이형섭 씨(30세)와 외국계 제약회사에 근무하는 김유미 씨(29세)는 소개로 만나 3년 정도 연애 중인 젊은 커플이다. 이들은 다음 해 가을에 결혼을 목표로 준비 중인 예비 신랑신부이기도 하다. 나는 매월 직장인 세미나를 진행하고 있는데 이 세미나를 통해 둘을 만났다. 그들의 첫인상은 모든 면에서 남달랐다. 우선 연예인을 방불케 하는 훈훈한 외모도 외모였지만 스타일리시한 분위기와는 달리 근검절약이 몸에 밴 흔치 않은 커플이었다. 결혼 준비를 위한 타임스케줄에 해야 할 목록을 빼곡히 적은 다이어리만 봐도 결혼까지 1년이나 남았지만 얼마나 결혼식 준비를 철저히 하는지를 금세 알 수 있었다. 또 특이한 점은 연애 중이지만 공동 가계부를 쓴다는 것이었다. 물론 개인의 저축이나 용돈 부분이 아니라 공동의 데이트비용에 한해서 그렇다. 하지만 그런 공동의 돈 관리 습관이 훗날 맞벌이를 할 때 서로의 성향을 파악하고 맞추어가는 데 큰 도움이 될 터였다. 그들은 통장에 매월 공동의 데이트자금을 넣고 한 사람의 체크카드를 통해 지출하며 함께 관리했다. 심지어 몇 개월 전에는 공동비용을 아껴 펀드까지 들고 있었는데 돈을 모아 둘만의 이벤트에 쓸 계획이라고 했다. 공동의 데이트자금은 정확히 50대 50 비율로 부담했다. 과거 데이트비용이 남자의 일방적인 부담이었던 시대도 있었는데 무척이나 합리적인 마인드라는 생각이 들었다. 돈 문제에 관해 사소하게 생길 수 있는 심리적인 줄다리기와 불필요한 신경전을 줄일 수 있다는 생각에서다. 요즘은 이와 같이 연애시절부터 결혼 후 맞벌이를 염두에 두고 향후 계획을 꼼꼼히 세우는 커플들이 늘고 있다. 양해를 구하고 결혼 준비에 대한 다이어리까지 살짝 엿보았다. 그들이 세운 결혼자금은 총 2억 7335만 원이었다.

세세한 내역을 보면 결혼 준비를 일찍 시작하여 보다 완벽한 준비를 하겠다는 의지가 담겨 있다. 결혼 초 우왕좌왕하면서 열심히 돈을 모을 수 있는 황금시기를 놓치지 말고 하루 빨리 경제적으로 안정을 찾기 바라는 신부 어머니의 오래된 가르침이 김유미 씨에게 많은 영향을 준 결과다.

그런데 결혼 준비를 위한 예산목록에 독특한 부분이 눈에 띈다. 결혼에 들어가는 총비용마저 공동으로 계산해놓은 것. 무슨 이유인지 물었다. 이야기를 들어보니 양가에서 형편에 맞춰 검소하게 진행하되 한쪽이 너무 부담되지 않도록 총비용을 계산하고 이를 공동으로 부담하자는 쪽으로 의견을 모았다는 것이다.

아직 사회에 진출한 지 3년밖에 안 된 신랑신부가 모은 돈은 합해도 6000만 원 남짓. 나머지는 양가에서 나눠 부담하기로 했다. 결혼을 안 할 것이라면 몰라도 할 거라면 경제적인 준비가 부족하다고 해서 무작정 결혼을 미루지 말고 부족하게 시작하더라도 둘이 합쳐서 남보다 빨리 맞벌이 시작하는 게 경제적으로도 유리할 거라

■ 김유미 씨와 이형섭 씨의 결혼 준비 세부내역

항 목	내 용	예상금액	비 고
주택자금	전세자금	210,000,000	· 사당동 또는 방배동 주거용 오피스텔 20평형
결혼식	예식장대여	6,000,000	· 꽃 장식 등 부대비용+식대 3만 8000원 ×200명÷2(공동부담)
	드레스	1,200,000	· 총 패키지 공동부담 · 본식 비디오는 생략할 것인가 결정 필요
	결혼예복대여	1,000,000	
	메이크업	500,000	
	사진, 비디오	800,000	
	리허설촬영	2,000,000	
	폐백음식	350,000	· 컨설팅회사 10% 정도 할인
	청첩장	100,000	· 최소 주문, 모바일 청첩장 제작
	피부 관리	700000	· 신랑신부 모두 8주, 컨설팅회사 추가할인 10%
예물 및 예단	예물	5,000,000	· 신랑 신부 예물
	신부예복	900,000	· 미정
	신랑한복	600,000	· 미정
	예단	15,000,000	· 이불세트+7첩 반상기+은수저 · 예단비의 경우 집안의 가풍에 따라 다르나 평균비용 산정
신혼살림	가구	6,000,000	· 컨설팅회사를 통해서 할인
	가전	9,000,000	· 신제품이 아닌 한 시즌 이후 것을 구입
	침구	1,000,000	· 혼수예단 전문점에서 컨설팅회사를 통해 구입
	주방용품	1,000,000	· 할인행사를 이용하여 구입
신혼여행	신혼여행	2,200,000	· 동남아시아 경비 및 부대비용÷2(공동 부담)
예비비	예비비	10,000,000	· 부동산 복비, 부모님 선물 등등 기타예비비

는 생각에서다. 거기에 이처럼 부모님의 도움을 받을 수 있다면 금상첨화. 나도 아이들이 있는지라 부모의 입장에서 자녀들이 남들보다 일찍 시작해서 맞벌이를 해나가는 것이 큰 도움이 될 것이란 생각에 동의한다.

아직 결혼하지 않은 직장인 커플을 상담하면서 자주 듣는 질문이 있다.

"다들 결혼해야 돈이 모인다는데 사실인가요?"

사실이다. 소비 지향적이던 남자도 결혼 후에는 착실하게 돈을 모으는 모범 남편이 되는 경우를 많이 본다. 우선 결혼하면 책임감이 생겨서 돈을 허투루 쓰지 않는다. 김유미 씨도 연애시절부터 함께 결혼을 준비하면서 공동의 책임감이 더 생겼다고 한다. 그들의 결혼 준비는 체면이나 허례허식을 버리고 필요한 것을 합리적으로 함께 준비하자는 것에 큰 의미가 있다. 이런 공동 결혼 준비 아이디어는 처음에 신부의 어머니가 냈다고 한다.

같이 자식을 키우는 입장에서 신랑이라는 이유만으로 혼자만 높은 전세 자금을 부담한다는 것이 옳지 않다는 게 그 배경이다. 요즘처럼 전세 가격이 하늘 높은 줄 모르고 오르기만 하는 상황에서 집값 부담 때문에 일어나는 결혼비용의 증가를 신부 측에서 마냥 나 몰라라 하기가 어려운 분위기긴 하다.

곰곰이 생각해보면 한쪽이 부담스런 결혼을 하고 나면 훗날 시집 간 딸이 괜히 시댁과 갈등을 빚을까 하는 우려도 생기기 마련이다. 실제로 결혼을 준비하는 과정 중에 양가의 갈등이 커져 결혼이 깨지는 경우도 종종 있다. 거의가 돈에 관련된 문제다. 신랑 측은 이렇게 큰돈을 들여서 집을 장만해가는데 신부가 해오는 혼수와 예물 예단이 성에 차지 않으면 본전 생각이 들기도 하는 것이다. 이런 식으로 사소한 감정이 쌓여서 훗날 시집살이니 고부갈등의 불씨가 되는 경우도 있다.

이형섭 씨의 부모님은 퇴직 후 자영업을, 김유미 씨의 부모님도 퇴직 후 작은 가게를 운영하시는 그야말로 평범한 가정이지만 이처럼 자녀의 이른 결혼과 완벽한 맞벌이 준비를 적극적으로 돕는 데에는 갈수록 살기가 팍팍해지는 시대에 자녀들이 일찍 안정된 길로 접어들길 바라는 부모님의 사랑이 담겨 있다. 성공한 맞벌이의 시작은 이미 연애 때부터 시작된다.

그렇다. 역시 '맞벌이 부자'의 시작은 남들보다 빠르다. 늦었다고 생각할 때가 진짜 늦은 것이라는 웃지 못할 농담도 있지만 인생이 길어진 만큼 지금 당장 시작한다는 게 최선일 수 있다.

| 맞벌이의 진정한 가치는 일을 통한 자아실현 |

5살 아이가 유치원에 간 오전 시간, 동네마트에서 아르바이트를 하는 이경림 씨(36세). 하루 3시간만 일하면 월 40만 원의 소득이 생긴다. 여유로운 오전 시간도 활용하면서 아이를 위해 피아노 학원을 보낼 수 있을 정도다. 하지만 얼마 전, 오후에 3시간을 연장해 근무해줄 수 없느냐는 부탁을 받고 고민 중이다. 오후에 추가로 근무

를 하게 된다면 집에 돌아와 아이와 놀아줄 시간과 집안일을 해야 할 시간이 많이 줄어든다.

그녀의 입장에서 40만 원이라는 소득이 오전 시간이라는 기회비용보다 더 매력적이다. 하지만 오후는 상황이 다르다. 추가로 얻어지는 소득 40만 원보다는 아이 돌보기와 가사 노동을 포기하는 기회비용이 훨씬 크다. 사실 고용주의 입장에서 오후에도 그녀를 고용하고 싶다면 오후 임금을 인상해야만 한다. 추가적인 노동이 기회비용을 더욱 증가시키기 때문이다. 직장에서 근무시간 외로 야근을 할 때 더 높은 수당을 주어야 하는 이유와 같다.

많은 사람들이 이런 기회비용과 경제적 기준을 가지고 맞벌이를 할 것인지 말 것인지를 고민한다. 또 맞벌이를 하고 있다면 마찬가지로 기회비용과 경제적 기준을 따져 일을 지속할 것인지 그만둘 것인지를 결정한다. 지극히 자연스럽고 당연하다. 하지만 당장의 기회비용만을 계산하고 일을 그만두는 것은 바람직하지 않다. 모든 것에 경제적 기준만을 대는 것은 위험천만한 일이다. 인간에게 '일Job'이란 경제적 이유와 기회비용 그 이상의 가치가 있다.

인간이 추구하는 최대의 가치 중 하나가 바로 '행복'이다. 하지만 누가 더 행복하고 또 누가 덜 행복한지를 정확히 측정할 수는 없다. 행복이란 것이 그만큼 주관적이고 또 순간적인 상황에 따라 달라지기 때문이다. 그럼에도 불구하고 나를 주로 찾아오는 2030 젊은 직장인들은 '무조건 소득이 높을수록 더 행복할 것이다'라는 확신을 갖고 있다. 많은 사람들이 이런 이유로 맞벌이를 한다. 성취감, 자아실현 등 일이 주는 가치를 보기보다는 당장의 소득만을 보고 달려드는 맞벌이가 여전히 많다.

하지만 소득이 계속 올라간다고 해서 일에 대한 만족감과 행복감도 함께 올라갈지는 의문이다. 만약 소득과 만족감이 비례하지 못한다면 이런 맞벌이는 오래 지속되기 어렵다. 따라서 성공적인 맞벌이에는 돈뿐만이 아니라 일을 통한 가치와 보람도 함께 따라가야만 한다.

'돈이 사람의 행복에 얼마나 영향을 주는가?'에 관한 연구는 사회학·경제학·심리학 분야의 오랜 관심사다. 그뿐 아니라 심지어 의학에서도 다루어지는 연구다. 그런데 이런 여러 학문들이 내놓은 공통의 연구 결과는 바로 이것이다.

"돈은 행복의 필요조건이지만 절대로 충분조건이 될 순 없다."

인간에게 돈은 곧 소비를 의미한다. 경제학에선 소비에 따른 만족을 효용이라고 한다. 바로 한 개의 상품을 소비할 때 느끼는 만족을 말한다. 그러나 이상하게도 두 개를 소비한다고 만족이 정확히 두 배가 되지는 않는다. 한 개씩 계속 소비를 늘릴 경우 총 효용은 분명 늘어나지만 소비가 늘어날 때마다 추가로 늘어나야 할 만족, 즉 '한계효용'은 계속 줄어든다. 이것이 경제학의 법칙인 '한계효용체감의 법칙'이다.

사실 소비가 하나씩 늘어날수록 '한계효용'이 줄어들어도 어쨌든 총 효용만큼은 여전히 늘어난다. 따라서 돈이 많을수록, 또 부자일수록 더 행복할 것이라고 하는 사람들의 생각은 변하지 않는다. 하지만 반대의 주장도 있다. 경제학자인 리처드 이스털린 교수는 소득수준이 '최저생계수준'을 넘어선다면 그 이후에 일어나는 소득 증가는 더 이상 행복해지는 데 기여하지 못한다는 이론을 발표했다. 여러분은 어떻게 생각하는가?

소득이 올라갈수록 행복도 올라간다고 생각하는가? 아니면 일정 수준을 넘어선 돈의 증가는 행복과는 무관하다고 생각하는가? 많은 사람들이 '이스털린의 역설'에도 고개를 끄덕인다. 하지만 여전히 소득의 증가가 행복의 최대 관건이라는 생각을 멈추지 않는다.

정답은 어느 한쪽에 있지 않다. 여러분은 현재 '맞벌이 부자'를 향해 순항하고 있는가? 중요한 것은 '지금 어디에 서 있는지가 아니라 어디를 향하고 있는지'다.

'맞벌이 부자'들은 경제적인 이유와 기회비용을 따지기보다는 일 자체를 즐기는 사람들이 많다. 일을 통한 보람과 가치를 경제적 목적 이상으로 중요하게 생각하는 것이다. 오래도록 맞벌이를 할 수 있는 원동력은 바로 여기에 있다.

L 광고회사에 근무하고 있는 송은지(35세) 씨. 그녀는 일에 대한 욕심이 남다르다. 미혼 때부터도 전업주부는 꿈에도 생각해본 일이 없다. 그녀는 동종업계 사람과 결혼했다. 둘 사이에 5살 딸아이가 있으며 지금껏 6년간 맞벌이를 해오고 있다. 앞으로 딸아이가 독립하는 20년 후, 60세 이전에는 생계형 경제활동을 하지 않더라도

각자 좋아하는 일을 하면서 여유로운 생활을 하는, 진짜 '맞벌이 부자'로 진입하는 것이 목표다. 고소득은 아니지만 직장에서 나름대로 전문성을 인정받고 있으며 지금처럼 부부가 함께 맞벌이를 지속한다면 충분히 가능하리라 예상하고 있다.

따라서 그들은 집에 많은 투자를 하지 않기로 했다. 맞벌이 부자로 가기 위해서는 집에 대한 과잉투자가 장애물이란 생각에서다. 그들은 세 식구를 위한 주택을 20평대 소형 아파트로 한정하고 차근차근 돈을 모아가고 있는 중이다. 일 욕심 하나만큼은 대단하지만 그런 그녀에게도 몇 해 전 맞벌이에 위기가 찾아온 적이 있다. 일을 그만둘 뻔한 위기였다. 양가 부모님이 아이를 봐줄 형편이 되지 않아 부부는 어쩔 수 없이 육아 도우미를 쓰게 되었다. 일 욕심이 남다른 데다가 일찍 퇴근하기가 어려운 회사 분위기 때문에 집에 거주하면서 음식과 육아를 모두 맡아주는 중국동포 아주머니를 입주 도우미로 집에 들였다. 매월 도우미비용으로 나가는 200만 원은 이만저만한 부담이 아니었다. 하지만 아이도 잘 봐주고 만족스럽게 살림까지 다 해주니 안심이 되었다. 처음에는 어린이집에 맡길 수 있을 때까지 딱 1년만 지속하자는 계산이었는데 아이도 너무 잘 따르고 어느새 간편해진 가사 일에 적응이 된 탓인지 1년이 지난 후에도 도우미 아주머니의 도움이 여전히 필요했다. 결국 아이가 돌이 지나면서 고민이 시작되었다. 고작 300만 원 조금 넘는 월급을 받아 200만 원을 도우미비용으로 제하고 나면 100만 원이 남짓 남는다.

여기에 직장생활을 하니 철마다 옷을 사야 하고, 교통비며 각종 부대비용을 생각하면 아이와 충분한 시간을 보내지 못하는데도 늘어만 가는 생활비 때문에 아이를 떼놓고 직장생활을 하는 것이 오히려 마이너스라는 계산이 나온다. 사정이 이렇다 보니 맞벌이가 과연 옳은 것인지 심각한 회의감이 밀려왔다. 그런 생각을 할수록 일은 점점 힘들어지기만 했다.

송은지 씨는 '직장을 잠시 쉬고 주부로 어느 정도 아이를 키운 후 다시 직장에 복귀하는 것이 어떨까?' 하는 고민에 빠졌다. 경제적인 관점에서만 생각한 결과다.

하지만 남편은 경제적 실익이 0이라고 하더라도 전업맘이 되는 것을 반대했다. 아내라면 언제든지 직장맘으로 복귀가 가능하겠지만 좀 더 앞을 내다본다면 직장에서 인정받는 그녀가 잠시라도 경력이 단절되는 것은 옳지 않다고 생각한 것이다.

갈등의 시간들이 꽤 이어졌다. 그때 그녀는 불현듯 친구와 전화통화를 하며 나눈 이야기가 생각났다고 한다. 대학동창인 그 친구는 결혼 이후 출산과 육아를 이어오며 4살 난 딸을 키우는 전업주부였다. 친구는 요즘 들어 남편과의 대화가 많이 줄었다고 하소연했다. 육아에 관해서는 같은 어린이집에 보내는 엄마들과의 수다가 더 잘 통한다는 느낌이고, 정작 남편과는 딸아이에 관해 몇 마디 얘기를 나누고 나면 금방 소재가 바닥난다는 것이다. 불경기라서 그런지 회사일 등 바깥 이야기는 전혀 하지 않는 상태로 부부의 대화는 자꾸 단절되었다. 아무래도 본인이 전업주부라서 그런 것이 아닐까 하는 자조 섞인 말을 하기에 그 친구를 위로하고 전화를 끊었던 적이 있었다.

그러고 보면 그녀는 남편과 일 얘기를 자주 했다. 동종업계인 이유도 있지만 광고 쪽에서는 그녀가 남편보다 선배고 회사가 달라도 커리어가 더 앞서기 때문이다. 그동안 서로 경험을 공유하고 조언하면서 대화의 소재도 다양해졌고 일하는 여성이 갖는 일종의 프라이드도 견고해졌다. 또 본인이 기획한 광고물이 내걸릴 때마다 말할 수 없는 기쁨과 보람을 느꼈다. 그녀는 얼마간의 갈등을 정리하고 일을 선택했다. 맞벌이를 계속하기로 마음먹은 것이다. "그래! 나의 일은 소중하다! 10년 뒤에 딸에게 좀 더 당당한 엄마의 모습을 보여 주리라!" 그녀는 다짐했다.

세상에서 가장 아끼고 사랑하는 가족이라도 때로는 그 가족 때문에 아프고 눈물을 흘리며 미워질 때가 있듯이 세상에 귀하고 가치 있는 것도 때로는 다 싫어질 때가 있다. 그녀는 그런 위기를 잘 넘기고 남편과 주변 동료들의 격려와 응원으로 다시 마음을 추스릴 수 있었다.

이제 지나간 이야기지만 당시에는 꽤나 깊은 고민이었다고 한다. 이후 아이가 혼자 유치원에 다니게 되면서 도우미비용도 3분의 1로 줄었다.

일이 경제적 수단을 넘어 더 특별한 가치를 가진다는 것을 송은지 씨는 실감하고 있다. 맞벌이들에게 경제적 가치와 일의 가치는 동전의 양면처럼 공존한다. 어느 하나 중요하지 않은 것이 없다. 이를 이해하는 것은 맞벌이들에게 찾아오는 여러 번의 위기를 극복하고 '맞벌이 부자'로 전진하는 데 필수요소다.

| 맞벌이를 응원하는 열렬한 서포터즈들 |

사실 앞선 이야기처럼 맞벌이의 최대 위기는 출산과 육아의 시기에 다가온다. 그래서 요즘 신혼부부들은 향후 출산에 대비하여 양가 부모님 중 육아를 도와주실 수 있는 쪽으로 신혼집을 마련하는 경우도 많다.

2013년 통계청이 발표한 자료에 따르면 조부모가 손주 육아를 맡고 있는 경우는 250만 가구에 이른다. 510만 가구가 맞벌이를 하고 있는데 이 중 50%가 조부모에게 육아를 맡기고 있는 셈이다. 실제로 요즘 주택가 주변에는 유치원에서 하교하는 차량이 도착할 때 마중 나오는 할아버지를 흔히 볼 수 있다. 맞벌이에 대한 열망이 얼마나 높은지를 보여주는 단적인 예, 바로 '하빠'의 등장이다. 하빠란 '할아버지+아빠'의 줄임말로 육아를 책임지는 할아버지를 뜻한다. 물론 환경이 맞아야 가능한 일이겠지만 황혼에 육아에 뛰어드는 부모님이 많다는 것은 그만큼 맞벌이의 가치가 높다는 증거다. 자녀들의 성공적인 맞벌이를 응원하는 것은 부모님뿐만이 아니다.

조부모의 육아를 적극적으로 지원하는 '손주 돌보미 사업'을 운영하는 지자체도 있다. 서초구와 강남구의 경우는 막내가 3개월 이상, 15개월 미만인 두 자녀 이상의 맞벌이 가정을 대상으로 최대 월 40만 원까지 지원한다. 가정양육수당도 중복해 받을 수 있으며 월 최대 24만 원을 지급한다. 정부가 발표한 2016년도 예산안에는 시간제 어린이집 확대, 저소득층 대상 주거비 지원 등 서민 생활안정을 위한 다양한 예산들이 반영되어 있다. 우선 시간제 어린이집 확대 보육료 지원 서비스가 실시되는데 맞벌이 가구의 경우 보육료의 최대 75%까지 지원된다.

또한 정부의 육아지원은 맞벌이에게 집중되고 있다. 2016년 7월부터는 0~2세 영아를 둔 전업주부 가정은 어린이집 무상보육 지원 시간이 하루 6~8시간으로 제한된다. 종일반을 이용하려면 취업, 구직 등의 증빙서류를 제출해야만 한다. 전업주부의 불필요한 수요를 줄여서 맞벌이 부부의 지원을 늘리겠다는 취지다. 그만큼 정부의 정책이 맞벌이를 지원하는 방향으로 맞추어지고 있음을 잘 보여주는 대목이다.

이처럼 맞벌이의 성공은 정부와 지자체는 물론 가정에서조차 세대를 뛰어넘는 열렬한 지지와 응원을 받는 중요한 이슈가 되었다.

| 맞벌이 자녀들은 서울대에 못 간다? |

대한민국 부모들이 공통적으로 간절히 원하는 것이 있다면 바로 자녀들이 좋은 대학에 들어가는 것이다. 또한 이는 맞벌이 부부들의 가장 큰 고민거리이기도 하다. 어떤 가정은 집안 식구 모두 명문대를 나왔으니 "너도 꼭 명문대를 가야 한다!"라는 논리를 내세운다. 그렇지 못한 집은 "너라도 집안을 일으키기 위해 명문대를 가야 한다!"라는 논리를 내세운다.

대한민국 학부모와 학생들은 나날이 치열해지는 입시 분위기 속에서 명문대의 대명사격인 서울대학교의 '서울'을 잡기 위해 고군분투한다. 서울을 간절히 사모한 나머지 서울대는 시대에 따라 그 범위가 계속 확대되기까지 하는 지경이다. 실제로 1990년대 이전까지는 진짜 서울대에 가야만 말 그대로 서울대로 인정이 되었다. 대학진학률이 전체 수험생의 60%를 넘어선 1990년대 이후에는 '서울 안에 있는 대학만 가도 다행이다'라고 해서 일명 '인in 서울대'가 등장했다. 2000년대 대학진학률이 80%에 육박하면서는 '수도권에서 통학이라도 가능한 대학이면 좋겠다'라고 해서 일명 '서울상대(서울에서 상당히 가까운 대학)'가 나왔다. 이런 유머에서 느껴지는 절박함에 아이와 보내는 시간이 적은 맞벌이들의 걱정은 날로 커지는 중이다.

이혜숙 씨(48세)는 20대 초반부터 종합병원 간호사로 21년을 근무하고 3년 전 퇴직한 후 현재는 동네의 개인 병원에서 일하고 있다. 그녀는 거제도에 근무 중인 해양경찰 김영권 씨(49세)와 슬하에 2남을 둔 맞벌이 부부다. 둘은 맞벌이를 하면서 결혼생활 20년 중 신혼 몇 년을 빼고 10년 이상을 주말부부로 지냈다. 그런 그녀가 요즘 여기저기에서 축하 인사를 받느라 정신이 없다.

다름이 아니라 고3 아들이 얼마 전 '서울대학교 지구환경과학부' 수시전형에 당당히 합격했기 때문이다. 상상을 초월하는 입시 경쟁의 시대, 자조 섞인 우스갯소리로는 '서울상대'만 들어가도 선방이라고 하는데 시쳇말로 '레알 서울대학교'에 합격을 했으니 이야기를 듣는 사람까지 저절로 감탄사가 나왔다. 만나는 사람마다 흥분된 목소리로 축하를 쏟아내고 "얼마나 기쁘세요? 정말 좋으시겠어요!"라는 말을 전한다고 했다. 나 또한 들뜨고 격앙된 목소리로 축하 인사를 건넸다. 그런데 정작 이혜숙 씨는 너무나 차분했다. 그 이유를 물어보았다.

그녀의 말인즉, "왜 안 기쁘겠어요? 저도 기쁘죠. 하지만 서울대 들어갔다고 그걸로 모든 게 끝난 것이 아니잖아요!"

어릴 적부터 꾸준히 공부를 잘해왔기 때문에 아이가 중학교 때부터 '이 정도면 서울대도 갈 수 있겠구나'라고 생각해왔단다. 그러니까 오랫동안 마음의 준비를 해온 것이라서 놀랍지는 않다는 것이다.

여러분은 혹시 서울대에 자녀를 합격시킨 엄마를 만나본 일이 있는가? 대한민국 부모라면 누구나 그 엄마에게 "대체 비결이 뭔가요?" "아이가 어떻게 공부했죠?" "무슨 학원을 다녔나요?" 하고 자기도 모르게 쉴 새 없이 질문을 한다. 나 역시 마찬가지였다. 시간만 허락된다면 만사를 제쳐놓고 듣고 싶은 이야기들이 많았다. 운이 좋게도 따뜻했던 커피가 차가워질 즈음까지 나는 그녀의 교육법에 관해 들을 수 있었다.

이혜숙 씨는 아이가 두 돌이 채 되기 전 워킹맘으로 복귀했다. 평일에는 남편도 없으니 아이는 자연히 많은 시간을 할머니와 지냈다. 다른 워킹맘들처럼 그녀 또한 아이를 떼어놓고 불안한 마음이 컸다. 특히 3교대로 돌아가는 종합병원의 특성상 몇 주 간격으로 돌아오는 야간근무 때면 아이를 떼어놓기가 더 힘들었다.

그래서 생각해낸 묘수가 '3가지 약속 지키기와 상주기'였다. 쉽게 말해 출근 전 엄마가 아이에게 3가지 미션을 주고 퇴근 후 엄마가 확인해서 매일 상을 주는, 어쩌면 많은 엄마들이 흔히 하는 것이다. 하지만 이혜숙 씨는 남달랐다. 이 미션 완수 게임에 아이가 흥미를 잃지 않도록 매일 상을 달리하면서 꾸준히 지속했다.

아이가 초등학교를 들어간 후 이 게임은 자연스레 일일 학습과 숙제하기 미션으로 바뀌었다. 그리고 상으로 과감하게 돈을 주었다. 물론 통장에 입금해주는 방법으로 하고 일정 금액이 되면 무언가를 살 수 있도록 허락했다. 그녀는 그날그날 반드시 하고 넘어가야 하는 숙제를 '데일리 브레드Daily Bread'라는 암호로 불렀다. 대화를 나눌 때도 "너 오늘 숙제했어?"라고 윽박지르는 대신 일부러 "우리 주현이 오늘 데일리 브레드 먹었어요?"라는 말을 썼다. 풀이를 하자면 '일용할 양식'이란 뜻인데 말 그대로 하루하루 꼬박꼬박 먹어야 하는 끼니와 같은 것이라는 의미다.

"하루 종일 아이와 함께 할 수 없으니 생각해낸 묘안이었죠."

처음에는 아주 적은 분량이라도 매일같이 공부하도록 만드는 훈련에 초점을 맞추다가 나중에는 반드시 목표한 시간 내에 끝내도록 하는 훈련으로 발전하게 되었다. 이런 방법이 좋은 결과로 이어져 아들은 어느새 집중력 있는 아이로 자랐다.

"하루에 공부해야 하는 분량을 엄마가 돌아오기 전까지 반드시 끝내도록 했어요. 매일 먹는 밥처럼 '데일리 브레드'를 시간 내에 달성하는가의 여부에 대해서는 매우 엄격했죠."

그녀는 이렇게 말한다. 집중력이란 오랜 기간 공부하는 능력이 아니라 시간 내에 주어진 목표를 끝내는 힘이라고. 아이가 지구환경과학과를 선택한 것은 초등학교 5학년 때 결정한 것이란다. 지구 대기와 환경에 흥미가 있었는데 지금껏 그 분야를 공부하겠다는 목표가 변한 적이 없다. 결국 진로 또한 아이 스스로 선택한 것이다.

많은 사람들이 불리하다고 생각하는 맞벌이라는 환경이 오히려 아이에게는 독립심을 키워준 계기가 되었다. 독립적이고 자기 주도적인 학습습관을 가진 아이를 만드는 디딤돌이 된 것이다.

수능 고득점자들의 이야기를 들어보면 공통된 것이 있다.

"학원에서 너무 많은 시간을 보내면 자기 공부를 할 시간이 없어요."

많은 학부모들이 학업에 대한 문제를 학원에 떠맡기는 경우가 많다. 불안하더라도 자녀를 학원에 보내놓고 나면 그 시간만큼은 '지금 공부하고 있겠지'라며 안심한다. 하지만 학원은 일대 다수의 강의식 수업이므로 학생이 다른 생각을 하거나 딴짓을 하더라도 알 수가 없다. 설사 열심히 수업에 집중한다고 해도 대부분 선생님이 문제 푸는 것을 눈으로 감상하는 것에 불과하다. 스스로가 해보는 자기 공부시간이 절대적으로 부족하다. 문제는 자율적인 학습습관인 것이다.

맞벌이 때문에 일찍부터 아이들을 떼어놓는 부모들이 늘고 있다. 그만큼 아이를 향한 미안함과 안쓰러움도 커져간다. 미안한 마음은 걱정과 염려로 확대되기까지 한다. 그것이 바로 아이의 학습에 대한 염려증이다. '혹시나 엄마가 늘 붙어 있는 가정에 비해 우리집 아이가 학습 능력이 떨어지면 어쩌지? 엄마가 옆에서 계속 챙겨주지 못해서 우리 아이가 공부를 못하면 어쩌지?' 이런 생각들이다. 하지만 이혜숙 씨의 사례나 그밖의 많은 맞벌이 자녀를 보건대 그것은 지나친 기우에 불과하다.

몇 해 전 『맞벌이 부부 아이는 서울대 못 간다?』(이형미 지음, 이미지박스 출판)라는 책을 읽었다. 이 책은 맞벌이를 하면서 자녀를 명문대에 합격시킨 직장맘이 쓴 것으로 맞벌이 부부들의 대부분이 가지고 있는 자녀교육에 대한 고민을 다루고 있다. 한마디로 맞벌이라도 얼마든지 직장과 가정을 동시에 잘 꾸려갈 수 있다는 것이 그 핵심 내용이다.

그러니까 직장맘이든 전업맘이든 그 자체가 중요한 것은 아니다. '자녀의 학습습관을 어떻게 정착시킬 것인가? 자율성과 독립심을 어떻게 형성할 것인가?'가 가장 중요한 핵심이다.

> **맞벌이 이혜숙 씨의 자녀교육법 요약**
>
> 첫째, 많은 학습량보다는 조금씩 매일 하는 습관을 만들기에 주력한다.
> (결국 '데일리 브레드'가 핵심→ '매일')
>
> 둘째, 항상 목표한 시간 내에 끝내는 힘, 바로 집중력을 키우는 데 주력한다.
>
> 셋째, 매일 지켜볼 수 없으니 자율성과 독립성을 키우는 데 주력한다.
> (선행학습보다는 스스로 하는 능력에 집중, 약속 후 보상은 확실하게)
>
> 넷째, 일찍부터 아이의 관심 분야를 발견하고 계속해서 동기를 부여한다.
> (태풍 연구센터 방문, 관련 외국서적 사주기 등)

맞벌이 부자들의 자녀교육 하프 인 투자법

아서 코난 도일 추리소설에 주인공인 셜록 홈스가 사건 현장에 도착해서 조수인 왓슨에게 자주 하는 말이 있다. "여보게 왓슨, 눈에 보이는 현상에 속지 말게나." 사실 너머에 있는 진실을 봐야 한다는 뜻이다. 셜록 홈스의 통찰력이 빛나는 말이다. 세상의 모든 진실은 그대로 드러나는 법이 없다. 진실은 눈에 보이는 현상과는 다른 경우가 많다. 겉으로 보이는 게 다가 아니다.

흔히 맞벌이 부자는 대체로 자녀교육에는 큰 관심을 갖지 않는 사람들로 여겨지곤 한다. 각자 맞벌이로 바쁜 데다가 저축과 투자에 전념하느라 사교육에도 올 인하지 않기 때문이다. 하지만 맞벌이 부자들의 자녀교육은 오히려 성공적인 경우가 많다. 물론 자녀교육을 성공과 실패라는 이분법적인 말로 나눈다는 것은 모순이 있을 수 있다. 하지만 많은 사람들이 생각하는 사회적 기준과 잣대를 적용해서 보았을 때 그렇다. 공부를 잘해서 소위 말하는 좋은 대학을 가는 경우도 많고, 꼭 그렇지 않더라도 자신의 장점과 특기를 살려 스스로 자신의 길을 잘 개척해나가는 독립심이 강한 자녀가 되는 경우도 많다. 맞벌이 부자들의 자녀교육 방법을 가장 잘 표현하는 말이 바로 '하프 인Half in' 투자법이다. 자녀에게 좋다는 것은 무엇이든지 다 해준다는 '올 인All in'의 반대말로 무엇이든 '절반만 해준다'는 뜻이다. 또 항상 무언가 '좀 부족한 듯 지원해준다'라는 뜻이기도 하다.

이같이 맞벌이 부자들이 맞벌이로 인해 생긴 추가소득을 자녀의 교육비에 올 인하지 않는 이유는 두 가지다. 첫째는 앞서도 설명했듯이 추가소득은 언젠가 사라질 소득을 대신할 준비에 쓰여야만 한다는 생각이 강하기 때문이다. 따라서 추가소득을 가지고 무턱대고 고정비용인 사교육비를 올리지 못한다. 둘째는 높은 사교육비가 결코 자녀의 학업성취도에 도움이 되지 않는다고 생각하기 때문이다. 그들은 분위기에 휩쓸려 이 학원 저 학원에 남들을 따라 보내지 않는다. 그렇다면 맞벌이 부자들이 들려주는 이런 자녀교육 하프 인 투자법이 자녀들에게는 어떤 영향을 미쳤을까?

얼마 전 버스정류장에 붙은 과외모집 전단지를 보면서 문득 요즘 과외비는 얼마 정도 되는지 궁금해한 적이 있다. 아내를 통해서 물어보니 영어와 수학의 경우 중학생은 과목당 월 60~70만 원, 고등학생은 80~100만 원 정도까지 한다고 한다. 그야말로 입이 딱 벌어질 금액이 아닐 수 없다. 더 놀라운 것은 자녀를 키우는 많은 맞벌이 부부의 상당수가 이런 과외를 한두 과목씩 한다는 것이다. 학원을 한두 개 다니면서 과외까지……. 사정이 이렇다 보니 자녀가 두 명이면 교육비로 200~300만 원을 훌쩍 넘기게 된다. 맞벌이의 경우 한 사람의 소득이 거의 다 교육비로 사라지는 셈이다.

이것이 바로 교육비에 대한 '올 인' 전략이라고 하겠다. 자녀의 능력이나 적성을 감안하기보다는 무조건 좋은 학원과 많은 학습시간만이 자녀교육의 성공 요건이라고 생각하기 때문이다.

초등학교 교사로 27년간 재직한 김연숙 씨(54세), 직업군인인 남편과 함께 25년 넘게 맞벌이를 해왔다. 체계적인 월급관리의 표준이라고 할 수 있을 정도로 철저한 돈 관리 습관이 몸에 밴 경우다. 공격적인 투자나 특별한 재테크는 물론 물려받은 돈 없이도 남부럽지 않은 자산을 이루었다. 현재 30년 이상 재직한 영관급 군인 월급은 10년차 대기업 과장보다 적다. 물론 초등학교 교사의 경우는 이보다 더 적다. 이렇게 적은 월급으로 안정된 자산을 확보한 김연숙 씨 부부야말로 이 시대의 진정한 맞벌이 부자다. 서울에 40평형대 집과 금융자산, 토지까지, 그리고 향후 생활하는 데 전혀 불편함이 없는 연금을 가지고 있기 때문이다.

그런데 그녀는 단 한 번도 아이들에게 과외를 시켜본 일이 없다. 아이들이 학원을 다닌 기간도 주요 과목 중 1개 정도만, 그것도 중고등학교 6년을 통틀어서 절반의 기간이 안 된다. 조금만 열심히 하지 않는 것 같으면 과감하게 학원을 끊어버렸기 때문이다. 그녀의 생각은 독특했다. 아이들에게 어려서부터 이런 말을 많이 했다고 한다.

"학원을 다니는 것은 비용을 들여서 하는 일이므로 특별히 공부를 더 할 수 있도록 기회를 주는 거야. 그런데 이 기회를 스스로가 저버리고 열심히 하지 않는다면 결코 투자할 수 없어. 반면 열심히 하면서 더 학원을 보내 달라고 하면 검토해보고 보내줄게."

이런 그녀의 고집스런 교육법은 사실 초등학교 때는 큰 효과가 나타나지 않았다고 한다. 하지만 중학교에 들어가고 나서는 조금만 나태해지면 학원을 끊어버리는 탓에 아이로서도 게으름을 피울 수가 없었다. 이제는 모두 장성한 아이들. 딸은 서울의 한 여대를 졸업하고 현재 무역회사를 다니고 있다. 아들은 카이스트를 졸업하고 현재 국비장학생으로 대학원을 준비 중이다. 김연숙 씨는 말한다.

"우리가 부모라는 이유로 무조건 아이들에 교육비 뒷바라지를 해야 한다는 것은 아니라고 생각해요. 아이들에게도 교육비가 그냥 하늘에서 뚝 떨어지는 것이 아니란 것을 분명히 알려주어야 합니다. 기회는 늘 주어지는 게 아니죠."

그녀가 많은 사교육비를 쓰지 않고도 학업성취도가 떨어지지 않는 자녀들로 키운 이유를 알 수 있을 것 같다. 올 인보다 하프 인이 더 바람직한 이유는 부족이 사람을 능동적으로 만들고 풍요가 사람을 수동적으로 만들기 때문이다.

Chapter 2
맞벌이 효과가 사라지는 경제적 함정

| 과잉소비와 대량소비의 강렬한 유혹 |

월 소득 300만 원인 외벌이 가정에서 생활비로 200만 원을 쓰고 100만 원을 저축했는데 만일 맞벌이가 되어 소득이 2배, 600만 원이 된다면 어떨까? 현재 생활비보다 100만 원 늘어난 300만 원을 쓰더라도 나머지 300만 원을 저축할 수 있어 저축증가 효과는 외벌이 때보다 무려 3배 늘어날 수 있다. 하지만 많은 맞벌이 가정에서 생각보다 높은 저축률을 보이지 못한다. 소득이 늘어난 것보다 소비가 더 늘어나기 때문이다.

인터넷이 발달하면서 우리는 언제 어디에서든 지갑을 열고 무언가를 살 수 있다. 우리는 자신도 모르는 사이에 컴퓨터나 TV, 또는 스마트폰을 통해서는 물론이고 심지어 길을 걸어가면서도 쉴 새 없이 광고에 노출된다. 이로 인해 현대인들은 과거 20세기에 비해 수백 배나 더 강한 소비유혹을 받는다는 연구 결과도 있다. 하지만 그럼에도 불구하고 우리에게 무분별한 소비가 아닌 합리적인 소비를 지탱하도록 돕는 것이 있는데 그것이 바로 가격이다. 물론 사람마다 가격을 의식하는 정도는 다르겠지만 가격이 수요에 영향을 미친다는 것만큼은 분명하다. 따라서 가격과 수요의 관계를 보여주는 수요곡선은 그림과 같이 우하향한다. 가격이 높을수록 수요는 떨어지는 것이다.

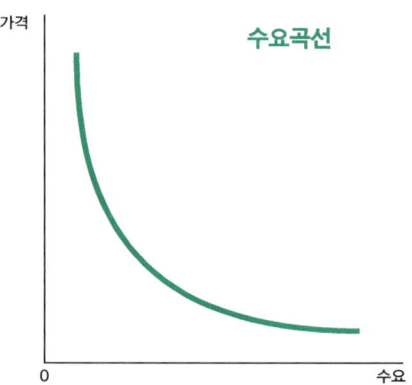

가격은 꼭 필요한 상품, 예컨대 생활필수품 같은 필수재必須財, 또는 꼭 필요하지는 않은 사치재奢侈財 등 재화의 성격이 무엇인지에 따라 달라진다. 필수재는 가격에 큰 영향을 받지 않는다. 비싸든 싸든 수요량 자체가 크게 변하지 않는다. 이것을 '가격탄력성이 낮다'

고 한다. 반대로 사치재는 가격에 큰 영향을 받는다. 비싼지 싼지에 따라 수요가 크게 변한다. 이것을 '가격탄력성이 높다'고 한다.

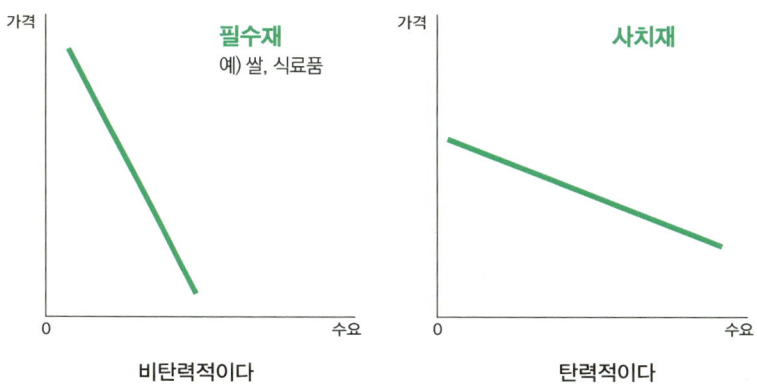

60년대 이전에는 쌀과 같은 필수품은 가격이 아무리 올라가도 수요가 줄지 않았다. 쌀을 대신할 만한 대체재代替財가 없었기 때문에 가격이 완전한 비탄력적 상태에 가까웠다. 하지만 지금은 쌀 이외에도 먹을 것이 풍족한 시대가 되었다. 다른 선택의 여지가 무궁무진하다. 따라서 쌀값에 붙는 파동이니 폭등이니 하는 말도 사라졌다. 이처럼 경제가 발전하고 모든 물자가 풍부해지면 어떤 물건이든 선택의 폭이 넓어지면서 수요의 가격탄력성은 점점 증가한다. 소비자로서도 조금만 찾아보면 가격을 낮춰 살 수 있게 된 것이다.

이런 수요에 대한 가격탄력성은 사람에 따라서도 달라진다. 가격탄력적인 사람도 있고 반대로 가격비탄력적인 사람도 있다. 즉 가격에 따라서 소비가 민감하게 변하는 사람과 그렇지 않은 사람이다.

이것은 그 사람의 소득, 즉 구매력과 높은 연관성이 있다. 소득이 낮을수록 가격에 민감하고 소득이 높을수록 가격에 둔감하다. 외벌이와 같이 소득이 낮은 구간에선 수요에 대한 가격탄력성이 높고 맞벌이와 같이 소득이 높아진 구간에서는 수요에 대한 가격탄력성이 낮다. 맞벌이의 씀씀이가 커지는 이유는 여기에 있다. 특히 갑자기 맞벌이가 되면 수요에 대한 가격탄력성이 급격하게 낮아지게 된다.

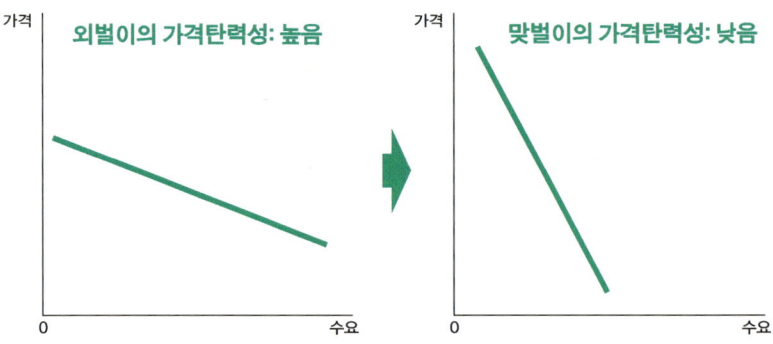

결혼 5년차로 A항공사에 근무하는 이주현 씨(34세)는 육아휴직 18개월을 제외하고 지금껏 약 4년간 맞벌이를 해온 신세대 직장맘이다. 결혼 전에는 승무원으로 근무했지만 출산 후에는 지상 근무를 신청해 지금은 인천공항에서 일한다. 직장인인 남편과 함께 5살 난 아들을 키우고 있는 그녀는 강서구에 25평 아파트 전세로 거주 중인 평범한 맞벌이 부부다. 하지만 구체적인 재무상담에 앞서 월 현금 흐름을 살펴보니 동일 연령 및 동일 소득집단과 비교했을 때 소비비율이 매우 높은 편으로 나타났다. 재무진단 결과 또한 적극적인 개선이 필요하다는 결론이 나왔다. 현재의 상태가 지속될 경우 이 부부의 재무목표 달성은 불가능하다. 자산증가 속도가 매우 느리고 맞벌이 효과를 찾아보기는 어려운 상황이었다.

결혼 전 시댁의 도움으로 현재의 전세자금인 3억 원도 대출 없이 마련한 상태. 아이도 근처에 사시는 친정엄마가 돌봐주시니 육아 비용이 크게 들어갈 일도 없다. 지금은 아이에게 특별히 교육비가 많이 들어가지 않는 시기로, 마음먹고 제대로 모았다면 그동안 1억 원은 족히 모았을 텐데 최근 전세자금으로 3000만 원 정도 올려주고 나니 현금은 거의 없는 상태였다. 직장인들에게 흔히 나타나는 과잉소비도 보였다. 상담하는 내내 무슨 브랜드인지는 모르지만 그녀가 무척 좋아 보이는 명품 시계를 차고 있는 것과 업무상 중요한 계약서를 쓸 일도 없을 텐데 명품 만년필을 가지고 있다는 게 눈에 띄었다.

또 주말에만 이용한다는 차량은 배기량은 낮지만 역시 B브랜드의 독일차, 남은 할부는 없다지만 돈이 모이지 않은 원인을 금세 눈치 챌 수 있었다. 사실 "이 정도가 무슨 큰 사치인가?"라고 반문할 수도 있다. 하지만 평생을 생계형 경제활동에 매달리고 싶지 않은 사람이라면, 또 은퇴 전 맞벌이 부자에 진입하겠다는 명확한 목표가 있는 사람이라면 이 정도도 과잉소비라고 생각할 것이다. 사실 그녀의 소비수준이 유별난 정도는 아니다. 하지만 세상의 모든 소비에는 합리적 결정을 방해하는 온리원 마케팅이 숨어 있다. 결혼식에서는 무얼 하든지 '평생에 딱 한 번뿐인데'라는 말이 따라다니고 무언가 사려고 할 때 '시계 하나만큼은 좋은 것으로' '가족이 타는 건데 차 하나만큼은 안전한 것으로'라는 마음을 걷잡을 수 없다. 이런 식의 소비유혹은 결국 과잉소비를 야기한다.

이처럼 소득이 급격히 늘어나는 시기에 의외로 비싼 소비재를 구입하는 데 주저함이 없는 직장인들이 점점 많아지고 있다. 이것은 경제상황에 상관없이 다른 사람들의 소비패턴을 그냥 따라가는 것으로 모방소비 현상이다. 이를 밴드왜건효과(Bandwagon effect, 다수가 생각하는 방향으로 따라가는 현상. 밴드왜건이란 서커스 행렬을 선도하는 악대 마차로, 사람들이 무의식적으로 그곳에 몰려들면서 군중이 점점 증가하는 것을 비유하여 생긴 용어)라고 부른다.

"혼자 벌 때는 가계부도 써보고 어떻게든 아껴보려고 했는데 오히려 제가 복직하고 나서는 씀씀이가 자꾸 커지더군요."

이주현 씨는 한숨 반, 웃음 반이 섞인 목소리로 말했다.

"직장생활을 하니 옷도 사야 하고…… 아이가 아직 어린데 돈이 많이 들어가요. 씀씀이를 줄이는 게 뜻대로 잘 안 되더군요."

아마도 높아진 소비수준을 어떤 목적을 가지고 낮추려고 할 때 결코 의지만으로는 쉽지 않을 것이다. 미국 경제학자인 J. S. 듀젠베리는 소비수준은 소득처럼 변동하는 것이 아니라 안정성을 가지고 있어서 경기가 나빠져도 쉽사리 감퇴하지 않으며, 경기 후퇴로 소득이 줄어든다 해도 같은 속도로 줄어들지 않아 오히려 경기 후퇴 속도를 더디게 하는 톱니효과Ratchet effect를 가진다고 주장했다.

그런데 참 아이러니한 것은 이런 그녀도 오히려 가격이 싼 물건을 살 때는 소비에 대해 가격탄력성이 매우 높아진다. 백화점 할인쿠폰을 꼭 챙기기도 하고 동네마트에 할인시간을 기다려 장을 보기도 한다. 항공사에 오래 근무한 탓에 실속 쇼핑 정보만큼은 잘 챙기는 편이었다. 주로 세일 기간을 이용하거나 특별한 혜택이 주어지는 특가 상품만 고집한다. 특히 그녀의 쇼핑에는 남다른 점이 한 가지 있는데 항상 사은품을 챙긴다는 사실. 백화점에서 물건을 살 때면 일정 금액을 채워서 상품권을 받는다든지 사은품을 챙겨야만 쇼핑을 잘했다는 생각이 든다.

구입할 물건이 있다면 백화점 상품권 행사기간을 주로 이용하는데 쇼핑을 하면서 '7만 원어치만 더 사서 30만 원 채우면 1만 5000원짜리 상품권을 받겠구나'라고 생각한다. 그렇다면 무슨 물건을 사든지 7만 원은 5만 5000원으로 할인되는 셈이다. 이처럼 할인에 민감한 소비를 그 자체로 나쁘다고 볼 수는 없다. 하지만 할인에 민감하면 그만큼 싼 가격에 불필요한 물건들을 많이 사들이게 되는 대량소비의 함정에 빠질 수 있다. 큰 것보다는 작은 것에 민감한 소탐대실형 소비다. 물론 이런 작은 소비습관도 중요하다. 하지만 대부분의 예비 맞벌이 부자들은 큰 목표를 위해 먼저 소득수준에 걸맞는 차와 집을 선택하고 큰 씀씀이를 관리하는 데 더 많은 신경을 쓴다는 것을 기억해야한다. 외국계 C 브랜드의 대형 할인마트를 가보면 저마다 엄청난 양의 식료품과 공산품을 싣고 나오는 모습을 쉽게 볼 수 있다. 상상을 초월하는 싼 가격에 모두들 무엇이 필요한

지 또 필요하지 않은지를 망각한 채 대량구매를 서슴지 않는 것이다. 이러한 현상은 물건의 단가는 줄일 수 있을지 모르지만 총 소비를 높이게 된다. 가격과 할인에 민감한 것이 도리어 소비를 줄이는 데 도움이 안 되는 것이다. 스스로가 절대 그렇지 않다고 말할지 모르지만 여름에 음식물 쓰레기를 버리는 곳에 가보면 반도 먹지 못한 음식, 특히 조금 먹다 버린 수박을 흔히 볼 수 있다. 예컨대 수박 반 통에 7000원, 한 통에 1만 원인 가격을 보고 싸다는 이유로 무조건 한 통을 사들인 탓이다.

이러한 소비습관이 하루 이틀 쌓여서 지난 5년간 맞벌이 경제 효과를 사라지게 하는 함정이 되었다. 이주현 씨 부부의 지난 5년간 소득은 대략 2억 7000만 원 정도지만 현재의 자산현황을 보면 그동안 고작 4400만 원을 모은 것이 전부다. 지난 5년간 2억 원이 넘는 금액이 자신도 모르게 소비로 사라진 셈이다.

구 분	금 액
전세자금(부모님 지원+남편자금)	기존 3억 원
청약저축	500만 원
개인연금	700만 원
예적금	3000만 원
CMA	200만 원
자산 현황	3억 4400만 원

맞벌이에게 더 가파른 소득절벽

세상에서 가장 무서운 일이 바로 '모르고 당하는 일'이다. 어려운 일이 예상하지 못한 국면에서 생긴다면 어려움은 더욱 가중된다는 뜻이다. 반대로 생각해보면 세상에 어떤 어려운 일이라도 사전에 깨닫고 잘 대비하면 극복하지 못할 문제는 없다는 뜻이기도 하다.

만일 35년간 직장생활을 한다면 약 400번 정도 월급을 받게 된다. 월급은 조금씩 오르기 때문에 마치 완만한 언덕을 오르는 것과 같다. 하지만 어느새 퇴직이란 꼭대기에 다다르면 갑자기 눈앞에 깎아지른 듯한 절벽이 기다린다. 소득이 완만하게 낮아지는 것이 아니라 퇴직과 더불어 갑자기 사라지기 때문이다.

언덕을 오르는 동안은 잘 몰랐거나 상상이 안 가던 가파른 절벽, 더욱이 맞벌이였다면 언덕의 경사가 더 높았을 것이기 때문에 이런 소득절벽Income cliff의 충격은 마치 번지점프를 하는 것처럼 더 위협적으로 느껴진다. 그렇다면 맞벌이들은 유독 더 가파르게 느껴질 소득절벽을 어떻게 준비하고 있을까?

직장인의 퇴직시점을 '사회적 정년'이라고 한다. 하지만 현실에선 사회적 정년보다 먼저 찾아오는 것이 '경제적 정년'이다. 소비가 소득을 추월해서 남는 돈이 없고, 실질적으로는 수입·지출이 마이너스로 들어서는 시점을 말한다. 대한민국의 직장인들은 보통 자녀가 고등학교에 입학하는 때에 이르러 경제적 정년을 경험한다. 이것은 소득이 높든지 낮든지 동일하다.

월급이 500만 원인 가정이나 1000만 원인 가정이나 자녀가 고등학교를 들어가면 경제적 정년이 된다. 월급이 500만 원인 가정은 자녀가 학원을 하나만 더 다닌다고 하면 바로 마이너스가 생길 수 있다. 그러나 월급이 1000만 원이나 되는 가정에도 쉽게 경제적 정년이 찾아오는 이유는 무엇일까?

소득이 올라가면 소비도 따라 오른다는, 어쩌면 당연한 현상 때문이다. 월급이 1000만 원인 가정은 월급이 500만 원인 가정에 비해 이미 자녀의 교육비나 기타 생활비로 두 배 이상을 지출하고 있는 것이다.

따라서 소득이 두 배인 맞벌이 가정의 여윳돈 a2(소득-소비)는 외벌이 가정의 여윳돈 a1과 비교해서 더 크다고 할 수 없다. 결국 a1과 a2는 거의 같다. 반면 높아진 소득으로 인해 은퇴 후 체감하는 맞벌이의 부족자금 b2는 외벌이의 부족자금 b1에 비해서 훨씬 크다(b2〉b1). 맞벌이의 소득절벽이 더 가파르게 느껴지는 이유다.

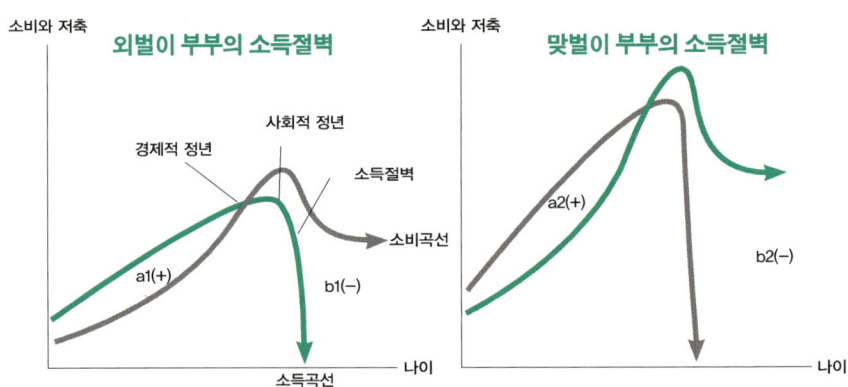

지난달에 전 직장 선배와 오랜만에 저녁식사를 하게 되었다. 그 선배는 일찍부터 S전자 경영지원팀 부장으로 근무하고 있는데 자녀 교육에 남다른 포부를 가지고 몇 년 전 아들 둘을 캐나다로 유학 보냈다. 선배는 애초에 어떻게든 아이들이 외국에서 대학을 마칠 때까지 지원할 생각이었다.

그런 선배에게 아이들의 안부를 묻자 느닷없이 이런 말을 했다.

"애들 유학을 더 이상 못 시킬 것 같다."

불길한 소리에 곧바로 무슨 사정이 있는지 물어보았다. 역시나 예상대로 경제적 문제로 유학을 지속할 것인지 여부를 놓고 고민 중이었다. 이유인즉, 외국계 유통회사를 다니던 와이프가 1년 전쯤 구조조정으로 회사를 나오면서 갑자기 외벌이가 되었다는 것이다. 장기근속이 보장되는 기업문화라서 한 번도 조기퇴직을 생각해본 적이 없는데 국내에서 아예 사업을 철수했다. 가족 간의 관계에도 적잖은 변화가 생겼다. 캐나다에서 유학 중인 아들 둘을 다시 한국으로 귀국시킬 것인지 아니면 빚을 내서라도 계속 유학을 시킬 것인지에 관한 문제로 아내와 갈등이 생겼다고 한다. 우선 당분간 아들의 뒷바라지와 학교 정리 등을 핑계로 캐나다로 들어간 선배 와이프는 한 달이 넘도록 귀국을 미루며 서울 집을 비운 상태다.

아이들도 갑자기 유학생활을 중단할 수 없다는 입장이었다. 선배 와이프도 어떻게든 묘수를 내보자며 일단은 유학을 고수하자는 생각이 완강했다. 선배 부부가 아무리 대기업을 다니는 맞벌이라고 해도 아이 둘을 외국에서 공부시키는 것은 만만치 않았을 것이다. 게다가 외벌이로 바뀐 지난 1년은 와이프의 퇴직금으로 버텼지만 결국 벽에 부딪히게 되었다. 선배 와이프는 2년 정도만 더 버텨서 학교만이라도 마치고 귀국해야 한다는 주장이었다. 당장 한국으로 돌아오면 1년씩 학년도 늦어지고 다시금 한국의 입시 스타일에 적응해야 하니 아이들에게 큰 혼란을 준다는 거였다.

선배와 헤어지고 집으로 돌아오는 내내 이런저런 생각들이 스쳤다. 선배 부부는 매우 높은 소비수준을 유지해왔고 아이를 둘이나 해외에서 공부시키고 있었으니 맞벌이라고 하더라도 추가로 얻은 잉여소득 a_2가 거의 없었을 것이다. 또한 관성의 법칙처럼 현재 유지되는 소비의 속도를 늦출 수도 없었을 것이다. 선배 부부도 미래에 대한 준비보다는 당장 눈앞의 자녀교육이나 문화생활에 소득의 거의 전부를 투자하는 스타일이니 아무리 소득이 높았다 하더라도 갑자기 맞닥뜨린 소득절벽이 혼란과 갈등의 원인이 되었을 것이다. 선배 부부뿐만이 아니다. 많은 현대인들이 미래 소득에 의지하여 오늘의 소비를 높이고 있는 것이 현실이다. 맞벌이라는 높은 기대소득이 오히려 미래 준비를 방해하는 독이 된 것이다. 많은 사람들의 기대와 달리 갑작스런 소득의 감소가 맞벌이에게는 큰 경제적 함정으로 작용할 수 있다는 것을 명심해야 한다.

| 맞벌이에게 나타나는 착시현상 |

진실은 약간만 관점이 변해도 잘 숨어버린다. 그래서 우리는 많은 부분, 겉으로 보이는 사실에 속아서 그 사실 너머에 있는 진실을

놓치는 경우가 많다. 오랫동안 맞벌이 부부들에게 재무상담을 해오면서 느낀 점이 있다면 이들이 크게 세 가지의 착각을 하면서 살아간다는 것이다.

첫째, 소득은 당분간 계속될 것이다.
둘째, 소득은 계속 올라갈 것이다.
셋째, 소비는 앞으로 줄일 수 있을 것이다.

직장인들을 만나보면 대부분 본인이 다니는 회사는 정년퇴직하는 사람이 거의 없다며 엄살을 피운다. 물론 사실이다. 예전과 달리 확실한 고용보장이 되는 직장은 거의 없다. 하지만 말은 그렇게 해도 은연중에 본인은 다를 것이라고 생각한다.

정말 언제까지 경제활동이 가능할까? 일이란 큰 범위에서 본다면 평생도 가능할 수 있다. 하지만 지금의 안정적인 소득이 가능한 직장으로 그 개념을 좁히자면 맞벌이가 가능한 시기는 분명 한계가 있다. 그럼에도 불구하고 몇 년 후에 벌어질지도 모르는 한 사람, 또는 두 사람 모두의 소득 중단을 아예 생각하지 않고 살아가는 경우가 많다. 우리 모두는 현실의 복잡한 문제들로 인해 좀 더 먼 미래에 대해서는 그냥 막연하게 생각해버리는 경향이 있다. 하지만 우리가 잘 아는 것처럼 막연한 생각은 막연한 결과를 낳을 뿐이다.

아울러 맞벌이들은 앞으로 소득이 계속해서 올라갈 거라 생각한다. 물론 직장인이라면 근속 연수가 늘어날수록 직급과 호봉이 올라가니 자연스러운 일이다. 그러나 절대소득이 올라가는 것이지 실제 가처분소득이 올라가는 것은 아닐 수 있다.

가처분소득이란 개인소득에서 자유롭게 사용할 수 있는 부분, 즉 소비나 저축이 가능한 부분을 말하는데 이상하게도 소득이 올라감에 따라 가처분소득이 올라간다고 느끼는 사람은 극히 드물다. 왜 그럴까? 소득이 증가하는 만큼 삶의 질을 높이는 소비나 미래 준비를 위한 저축이 늘어나는 것이 아니기 때문이다. 늘어나는 절대 소득에 비해 맞벌이들의 가처분소득이 제자리걸음을 하는 이유는 크게 두 가지로 볼 수 있다.

첫째는 맞벌이기 때문에 발생하는 사회적 비용, 즉 품위유지비와 같은 고정비용의 증가다. 둘째는 자녀교육비 증가에 따른 교육 엥겔지수 상승이다. 다시 말하면 소득이 적은 외벌이에 비해서 소득이 높은 맞벌이 부부들이 훨씬 더 높은 교육비를 지출한다는 것이다.

실제 2015년 9월 한국보건사회연구원이 발간한《이슈&포커스》최근 호의 '학업 자녀가 있는 가구의 소비지출 구조와 교육비 부담'을 보면, 자녀를 둔 가구 중 소득이 낮은 가구는 2010년부터 교육비 비중이 주거비 비중보다 적어졌다. 주거비 지출이 계속 상승한 결과다. 하지만 소득이 높은 가구는 1998년 이후 교육비가 차지하는 비중에 큰 변동이 없었다. 주거비의 상승을 감안하면 실제로 상당히 많은 증가가 있었다는 반증이다. 오히려 2000년 이후부터는 교육비가 소비지출에서 제일 큰 항목으로 조사됐다. 맞벌이들에게는 유독 높은 비중을 차지하는 교육비라는 블랙홀 때문에 교육비를 뺀 가처분소득이 절대적으로 오르지 않고 있는 것이다.

현재 한국의 노인빈곤율이 약 50%라는 사실에서 보듯 가난에 적응되어버린 세대가 바로 지금 대한민국 노인들이다. 그래서인지 이런 부모님 또는 조부모님을 바라보는 젊은 세대들에게 노후라는 말은 왠지 암울하고 걱정부터 앞서는 부정적인 말이 되었다. 나이 들어 힘도 없고 경제 능력도 상실해버린 노후가 인생의 암흑기로 여겨지는 것은 어쩌면 당연하다.

지금의 맞벌이 세대에게 노후에 대해서 물어보면 매우 현실감이 떨어지는 대답을 곧잘 듣게 된다. 만약 2030 세대가 노후생활비를 지금 생활비의 70% 이하 또는 200만 원 미만으로 답했다면 현실감이 매우 떨어지는 답이다. 또한 지금 생활비의 50% 이하를 답했다면 뭔가 잘못 생각하고 있는 것이다. 이들이 현실감을 잃어버린 이유는 어디에 있을까? 우리는 노후라는 시기를 겪어본 일이 없기 때문이다. 따라서 은퇴 이후의 삶을 지금 노인들의 모습에서 찾고 있는지도 모른다. 매우 낮은 생활비를 답한 경우는 은퇴하면 경제적으로 어려울 테니 지금보다 훨씬 적은 돈으로 생활해야만 한다는 압박감이 작용한 결과다.

특히 맞벌이라면 지금의 높은 소득수준이 한꺼번에 사라진 노후에 대한 압박이 더 클 수 있다. 최소한의 소비만 하며 살아가는 지금의 노인층과 달리 현재 경제활동을 하는 기성세대는 인터넷과 스마트폰, 취미와 문화생활에 과감하게 지갑을 여는 선진국형 소비를 경험했다. 지금의 노인층과 분명히 다른 특징을 가지고 있다. 따라서 2030 세대가 노후생활비를 계산할 때 반드시 고려해야 하는 점이 있다. 우선 태어나면서부터 도시생활을 했기에 도시형 노후생활이 필요하다는 점과 풍족한 소비경험 세대라서 문화생활비가 크게 증가한다는 점이다. 게다가 평균 수명이 늘어나 노후생활이 더 길어진다. 도시형 노후생활은 치안이나 보안 문제, 지역난방으로 인해 발생하는 관리비 등 기본적으로 고정비가 많이 들어간다. 지금의 5060 세대도 은퇴 후 병원과 지하철역이 가까운 도시에 거주하기를 희망한다. 도시는 취미나 문화생활을 누리기 쉬우며 '70대 청춘'이란 말이 있듯이 젊은이들처럼 왕성한 활동을 하는 노인들이 늘어날 것이다. 또한 직장인들의 소비는 주말과 휴일에 집중된 반면 은퇴 후에는 월요일부터 일요일까지 전부 자유시간이다. 건강과 시간 여유는 생각보다 많은 소비를 유발할 것이 틀림없다.

> 당신은 65세 이후 한 달 생활비가 얼마나 들 거라고 생각하는가?
> (현재 화폐가치 기준) 월 _____ 만 원

언젠가 맞벌이 부부 상담 중 '은퇴 후 노후생활비로 매월 얼마나 들어갈 것 같은가?'라는 질문을 던졌다. 대답을 망설이더니 상담을 받던 분이 갑자기 시어머니에게 직접 물어봐야겠다며 그 자리에서 전화를 걸었다.

좀 당황스럽기는 했으나 어떤 대답을 나올지 궁금해졌다. 공직에서 정년까지 계시다가 퇴직하신 시아버님은 시어머님과 함께 문정동 25평 아파트에서 거주하시는데 애완견 한 마리를 키우며 친구들과 가벼운 모임을 몇 군데에 나가신다고 했다. 그다지 특별해 보이지는 않는 평범한 노후생활을 하고 계셨다.

"어머님! 한 달에 생활비 얼마나 드나요?"

당돌한 며느리의 질문에 한 치의 주저함도 없이 전화기 너머로 들려오는 시어머니의 우렁찬 목소리에 우리 모두는 그만 박장대소를 터뜨리고 말았다.

"야~ 말도 마라! 숨만 쉬는데 300 들어!"

한참을 웃었지만 계속해서 머릿속에 남는다. 숨만 쉬는데 300이라니.

그것도 그럴 것이 도시에서 생활하며 건강관리하고 취미생활하고 또 모임에도 나가신다면…… 가끔은 손주들 용돈도 주실 테고…… 절로 고개가 끄덕여진다.

지금 70대이신 두 분이 그러할진대 곧 은퇴를 앞두고 있으며 문화생활과 취미에도 많은 지출을 아끼지 않고 살아온 맞벌이들이야 오죽할까? 많은 이들이 노후생활비를 적게 잡고 있는 이유는 어쩌면 현실감이 떨어지는 것이 아니라 현실이 두려워 피하는 것일 수도 있다. 그럼에도 불구하고 대부분의 맞벌이들이 노후에 필요한 생활비에 대해서 지금보다 많이 낮춰서 생활할 수 있을 것이란 근거 없는 착각을 한다. 그러곤 그 준비에는 매우 소극적인 모습을 취한다.

어설픈 금융상식이 빠지기 쉬운 일반화의 오류

상담하면서 가장 많이 받은 질문 중 하나가 "어떤 상품(금융상품)이 좋은가요?"라는 것이다. 그때마다 당장은 대답해줄 수 없다고 대응한다. 어떤 목적으로 언제, 또 얼마나 필요한지를 알아야만 답을 할 수 있는 문제기 때문이다. "어떤 신발이 좋은가요?"라고 질문을 받는다면 당연히 언제 어디에 신고 갈 것인가를 알아야 하는 것과 같다.

아무리 좋은 등산화라도 출근할 때 신고 갈 신발을 찾는 사람에겐 좋은 상품이 될 수 없다. 산에 갈 때 신을 것인지, 조깅을 할 때 신을 것인지, 아니면 출근할 때 신을 것인지에 따라서 좋은 신발은 달라진다. 그러니까 나의 상황과 꼭 맞는 상품이 가장 좋은 상품이다. 그래서 이 세상에 나쁜 상품이란 것은 없다. 다른 사람에게는 적합한 상품이고 또 많은 사람들에게 좋은 상품이었더라도 나에게도 무조건 좋은 상품이 될 수는 없다. 하나의 사례나 현상이 모두에게 일반적인 것으로 적용되는 '일반화의 오류'를 범하지 말아야 한다.

그 밖에 자주 듣는 질문이 있다면 "이 상품은 사람들이 많이 가입하나요?" 또는 "다른 사람들은 주로 뭘로 재테크를 하나요?"라는 것이다. 사람들은 대중 속에서 자신이 더 부각되기를 바란다. 하지만 그전에 먼저 그 대중 속에 포함되길 바란다. 무리를 벗어나지 않으려는 것은 인간의 기본적인 생존본능이다. 누구나 평균적인 범주에 머물러 있기를 원한다. 사람들이 유행이나 트렌드를 따라가려는 것도 이런 심리에서 비롯된 것이다. 많은 사람들이 선택했다는 것은 검증하는 데 많은 시간을 할애하지 않아도 되는 장점이 있다. 인터넷으로 무언가를 살 때 구입 후기를 읽어보고 사는 이유도 여기에 있다. 트렌드를 좇아가려는 경향은 재테크 분야에서도 마찬가지다.

열심히 트렌드를 좇아가는 사람이 재테크를 잘하는 것으로 여겨지기도 한다. 물론 트렌드에 민감하고 열심히 배우려는 노력은 매우 긍정적이다. 하지만 그 결과가 생각처럼 모두 성공적인 걸까? 이렇게 다른 사람들이 하는 것은 모두 놓치지 않고 따라가겠다는 태도는 자칫 '일반화의 오류'에 빠지기 쉽다. 특히 두 사람의 소득 전부를 한 사람이 관리하는 맞벌이의 경우 큰 낭패를 부르기도 한다.

이아름 씨(36세, 초등교사)는 직장인 남편과 함께 올해로 6년차가 된 맞벌이 부부다. 직장생활에 육아까지 하느라 늘 바쁘다 보니 특별한 재테크를 하기보다는 저축을 열심히 한다는 생각으로 이것저것 많은 사람들이 선택하는 상품들을 다양하게 가입한 편이다. 특히 비과세나 세액공제가 되는 절세상품은 모두 가입했다. 앞의 표는 그녀가 직접 작성한 월 현금 흐름표와 자산현황 요약이다. 눈에 띄는 특징을 찾아보자.

① 입출금이 빈번한 월급통장이지만 고금리 월급통장을 선택했다
이아름 씨의 눈에 "하루를 맡겨도 1.5%!"라는 광고문구가 눈에 확 들어왔다. 한동안 입출금이 자유로우면서도 고금리를 보장하는

■ 이아름 씨의 현재 월 저축현황(단위: 원)

항목		월 입금액	납입 년수	저축 등 잔액	가입일	비 고
적금	SC은행 두드림 고금리 월급통장 ①			5,685,040		
	국민은행 신재형저축	200,000	7년	5,800,000	13년 5월	
	신한은행 월 적금 3년짜리	250,000	3년	6,750,000	13년 7월	
	우리은행 적금	150,000	2년	3,300,000	13년 12월	어머님 칠순 15년 12월
	친애저축은행 적금	50,000	1년	450,000	14년12월	예비자금
	동양증권 CMA MMF형	300,000	3년	7,500,000	12년 8월	비상금
	청약종합저축	50,000	10년	4,350,000	08년 6월	
	교원공제저축	120,000	20년	14,640,000	05년 8월	노후자금
		1,120,000		48,475,040		
펀드	펀드1 신한 BNP 주식형 C class	200,000	3년	3,800,000	14년 1월	전세자금 상승대비
	펀드2 삼성그룹 주식형 C class ②	-	3년	4,875,000	14년 1월	주택자금
	펀드3 한투한국의 힘 주식 A class	100,000	3년	1,500,000	14년 7월	
	펀드4 신영소득공제 장기펀드	50,000	10년	1,000,000	14년 12월	절세상품
		350,000		11,175,000		
연금	삼성골드 개인연금저축보험 ③	340,000	10년	18,360,000	11년 1월	소득공제용
	삼성화재 개인연금저축보험	340,000	10년	17,000,000	11년 8월	소득공제용
		680,000		35,360,000		
보험	수호천사 변액유니버설 보험	100,356	12년	3,311,748	13년 1월	최성묵 보험
	베스트플랜 저축보험	150,000	12년	7,050,000	11년 11월	민규교육자금
	농협생명 암보험(이아름)	58,420	25년	1,168,400	14년 1월	암보험
	삼성화재 건강보험(최성묵)	78,560	29년	1,964,000	13년 9월	건강보험
	메리츠화재 민규보험(실비보험)	48,900	15년	1,613,700	12년11월	민규실비
	ING종신보험(이아름)	112,650	20년	12,842,100	06년 1월	
	치과보험(이아름)	39,680	20년	793,600	14년 1월	
	운전자보험(최성묵)	28,750	20년	1,753,750	10년 11월	최성묵 보험
		617,316		30,497,298		
저축총액		2,767,316		125,507,338		
목돈	우리은행 정기예금	5,800,000	2년	5,800,000	14년 9월	
	주식	3,000,000	-	3,000,000		
	전세보증금	185,000,000		185,000,000		전세만기 16년 2월
	원금보장형 ELS	3,000,000		3,000,000	14년 2월	
				196,800,000		
자산총액				322,307,338		

고금리 월급통장이 인기였다. 그녀도 시중 모든 은행 중에서 가장 최고금리를 지급한다는 은행을 찾아가 고금리 월급통장을 만들었다. 하찮게 볼 수도 있지만 이런 작은 부분도 놓치지 않겠다는 생각이었다. 이 통장은 본인과 남편의 월급을 모았다가 각종 저축, 카드 대금으로 나갈 때까지 잠시 머물러 있는 모(母)계좌의 역할을 한다. 현재 이 통장은 얼마나 효과가 있을까? 실제 상품 내용을 확인해보았다.

■ ○○은행의 고금리 월급통장 상품

· 1.5%(기간별/연 최고/세전)의 높은 금리를 주는 월 복리 자유입출금 예금

입금 회차별 예치 기간	이율
매 입금일로부터 30일까지	연 0.01%
31일부터	연 1.5%

그녀의 월급통장은 모계좌의 역할을 하다 보니 언제나 잔고는 0원에서 500만 원 내외로 변동한다. 출금 없이 500만 원이 그대로 남아 있다고 가정하면 최초 입금일 이후 30일까지는 연 이자율이 0.01%다. 한 달 동안 이자는 41원 정도. 31일째부터 연 이자 1.5%가 적용된다. 이자가 얼마나 될까? 하루 205원, 한 달이면 6150원 정도 된다. 하지만 그동안은 단 하루도 약속한 1.5%의 이자를 받았을 가능성은 거의 없다. 왜일까? 상품 안내장의 하단을 살펴보자.

> **지급방법** : 선입선출법(먼저 입금한 금액을 먼저 출금한 것으로 계산하는 방식)을 적용하여 지급합니다.
> [선입선출법 지급 예시] 최초 100만 원 입금 후, 입금일로부터 25일 경과 시점에서 80만 원을 출금, 26일 경과 시점에서 90만 원 입금 시, 31일 이후 예금 금리 적용은 총 잔액 110만 원 중 20만 원(입금일로부터 31일 경과된 금액)에 대해서는 연 2.1%(세전)가, 90만 원(입금일로부터 31일 미 경과된 금액)에 대해서는 연 0.01%(세전)이 적용됩니다.

선입선출법이란 먼저 입금한 금액을 먼저 인출한다는 말이다. 이 월급통장의 경우 500만 원을 넣어놓고 30일 동안 어떤 출금도 하지 않아야만 31일째부터 연 이자 1.5%가 시작된다. 500만 원이 들어 있는 동안 월급이 입금되고, 또한 출금된다. 그러나 먼저 입금된 돈 순서로 출금한다. 그러므로 초기 30일 이상을 머무는 자금은 거의 없다.

따라서 그녀가 사용하는 고금리 월급통장은 한 달 이상 1년 이하의 목돈을 잠시 예치하는 경우에 더 적합하다. 지금처럼 입출금이 빈번한 통장으로 사용하기에는 CMA MMF형, RP형이 더 적합하다.

② 주식시장, 좋을 때 펀드를 시작하고 나쁠 때 잠시 납입을 중단한다

상대적으로 좋은 수익률을 보이는 펀드 1, 3의 경우는 계속 납입한다. 하지만 수익률이 마이너스를 기록하고 있는 펀드 2의 경우는 납입을 중단했다. 많은 사람들이 수익률이 저조한 펀드는 납입을 중단한다. 그리고 수익률이 회복되길 무작정 기다리는 경우가 많다. 과연 올바른 방법일까?

간접투자 상품인 적립식 펀드는 주식시장의 변동성을 이용해서 수익을 추구하는 상품이다. 즉 주식시장의 하락 국면에서 싼 가격으로 사들인 주식들을 상승 국면에서 팔아야 수익이 발생하는 것이다. 결국 싸게 사서 비쌀 때 팔아야 수익이 난다. 기업이 적자를 내지 않고 성장만 한다면 언젠가는 주식의 가격이 올라갈 수밖에 없다.

그렇다면 주가가 상승할 때 수익을 낼 수 있는 펀드는 어떤 것인가? 바로 주가가 낮을 때 싼 가격으로 많이 사놓았던 펀드다. 그러니까 주가의 하락 국면에서도 꾸준히 주식에 투자가 되고 있는가의 여부가 미래 펀드의 수익률을 높이는 데 최대 관건이 된다. 그렇다면 과연 언제가 쌀 때고 언제가 비쌀 때인가? 목돈을 한꺼번에 주식시장에 투자하는 직접투자는 가장 싼 시점에 주식을 사야만 수익

■ 직접투자일 경우 찾아야 하는 매입 시점

률이 극대화된다. 하지만 이런 시점을 찾는다는 것은 거의 불가능하다. 운이 좋게 그림의 동그라미(●) 시점에 주식을 샀다면 2~3년이 지난 후 대박이 났을 것이다. 하지만 만약에 세모(▲) 시점에 주식을 샀다면 2~3년 후 깡통이 되지 않았을까? 그야말로 '모 아니면 도' 투자가 된다.

하지만 목돈을 한꺼번에 주식시장에 투자하는 직접투자와 달리 매월 조금씩 나누어서 주식을 사들이는 펀드의 경우는 수익률을 극대화하기 위해서 반드시 최저점을 찾을 필요는 없다. 주식을 꾸준히 나누어서 사들이게 되면 비쌀 때는 적게 사고 쌀 때는 많이 사서 결국 주식을 평균가로 사게 되는 효과가 발생한다.

평균가로 사들인 주식은 미래에 주가가 상승할 때 수익을 낼 가능성이 높아진다. 그렇다면 주가가 낮은 시기에 무작정 납입을 중단

■ 적립식 펀드의 경우 찾아야 할 매입 시점 선분

하는 것은 옳은 일일까? 앞서 설명한 대로 그렇지 않을 가능성이 높다. 묶여 있는 목돈을 상황에 따라서는 손실을 감안하고 정리(손절매)하더라도 일단은 낮은 주가를 지나는 시기에 계속 사들여야만 한다. 다시 말해 펀드는 주가 흐름이 낮을 때 시작해서 주가 흐름이 상승기일 때 매도 타이밍을 잡아야 한다. 그럼에도 불구하고 현실에서는 반대로 한다. 주가 상승기에 많이 가입했다가 주가 하락기에 접어들면 원금손실에 대한 우려감이 커지면서 환매하고 시장을 나가버린다. 이런 청개구리식 투자 사이클을 반복하다 보니 펀드 수익률은 늘 신통치 않다. 오랜 경험을 통해 보건대 개인들이 주식시장에 들어오는 시기를 예상하는 일은 너무 쉽다. 단순하게 보면 개인들은 장(場, 주식시장의 준말) 뜨면 들어오고 장 빠지면 나간다. 다시 말해 개인은 장이 뜨기 전에는 절대 안 들어온다.

그러므로 이아름 씨도 시장이 하락 국면으로 접어들었다고 판단되면 수익이 어느 정도 있는 펀드 1, 3을 일부 환매하여 이익을 내고 펀드 2의 경우는 오히려 납입을 지속하는 방법이 바람직하다.

이는 펀드상품의 특성을 설명하기 위한 예시다. 모든 경우에 적용되는 내용이 아닐 수 있으며 투자상품의 종류와 투자자산, 투자시기, 투자성향에 따라서 달라질 수 있다.

③ 비과세, 세액공제, 소득공제상품은 일단 가입하고 본다

영국 속담에 "세상에 절대로 피할 수 없는 두 가지가 있는데 그것이 바로 죽음과 세금이다"라는 말이 있다. 특히 피할 수는 없는 세금을 줄일 수 있다면 모든 사람들이 관심을 가질 수밖에 없다. 많은 사람들이 비과세상품에 관심이 많다. 하지만 비과세나 세금 혜택이 실제로 얼마나 되는지, 나에게 실질적인 실효성이 있는지를 꼼꼼히 따져보고 가입하는 사람은 별로 없다. 일단 가입하고 보자는 사람들도 여전히 많다. 이아름 씨 또한 세금이 절약되는 상품이라면 모두 찾아 가입하는 편이었다.

국민은행 신재형저축	200,000	7년	5,800,000	13년 5월
펀드4 신영소득공제 장기펀드	50,000	10년	1,000,000	14년 12월
삼성골드 개인연금저축	340,000	10년	18,360,000	11년 1월
삼성화재 개인연금저축	340,000	10년	17,000,000	11년 8월
수호천사 변액유니버셜	100,356	12년	3,311,748	13년 1월
베스트플랜 저축보험	150,000	12년	7,050,000	11년 11월

그녀는 월마다 저축하는 돈 중 118만 원을 세금이 절약된다는 절세상품으로 구성했다. 마치 쇼핑을 할 때, 동일한 물건이더라도 특별히 할인을 해주는 세일상품을 고르는 것과 같은 심리다. 그러나 앞서도 언급했듯이 중요한 것은 목적에 맞는지다. 플랜이 먼저, 상품은 그다음이다. 지금 내게 필요한 것인데 마침 혜택까지 주어진다면 금상첨화다. 하지만 그렇지 않고 무조건 가입하고 보는 것은 옳지 않다.

■ **절세상품 선택 시 Tip**

ISA개인종합관리계좌 5년간 발생한 수익 중 200만 원까지는 비과세 적용. 이후 발생한 수익도 9.9%로 분리과세가 되며 금융소득종합과세와는 무관하다. 납입한도는 연간 2000만 원, 5년간 1억 원이며 실제로 15.4%의 이자소득세가 면제되는 범위를 월 불입액으로만 채우려면 2% 금리를 기준으로 따졌을 때 월 65만 원 정도다. 하지만 5년간 절약되는 이자소득세 금액이 30만원 수준이므로 5년 동안 유지할 목적의 자금만을 운영하는 것이 바람직하다. (청년과 연간소득 2500만 사업소득 1600만 이하에 해당되는 사람은 가입기간 3년 단축 가능)

개인연금저축 개인연금상품은 납입할 때는 세액공제가 되지만 정작 연금을 탈 때는 연금소득세를 내는 세제 적격상품과 연금을 탈 때 아예 비과세가 되는 세제 비적격상품으로 구분되며 금리형 또는 투자형에 따라 장단점이 있기 때문에 신중히 결정해야 한다.

변액유니버셜/저축보험 10년 이상 유지하는 저축성보험은 이자소득세가 비과세된다는 장점이 있지만 보험사의 상품은 사업비를 차감하므로 투자 기간에 따라서 신중히 선택하는 것이 필요하다. 보통 12년 이상을 투자한다면 변액유니버셜(저축형)이 유리하며 12년 이내로 투자한다면 적립식 펀드가 유리하다(동일한 수익률인 경우).

이아름 씨는 남편과 몇 년 전 금리형 개인연금저축보험에 가입했다. 현재는 연간 400만 원까지 12~15%까지 세액공제가 되므로 세금환급 효과가 있다. 하지만 중요한 것은 세금절약이라는 혜택 이전에 이 연금상품이 그녀에게 맞는지에 대한 문제다. 세제 혜택은 언제나 상품별로 몇 가지의 조건이 충족되어야만 한다. 상품별로 장점만 존재하지는 않는다. 단점도 있을 수 있기 때문이다. 개인연금 상품별로 장점과 단점을 정리한 표를 보자.

그녀는 32세에 이 상품을 가입했다. 연금개시 시점인 만기 60세까지 총 투자 기간은 무려 30년에 가깝다. 그녀의 투자성향이나 장기라는 기간을 따져보았을 때 낮은 저금리로 운용되는 금리형보다는 투자형이 좀 더 맞을 수 있다. 그렇다면 증권사에서 판매하는 'A-2 개인연금저축펀드'를 선택하는 것이 어땠을까?(다음 표 참조) 장기투자를 할수록 수익률이 높아질 가능성과 세제 혜택까지, 일석이조의 선택이 될 수도 있다. 하지만 'A-2 개인연금저축펀드'의 경우 적립금이 커질수록 늘어나는 운용보수가 부담된다. 따라서 세액공제를 포기하더라도 장기간 유지할 경우라면 운용보수가 낮으면서도 장기투자의 수익률에 비과세 혜택까지 가능한 'B-2 투자형변액연금보험'이 더욱 현명한 선택일 수도 있다.

맞벌이의 경제 효과를 사라지게 하는 진짜 이유

많은 사람들이 외벌이보다는 맞벌이가 돈을 더 많이 모을 수 있다고 확신한다. 맞다. 이것은 지극히 당연한 논리다. 그렇다면 그 구체적 이유에는 어떤 것들이 있을까? 맞벌이의 경제 효과를 정리해보면 다음과 같다.

■ 맞벌이의 경제 효과(Effect of Double income)

① 소득 증가 효과　　　② 저축 증가 효과　　　③ 투자 증가 효과

---

① 소득 증가 효과　당연히 혼자 버는 것보다는 둘이 버는 경우 소득이 높아진다는 기본적인 의미도 있지만 소득이 동일한 경우라

상품	운용 형태	상품명	과세여부		장점 및 특징	단 점
			납입 기간	연금 시기		
A 세액공제형	A-1 금리형	개인연금 저축보험	소득5500만 원 이하 16.5% 세액공제	연금개시 시 5.5~3.3% 연금소득세	연간 400만 원 한도로 세액공제, 최대 66만 원 세액환급 가능	① 일시금 선택 불가 ② 연금소득세 과세 ③ 연1200만 원 이상 소득세 합산 ④ 중도인출 불가 해지 시 22% 가산세 ⑤ 인플레이션 헷지 불가능
	A-2 투자형	개인연금 저축펀드	소득5500만 원 이하 16.5% 세액공제	연금개시 시 5.5~3.3% 연금소득세	연간 400만 원 한도로 세액공제, 최대 66만 원 세액환급 가능	① 일시금 선택 불가 ② 연금소득세 5.5% 과세 ③ 연1200만 원 이상 소득세 합산 ④ 중도인출 불가 해지 시 22% 가산세 ⑤ 원금손실 가능성
	A-3 금리형 투자형	퇴직연금 계좌 추가납입	소득5500만 원 이하 16.5% 세액공제	연금개시 시 5.5~3.3% 연금소득세	연간 최대 700만 원 한도로 세액공제, 최대 115만 5000원 세액환급 가능	① 연금소득세 5.5% 과세 ② 종합소득세 합산 가능성 ③ 중도인출 불가 ④ 중도해지 시 기타소득세 16.5%
B 비과세형	B-1 금리형	금리형 개인연금 보험	세액공제 없음	이자소득세 비과세, 연금소득세 비과세	① 일시금 선택 가능 ② 연금개시 후 비과세 ③ 중도인출 가능, 15년 이내 은퇴자 유리	장기상품임에도 금리형 으로 운영하여 인플레이션 헷지 불가능
	B-2 투자형	투자형 변액연금 보험	세액공제 없음	이자소득세 비과세, 연금소득세 비과세	① 일시금 선택 가능 ② 연금개시 후 비과세 ③ 중도인출 가능 ⑤ 인플레이션 헷지, 15년 이후에는 은퇴자 유리	단기 운용 시 원금손실 가능성

도 둘이 벌면 부담하는 세율이 낮아져 실제 가처분소득이 올라간다는 의미다. 한 사람이 1억 원의 소득을 올리는 외벌이 가정과 두 사람이 각각 5000만 원씩 합이 1억 원의 소득을 올리는 맞벌이 가정을 비교해보면 외벌이의 경우 담세율(소득 대비 세금을 부담하는 비율)이 22.1%지만 맞벌이의 경우 담세율은 14.9%로 크게 낮아진다(약 700만 원의 처분소득이 늘어남). 게다가 근로소득 기본공제와 같은 공제를 적용한다면 실제 세금은 더 줄어들 수 있다.

② **저축 증가 효과** 증가된 가처분소득 때문에 소득 대비 저축률이 증가한다는 의미다. 아무리 초저금리 시대라고 해도 저축액이 늘어난다면 그만큼 자산증가는 빨라진다.

③ **투자 증가 효과** 외벌이에 비해 늘어난 잉여자산은 투자가 가능하기 때문에 더 많은 자산증가의 기회를 가질 수 있다.

특히 외벌이를 하다가 맞벌이로 전환한 경우는 실질적인 소득 상승의 효과를 더욱 크게 느낄 수 있다. 소득은 2배 늘어나지만 가처분소득(순소득)은 2배 이상 늘어날 수 있다는 점에서 그렇다. 왜 그런 현상이 발생하는지 다음의 비유를 통해 알아보자. 학교 앞에서 흔히 볼 수 있는 어느 분식집의 성수기와 비수기의 매출과 비용, 그리고 소득에 관한 표다. 방학 중인 비수기에 비해서 학기 중인 성수기의 매출이 2배다. 그러니까 마치 비수기는 외벌이와 같고 성수기는 맞벌이와 같은 것이다. 성수기 때 매출은 2배이지만 실제 소득은 무려 4배가 되는 것을 알 수 있다. 그 이유는 무엇일까?

구분		비수기(외벌이)	성수기(맞벌이)
매출(총소득)		1000만 원	2배 늘어난다 2000만 원
고정비용	임대료	300만 원	변함 없음 300만 원
	인건비	200만 원	변함 없음 200만 원
가변비용	재료비(30%)	300만 원	비례로 늘어남 600만 원
	세금(누진세 가정)	20만 원(10%)	비례로 늘어남 180만 원(20%)
순 소득		180만 원	4배 늘어난다 720만 원

* 고정비용? 매출에 관계없이 고정적으로 나가는 경상비용(임대료, 인건비 등)
** 가변비용? 매출에 따라서 비례적으로 증가하는 비용(재료비, 세금 등)

    매출 1000만 원일 때는 매출이 늘어남에 따라 변하는 비용(가변비용)인 재료비와 세금이 320만 원, 변하지 않는 비용(고정비용)인 임대료와 인건비가 500만 원으로 비용의 합은 820만 원이 된다. 이것을 제하고 나면 손에 쥘 수 있는 돈은 고작 180만 원에 불과하다. 하지만 매출이 2배로 늘어나 2000만 원이 된다면 매출이 늘어남에 따라 변하는 비용(가변비용)인 재료비와 세금이 780만 원으로 늘어나지만 변하지 않는 비용(고정비용)인 임대료와 인건비는 그대로 500만 원이므로 비용의 합은 1280만 원이 된다. 이것을 제하고 나면 손에 쥘 수 있는 돈은 무려 720만 원으로 4배나 늘어나는 것이다.
    따라서 이론적으로 본다면 맞벌이로 소득이 2배 늘어난다면 경제 효과는 2배 이상이 된다고 봐야 옳다. 월 소득 300만 원의 외벌이 가정에서 생활비로 200만 원을 쓰고 100만 원을 저축했다고 가정할 때, 맞벌이로 소득이 2배인 600만 원이 될 경우 현재 생활비보다 100만 원이 늘어난 300만 원을 쓰더라도 300만 원이나 더 저축할 수 있는 것이다.

그렇다면 현실에서는 어떨까? 과연 맞벌이가 된 이후 앞서 살펴본 것과 같은 3~4배, 아니 2배 정도라도 맞벌이 효과가 나타나고 있는 것일까? 안타깝게도 그렇지 못한 경우가 많다. 앞서 살펴본 경제적 함정은 맞벌이 효과를 반감시킨다. 근본적으로 맞벌이 효과를 아예 사라지도록 하는 경우도 있다. 이것은 맞벌이 경제 효과의 왜곡현상들이다.

정상적인 맞벌이의 경제 효과
소득 증가 → 저축 증가 → 투자 증가

왜곡현상1) 비정상적인 맞벌이의 경제 효과 – 소비 증가
소득 증가 → 비정상적 소비 증가

왜곡현상2) 비정상적인 맞벌이의 경제 효과 – 투자 실패
소득 증가 → 비정상적 투자 (투자 실패, 사업 실패)

맞벌이로 인한 소득의 증가는 간혹 가정경제에 대한 책임감을 떨어뜨리는 경우가 있다. 혼자 버는 외벌이에 비해서 당장의 경제적 여유가 있으니 좋은 차나 큰 집과 같은 곳에 소비하여 낭패를 보는 경우도 있다. 이런 비정상적인 과소비 때문에 소득 증가가 저축이나 미래를 위한 정상적인 투자로 이어지지 못하고 오히려 맞벌이 경제 효과를 왜곡시킨다.

또한 맞벌이로 인한 소득 증가가 오히려 무모함을 불러일으켜 화가 되는 경우도 있다. 대체로 30대의 젊은 나이에 새롭게 창업하여 사업에 뛰어든 사람들 중 상당수는 바로 맞벌이였다. 상당 기간 철저한 준비를 거치지 않았거나 배우자의 반대를 무릅쓰고 사업에 뛰어드는 경우도 많았다. 준비가 제대로 되지 않은 상태에서 창업을 할 때 많은 이들이 배우자의 소득을 최후의 보루로 믿는다. 물론 젊은 시절 창업하는 것을 무조건 무모하다고 볼 수는 없다. 하지만 만일 외벌이였다면 분명히 조금 더 신중한 접근과 철저한 준비를 했을 것이다.

불황의 시대를 돌파하는 유일한 해결책은 맞벌이다. 성공의 길로 나아가는 경우도 있지만 바로 그 맞벌이라는 장점 때문에 겪게 되는 어려움과 실패, 그리고 왜곡된 현상도 있음을 잘 알아야만 한다.

PART
2

맞벌이 부자들의 3대 능력

Chapter 3
그들은 '소통' 능력이 다르다

| 소통형 맞벌이가 보여주는 환상의 콤비 플레이 |

항공기는 비행하는 내내 끊임없이 항로를 이탈한다. 하늘에 정해진 길이 없기 때문이다. 하지만 그럼에도 불구하고 수천 킬로미터를 날아서 목적지까지 정확히 도착할 수 있는 이유는 목적지 관제센터와 끊임없이 소통하면서 목적지를 향해 방향을 바로 잡아나가기 때문이다. '맞벌이 부자'도 마찬가지다. 원활한 소통은 언제나 부부 간에 '원 보이스 원 컨셉, 즉 한 목소리와 한 방향!'을 가능하게 한다. 맞벌이 부자로 안정된 경제 기반을 갖춘 김미숙 씨(56세). "맞벌이 성공을 위해서도 부부 간 소통이 정말 중요한가요?"라는 질문에 그녀는 단호하게 말한다.

"절대적이죠!"

그녀는 자녀가 어느 정도 성장한 지금, 부부만의 시간을 갖는 것에 더 많은 투자를 하고 있다고 강조했다. 앞으로도 부부 간 소통이 중요하다고 생각하는 것이다.

요즘 김미숙 씨 부부는 1년 전 함께 시작한 자전거에 푹 빠져 있다. 쉬는 날이면 집 근처에서 팔당대교까지 자전거로 횡단한다. 둘이 함께 몰입하는 모습에서 소통의 힘을 느낄 수 있었다. 육아휴직 1년과 남편의 공부 때문에 생긴 2년의 공백 말고는 20년을 넘게 한결같이 지속한 맞벌이. 소통이란 뿌리가 없었다면 환상적인 콤비 플레이도 없었을 것이다.

'맞벌이 부자' 김미숙 씨, 그녀를 적극적으로 외조했던 남편 채영흠 씨(58세)는 원래 L전자 출신의 직장인이다. 그는 8년을 다니던 직장을 과감히 나와 본인의 꿈을 위해 2년 동안이나 다시금 공부를 시작했고 박사과정까지 마쳤다. 당시 30대 중반이고 아이들도 어렸기 때문에 시도할 수 있었다고 해도 아내의 직장생활을 보루로 꿈만을 위해 도전한다는 것은 정말 큰 모험이었다. 학비는 장학금을 받으면서 어떻게든 해결한다 해도 가장으로서 1년이 넘게 소득 없이 지낸다는 것은 확실히 큰 부담이었다. 그럼에도 불구하고 남편의 결정과 도전에 긍정의 힘을 더 했던 아내 덕분에 불확실한 시기를 잘 넘길 수 있었다.

오히려 이 시기에 직장생활을 했다면 채영흠 씨가 슈퍼맨 아빠로서 역할을 해내기란 어려웠을지도 모른다. 그랬다면 김미숙 씨도 다른 동기들처럼 육아를 위한 휴직 기간이 늘어나면서 자연스럽게 직장을 그만두고 경력 단절이 생겼을지도 모르겠다.

그 시기를 슬기롭게 넘길 수 있었던 것은 남편이 공부하는 동안 아내가 믿음으로 기다리며 경제적인 뒷바라지를 해주었고 또 아내의 원활한 직장생활을 위해 남편이 공부하는 바쁜 와중에도 시간을 쪼개 주부의 역할을 감당했기 때문이다. 들으면 미소 짓게 되는 이야기다. 절로 이런 말이 튀어나왔다. "우와! 두 분은 정말 환상의 콤비였군요!"

탄탄한 직장을 버리고 불확실한 공부를 다시 한다고 했을 때 아내로서 쉽지 않은 결정이었을 텐데 어떤 이유로 허락한 것일까? 그녀가 웃으며 답을 했다. "남편이 무엇을 하고 싶어 하는지 잘 알았기 때문이죠. 분명 불확실하지만 본인이 원하는 것이니 허락했어요!" 아내는 남편의 꿈을 정확히 알고 있었다. 부부에게 있어서 상대방의 필요를 정확히 알고 있다는 것이 얼마나 중요한가? 이런 부부들을 '소통형 부부'라고 부르고 싶다.

지금은 인터넷과 SNS의 끝없는 진화로 어디서나 의사소통이 자유롭고 정보들이 실시간으로 교환되는, 그야말로 소통의 자유가 확보된 세상이다. 하지만 정작 "홍수에 마실 물이 없다"는 말처럼 소통수단은 넘쳐나는데 오히려 가족 간 대화는 줄어들고 소통은 단절되어간다. 계층이나 세대 간 갈등도 바로 이 소통이 없기 때문이다.

마음껏 소통할 수 있는 시대에 '진짜 소통은 없다'는 아이러니한 상황. 그럼 국가와 사회를 이루는 가장 작은 단위인 가정에서는 어떨까? 특히 부부 사이에서 얼마나 소통이 잘 되고 있는 걸까?

경상도 남자들은 집에 오면 딱 세 마디를 한다고 한다. "밥 묵자" "아는?" "자자!" 부부들의 대화 부족을 꼬집는 유머다.

실제로도 부부 간 대화 시간은 많이 부족하다. 2013년 인구보건복지협회가 조사한 설문에 따르면 부부들의 30%는 하루 평균 30분도 대화하지 않는다고 한다. 심지어 8.6%는 10분도 대화하지 않는다. 이런 우스갯소리가 괜히 나온 말은 아닌 셈이다.

반면 매일 1시간 이상 대화 하는 부부도 28.7%나 된다. 물론 소통이 잘 된다고 모두 부자가 되는 것은 아니다. 그러나 모든 '맞벌이 부자'들은 소통이 원활하다. 대화는 소통의 가장 기본이다. 그저 일상에서 가볍게 나누는 이야기나 잡담 또한 소통에 도움이 된다.

하지만 더 중요한 것은 대화의 양보다는 질, 대화 시간만 늘어난다고 해서 소통이 잘 된다고 말할 수는 없다. 상대방이 무엇을 원하는지 상대방의 필요에 대한 민감한 태도가 중요하다. 맞벌이들은 실제 대화할 수 있는 시간이 절대적으로 부족하기 때문이다.

성공적인 맞벌이들의 대화 속에는 뭔가 특별한 것이 있다. 소통형 부부의 대화 프로세스를 정리해보면 다음과 같다.

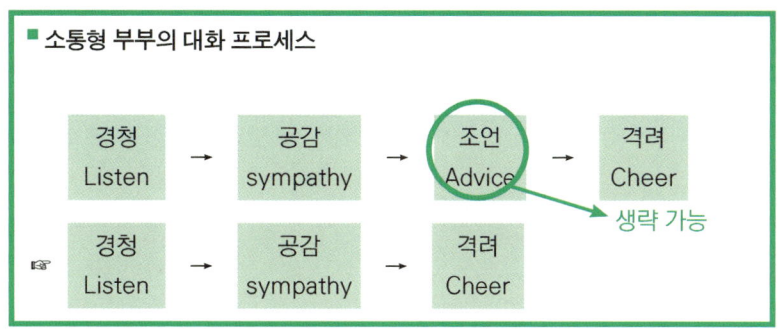

주의할 것은 조언은 말 그대로 조언일 뿐, 충고를 가장해서 가르치려 들거나 핀잔을 주면 안 된다. 말 그대로 본인이 선택할 수 있는 여러 개의 답을 주고 결정은 상대방이 하도록 해야 한다. 사실 인간은 누군가에게 설득당하는 것을 절대 유쾌하게 생각하지 않는다. 조언도 듣기에 따라서는 핀잔으로 들려 오히려 소통을 가로막는 경우가 많다. 그래서 이 프로세스에서 조언은 없어도 무관하다.

이런 대화 프로세스는 사소한 일상의 대화에도 적용된다. 다음 사례를 보자.

백화점에 쇼핑을 하러 간 부부, 아내는 오랜만에 남편과 함께하는 쇼핑에 마음이 들떠 있다. 그러나 백화점은 주말과 세일 기간이 겹쳐서 매우 혼잡했다. 간신히 지하 주차장으로 들어선 부부, 예상대로 주차 자리를 잡기도 만만치 않았다.

남편 아니…… 왜 이렇게 차가 많아? (짜증)

아내 주말에다 세일까지 겹치니까 그렇지 뭐!

남편 그걸 누가 모르나?

아내 더 내려가도 소용없어. (핀잔) 저 끝에 빈자리가 있을 것 같으니까 왼쪽으로 틀어. 빨리! (짜증)

남편 아니야, 계속 내려가면 있을 거야!

아내 소용없다니까. 이 층에서 찾아봐야 해.

남편 아니야, 맨 밑으로 가보자!

백화점 문턱도 넘기 전에 언쟁이 시작된다. 이유는 간단하다. 상대방의 말을 경청하지 않고 서로 자기 말만 하기 때문이다. 애초에 상대방의 말을 경청했다면 언쟁은 없었을 것이다.

"아니 왜 이렇게 차가 많아!" 이 말을 경청했다면 그 숨은 뜻을 알게 된다. 즉 '지금까지 운전해온 것도 힘든데 주차하기도 어려우니 정말 피곤하다'라는 뜻이다. 아내가 이 말을 경청했다면 "그러게 당신 많이 힘들겠네"라는 공감의 말이 나왔지 않았을까? 하지만 아내는 공감 대신 지시에 가까운 말을 하게 된다. "더 내려가도 소용없어. 저 끝에 빈자리가 있을 것 같으니까 왼쪽으로 틀어. 빨리!" 이런 지시에 순순히 "예스"라고 답할 사람은 많지 않다.

경청과 공감은 마치 한 세트 같은 것이다. 공감한다고 당장 문제가 해결되진 않는다. 하지만 공감하면 마술 같은 일이 일어난다. 해결되지 않은 그 문제는 순간 작아져버린다. 대수롭지 않은 문제가 되는 것이다.

소통형 부부의 대화 프로세스대로 다시 말해보자.

남편 아니…… 왜 이렇게 차가 많아? (짜증)
아내 (경청 후) 그러게 차 막혀서 힘들었는데 여기 와서까지 당신 정말 피곤하겠다. (공감)
남편 할 수 없지. 난 괜찮아. (문제는 작아진다)
아내 이런 경우 보통은 더 내려가도 소용없던데 이 층에서 잘 찾아보는 게 어떨까. (지시보단 대안 제시)
남편 그것도 좋지만 계속 내려가면 있겠지.
아내 아마 있을 거야. 조금만 힘냅시다. (격려)
남편 맨 밑으로 가보자!

작은 부분이지만 결과의 차이는 클 수 있다. 수십 년을 맞벌이로 지내온 맞벌이 부자들의 일상에는 언제나 이런 소통이 함께한다.

참고로 김미숙 씨의 남편 채영홈 씨가 10년 전 한 강연에서 들은 후 지금까지 부부의 십계명으로 생각하고 집 안에 가족사진과 함께 세워둔 글을 소개해본다.

> ■ 채영흠 · 김미숙의 대화 십계명
>
> 1. 언제나 서로 진실이 담긴 말을 한다.
> 2. 상대방에게 과격하고 극단적인 표현은 하지 않는다.
> 3. 서로를 부를 때는 부드럽고 친밀감 있게 부른다.
> 4. 서로 다른 견해가 있다면 대화하여 의논한다.
> 5. 감정이 격해지면 잠시 대화를 멈추고 생각한다.
> 6. 내 의견과 상대방이 다를 수 있음을 항상 인정한다.
> 7. 잘못이 있으면 변명보다는 진실로 사과한다.
> 8. 먼저 상대방 의견을 충분히 들어준다.
> 9. 자주 상대방 장점을 찾아서 이야기해준다.
> 10. 상대방 입장에서 생각하고 배려해준다.

간단 소통 능력 테스트

이미 맞벌이 부자로 성공한 사람들, 그리고 은퇴 전에 맞벌이 부자로 진입할 가능성이 높은 예비 맞벌이 부자들은 모두 남다른 소통 능력을 가지고 있다. 왜 맞벌이 부자가 되는 데 소통 능력이 중요한 것일까? 답은 간단하다. 소통은 항상 좋은 의사결정을 만들기 때문이다.

직장인이 평생 30년 동안 일했을 때 받는 월급의 횟수는 360번, 운이 좋아서 좀 더 일한다고 하더라도 400번 정도에 불과하다. 400번의 월급을 받는 동안 마주하게 될 선택들이 모여 맞벌이 부자가 되는 것이다. 그 선택들이란 저축을 할 것인지, 투자를 할 것인지 또 얼마나 어떻게 할 것인지 등이다. 이처럼 수없이 많고 복잡한 선택의 결과로 맞벌이 부자가 되는지 아닌지가 결정된다. 그런데 매번 소통 없이 각자 딴 생각을 가진 두 사람이 내린 선택이라면 과연 결과가 어떨까?

맞벌이 부자의 길은 객관식 문제처럼 딱 하나의 정답만을 찾아내는 과정이 아니다. 뛰어난 한 사람이 정답을 찾아냈다고 문제가 해결되는 것은 아니란 뜻이다. 두 사람이 함께 답이 무엇인지를 찾아가고 끝내는 그것을 정답으로 만들어내는 과정이 필요하다. 소통 능력이란 결국 서로 얼마나 정보를 잘 공유하는지의 여부다. 또 그렇게 공유된 정보가 얼마나 합리적인 결정을 이루어내는지의 여부기도 하다. 소통을 통한 합리적인 결정은 실패하는 경우가 적다. 혹여나 실패했을지라도 신속하고 적절한 대응이 가능하도록 돕는다. 또 연속으로 실패할 확률을 낮춘다.

항상 잘못된 결정 뒤에는 잘못된 정보가 있다. 잘못된 정보 뒤에는 불통이 있다. 충분한 대화가 되지 않고 자꾸만 대화가 끊어지는 것은 자기 이야기만 하기 때문이고, 대화가 끝없이 이어지고 또 깊어지는 것은 끝없이 경청하고 공감해주기 때문이다. 따라서 소통 능력은 경청과 공감 능력의 또 다른 이름이다. 결국 맞벌이 부자가 되는 첫걸음은 부부 간의 소통 능력을 높이는 것이고, 경청과 공감 능력을 높이는 것이다.

성공한 맞벌이 부자들은 다음의 간단소통지수에서 대부분 40점 이상이 나온다. 여러분은 어떤지 체크해보라.

현 배우자 또는 미래 배우자와 간단 소통 능력 테스트
(ⓐ5점 ⓑ4점 ⓒ3점 ⓓ2점 ⓔ0점)

※동일한 설문을 두 사람이 각각 해보도록 하자.

1. 일주일 동안 평균 대화 시간은 얼마나 되는가?(휴일 포함)
   ⓐ 7시간 이상   ⓑ 5시간 이상   ⓒ 3시간 이상   ⓓ 3시간 이내   ⓔ 1시간 이내

2. 최근에 내린 몇 가지 중요한 결정은 주로 어떤 합의과정을 거쳤는가?
   ⓐ 두 사람 모두의 의견이 조금씩 반영되어 결정되었다.
   ⓑ 한 사람의 의견이 상대방에게 잘 설득되어서 결정되었다.
   ⓒ 한 사람의 의견을 한 사람이 따라가면서 결정되었다.
   ⓓ 한 사람이 자신의 의견을 일방적으로 결정했다.

3. 두 사람의 대화 방식은 어떠한가?
   ⓐ 두 사람 모두 상대방 말을 서로 잘 경청해주고 공감해주는 편이다.
   ⓑ 상대방이 나의 말을 경청해주고 공감해주는 편이다.
   ⓒ 내가 상대방의 말을 잘 경청해주고 공감해주는 편이다.
   ⓓ 두 사람 모두 상대방의 말보다는 자신의 말을 더 많이 하는 편이다.

4. 두 사람이 함께하는 공동의 관심사나 취미가 있는가?
   ⓐ 일주일에 5시간 이상을 함께하는 공동의 관심사나 취미가 있다.
   ⓑ 일주일에 3시간 이상을 함께하는 공동의 관심사나 취미가 있다.
   ⓒ 일주일에 1시간 정도 함께하는 공동의 관심사나 취미가 있다.
   ⓓ 함께하는 공동의 관심사는 취미는 없다.

5. 문제가 있을 시에 두 사람의 대화를 통해 해결하는 부분은 얼마나 되는가?
   ⓐ 서로의 고민을 대화를 통해서 많이 해결하는 편이다.
   ⓑ 상대방이 나의 고민을 조언을 통해서 많이 해결해주는 편이다.
   ⓒ 내가 상대방의 고민을 조언을 통해 많이 해결해주는 편이다.
   ⓓ 대화를 통해서 해결하지는 않는 편이다.

6. 두 사람의 월 소득에 대한 관리는 어떤 방식인가?

ⓐ 완전히 오픈되어 있고 한 사람이 맡아서 하는 방식이다.
ⓑ 완전히 오픈되어 있고 두 사람이 각각 하는 방식이다.
ⓒ 일부 오픈되어 있고 한 사람이 맡아서 하는 방식이다.
ⓓ 전혀 오픈되어 있지 않고 각각 하는 방식이다.

7. 월 생활비, 용돈, 월 저축액에 대한 예산과 금액이 서로 공유되는가?
ⓐ 월 생활비, 용돈, 월 저축액에 대한 예산과 금액을 정확히 알고 있다.
ⓑ 월 생활비, 용돈, 월 저축액에 대한 예산과 금액을 일부 알고 있다.
ⓔ 월 생활비, 용돈, 월 저축액에 대한 예산과 금액을 전혀 모르고 있다. (0점)

8. 저축에 대한 만기 시 용도와 목적에 대해서 공유되고 있는가?
ⓐ 저축에 대해서 만기 시 용도와 목적에 대해서 모두 정확히 알고 있다.
ⓑ 저축에 대해서 만기 시 용도와 목적에 대해서 일부 알고 있다.
ⓔ 저축에 대해서 만기 시 용도와 목적에 대해서 전혀 모르고 있다. (0점)

9. 위의 5가지 설문에서 두 사람이 답이 일치한 항목은 몇 개인가?
ⓐ 5개　　ⓑ 4개　　ⓒ 3개　　ⓓ 2개　　ⓔ 1개 이하

10. 최근 몇 년간 결정한 것 중에서 가장 잘못된 결정이 있다면 무엇이었는가? 그 결정의 과정은 어떠했는가?
ⓐ 두 사람 모두의 의견이 조금씩 반영되어 결정되었다.
ⓑ 한 사람의 의견이 상대방에게 잘 설득되어서 결정되었다.
ⓒ 한 사람의 의견을 한 사람이 따라가면서 결정되었다.
ⓓ 한 사람이 자신의 의견을 일방적으로 결정했다.

【45점 이상: 탁월한 소통형】
맞벌이 부자들에 보이는 전형적인 소통형으로 서로 완벽하게 소통이 잘되는 스타일이다.

【40~44점: 소통 노력형】
대체로 소통이 잘되는 편이다. 어느 한쪽이 원활한 소통을 위해 많이 양보하는 것일 수도 있다. 좀 더 탁월한 소통을 위해서 노력해야 한다.

【35~39점: 소통 부족형】
대체로 소통이 부족한 편이다. 우선 상대방의 의견을 서로 경청해주는 것이 필요하다.

【35점 미만: 불통형】
소통이 거의 없는 편이다. 우선은 대화 시간을 많이 늘리고 소통을 위해서 서로가 많은 노력이 필요하다.

평소 원활한 정보 공유와 소통이 잘되는 부부들은 꼭 함께하는 취미생활이 있다. 부부가 공동의 관심사를 가지고 시간을 함께 보내는 것은 당연히 소통을 원활하게 하는 데 도움이 된다.

얼마 전에 10년 이상 지인으로 알고 지낸 정형진(57세, J건설 부장), 이찬숙(55세, 세무법인 근무) 부부를 만났다. 맞벌이 부자의 소통 능력을 인터뷰하기 위해서다.

이들 부부는 결혼 25년차인 지금, 이미 맞벌이 부자로 진입한 상태다. 아마도 두 딸이 대학을 졸업하는 2년 뒤에는 언제 은퇴해도 현재의 월 생활수준을 유지하는 데 아무런 문제가 없어 보인다.

이찬숙 씨의 경우는 엄청난 관리형으로 늘 저축이 생활화되어 있다. 초 저금리시기로 진입한 10년 전부터도 항상 적금통장을 5개 이상 가지고 있을 정도다. 이렇게 모이는 목돈은 일정한 수준이 되기 전까지는 예금으로 불렸다가 어느 정도 목돈이 되었을 때 어김없이 투자로 향했다. 그녀는 말한다. "3000만 원이 되기 전까지는 투자하지 마세요. 종잣돈이 모이면 저축을 고민하지 말고 투자를 고민하세요." 다시 말해서 3000만 원이 될 때까지는 그냥 아무 생각하지 말고 열심히 모으란 것이다. 대신 3000만 원을 모았을 때 어떻게 투자할지를 고민하라는 뜻이기도 하다. 대부분 사람들은 금리 1%에 차이를 두고 어떤 저축이 좋을지 고민하다가 한 달 두 달 세월을 낭비한다. 또 3000만 원도 없는데 투자부터 생각한다.

그녀는 소형 아파트와 상가를 갖고 있다. 몇 해 전에는 경매에 뛰어들어 시세의 절반 이하로 작은 아파트를 사들이는 데도 성공했다. 평소 열심히 저축한 목돈이 정말 필요할 때 실탄이 되어 적절하게 투자할 수 있었던 것이다. 이런 방식으로 그들은 자산을 꾸준히 늘려왔다. 이찬숙 씨 또한 과감한 투자 결정을 할 수 있던 이유로 원활한 소통의 힘을 꼽는다. 역시 소통 능력이 맞벌이 부자가 되는 데 큰 역할을 한다는 것이다.

가을 햇볕이 따스한 풍경을 보듬는 주말 오후, 대모산 입구에서 만난 부부는 마치 풋풋한 젊은 커플처럼 같은 종류의 자전거를 타고 나타났다. 자녀가 성장한 후부터는 늘 같이 운동을 한다는 부부는 요즘 등산과 자전거를 즐기며 함께 사진을 찍는 취미에 빠져 있다. 주말이면 어김없이 자전거를 타고 산과 들로 나간다. 새로운 환경 속에서 평소 나누지 못한 중요한 대화들을 나누기도 한다.

사실 부부가 공동의 취미를 가지면 여러 잡음이 생길 소지도 다분하다. 잘못하면 역효과가 날 수도 있다. 오죽하면 우스갯소리로 운전과 골프는 남편에게 배우지 말라는 말이 있을까? 남편 입장에서는 일상을 벗어나서까지 아내의 잔소리를 듣게 될 위험이 도사린다. 아내 또한 놀러와서까지 훈수를 두는 게 유쾌하지만은 않다. 이러저러한 이유로 부부가 공동의 취미를 공유하기란 쉽지 않을 수 있다. 하지만 맞벌이 부자들은 공동의 취미를 통해 늘 소통하는 것을 강력하게 추천한다. 다양한 대화를 나누는 것이 좋은 의사결정을 하는 데 무척 도움이 된다는 것이다.

맞벌이라서 더욱 요구되는 소통 능력

맞벌이에게 특히 소통을 강조해야 이유가 있다. 그것은 외벌이보다 맞벌이들이 오히려 소통하기가 쉽지 않기 때문이다. 무릇 권력이란 돈에서 나오는 법이다. 가정에 경제활동을 하는 사람이 2명이란 것은 결국 두 개의 권력이 존재한다는 뜻. 서로가 노력하지 않는다면 원활한 소통은 쉽지 않다. 게다가 맞벌이는 각자 일을 가지고 있기 때문에 서로에게 많은 시간을 내기도 어렵다.

이런 어려움에도 불구하고 맞벌이 부자에 이른 사람들은 하나같이 부부 간에 탁월한 '소통 능력'을 갖고 있다. 더 정확히 말하자면 능력보다는 소통을 위해 항상 서로가 의도된 노력을 한다고 볼 수 있다. 이런 소통의 시작은 항상 배우자를 필요로 하고 부족한 부분을 보완해주는 것에서 출발한다.

소통이란 어떤 문제든 가장 기회비용이 적은, 합리적인 결정을 하도록 도와준다. 소통이 잘되는 부부일수록 어떤 일을 누가 얼마만큼 분담했을 때 가장 효율적인지를 잘 알고 있다.

경제학에는 비교우위라는 개념이 있다. 상품을 생산하는 데 있어서 더 적은 기회비용으로 생산할 수 있는 능력을 가리키는 말이다. 맞벌이로서 분담해야 하는 가사나 육아, 그 밖에 일들도 서로 각자 비교우위에 있는 일을 함으로써 서로를 보완해준다.

이런 원리는 국가 간에 무역거래에서도 적용된다. 선진국은 후진국에 비해서 거의 모든 상품이 절대우위에 있는 경우가 많다. 하지만 모든 상품이 비교우위에 있을 수는 없다. 그래서 각국은 비교우위에 있는 상품생산에만 주력하고 나머지는 무역거래를 통해 서로 맞교환하는데 이것은 상호이익을 증가시키게 된다. 이런 비교우위의 개념을 생각해보면 과거에는 왜 여성이 육아와 가사를 도맡아왔는지, 왜 남성은 바깥일을 담당해왔는지를 알 수 있다. 결국 비교우위의 개념은 선택의 문제에서 좀 더 적은 기회비용을 포기하는 결정을 의미한다.

가사와 육아, 그 밖의 많은 부분에서 나누어서 해야 할 일이 너무 많은 맞벌이의 경우, 각각의 상황마다 가장 합리적인 결정을 하기가 쉽지 않다. 평소에 원활한 정보 공유와 소통이 뒷받침되지 않는다면 선택과 집중의 힘을 발휘할 수 없다.

요즘은 출산 이후 아내의 경력 단절을 줄이고 더 효율적인 육아를 위해서 아빠들이 육아휴직을 하는 사례가 늘고 있다. 전통적으로 실리보단 명분이 중요시되는 우리나라에서도 이제 실리를 앞세우는 사람들이 많아진 것이다.

모든 상황에서 가장 비교우위가 높은 일을 선택하고 집중하는 결정은 결코 쉽지 않다. 부자 DNA 중 중요한 요소로 손꼽히는 것이 바로 우선순위를 정확히 판단하는 능력이다. 우선순위를 판단하는 능력이란 두 마리 토끼를 모두 잡으려다 다 놓치는 것이 아니라 과감하게 효율이 낮은 걸 포기할 줄 아는 것을 말한다. 항상 좋은 선택을 하는 습관이 되어 있는 것이다. 부부의 소통이 원활하지 않다면 절대로 이런 결정을 내릴 수 없다. 소통이 없는 경우, 오히려 맞벌이로 인해 사소한 다툼과 비생산적인 갈등이 늘어나고 우선순위에 맞는 선택을 하지 못하게 된다.

| 맞벌이의 독은 바로 불통 |

앞서 언급한 것과 같이 맞벌이로 성공한 부자들도 많지만 오히려 맞벌이임에도 불구하고 외벌이보다 경제적 상황이 더 어려워진 경우도 많다. 바로 불통이 그 원인이다. 불통이란 서로 정보의 공유가 없는 상황을 말한다. 특히 그중에서도 가장 큰 문제는 바로 소득에 관한 불통이다. 맞벌이 부부들 중 상당수가 돈을 따로 관리한다.

맞벌이 부부 사이에 소득 정보를 공유하는 유형에는 몇 가지가 있다.

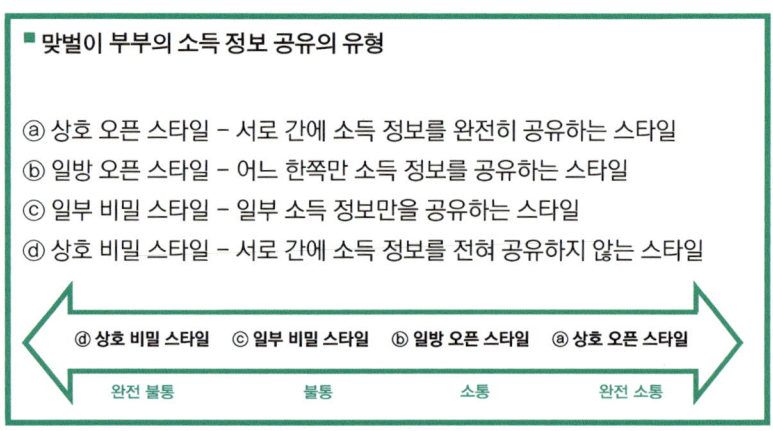

결론적으로 말하자면 맞벌이 부자들은 모두 ⓐ 상호 오픈 스타일이라는 사실에 주목해야 한다. ⓐ 상호 오픈 스타일이란 소득 정

보가 서로 완전히 열려 있는 경우로 직장인이라면 아예 월급통장 자체를 배우자에 맡기는 형태다. 이 경우는 서로 완전 소통의 상태라고 말할 수 있다. ⓑ 일방 오픈 스타일은 보통 돈 관리를 하는 한 명의 배우자가 본인과 배우자의 소득 정보를 가지고 있는 경우로 한쪽에게만 정보가 오픈되어 있는 형태다. 상호 오픈 스타일로 가는 중간 단계라고 볼 수 있다. 두 사람의 소득이 함께 관리된다는 면에서 바람직하다고 하겠지만 빠른 시간 내에 상호 오픈 스타일로 전환하는 게 좋을 것이다. 이처럼 소득 정보가 완전하게 소통되는 경우와 다르게 소득 정보가 부부 간에 불통인 경우도 있다. ⓒ 일부 비밀 스타일의 경우가 대표적이다. 아내가 가정의 돈 관리를 맡아서 하지만 남편은 월급에서 일정 금액의 생활비만 아내에게 주고는 나머지 돈 관리를 스스로 하는 경우다. 보통은 정기적인 월급은 오픈하지만 서로 보너스와 상여는 비밀로 하고 각자 관리한다. 그러면 가정의 돈 관리를 맡는 아내의 경우 책임감 있게 저축을 하지 못하게 되고 각자 관리하는 돈 역시 올바른 저축이나 재테크가 이루어지지 못한다. 이런 경우에 보너스나 상여금이 정기적인 월급에 비해 비중이 적어 별 문제가 없다고 생각할지 모르지만 결코 그렇지 않다. 갑자기 생각지 않은 큰 성과급이라도 나오게 된다면 그 돈은 바로 관리의 영역을 벗어난다. 그런 경우 말 그대로 눈먼 돈이 되는 것이다. 최악의 시나리오는 바로 ⓓ 상호 비밀 스타일이다. 공동의 생활비만 갹출하고 서로 소득 정보를 전혀 오픈하지 않는 경우다. 흔하지 않지만 간혹 보게 되는데 소득 정보가 소통되지 않는다면 부부 간에 여러 가지 비밀이 생길 수밖에 없다.

행정직 공무원 10년차로 접어드는 차현숙 씨(37세). 그녀는 요즘 큰 고민에 빠졌다. 집주인이 몇 달 후 다가오는 전세계약 갱신 때 지금의 전세계약을 반전세로 전환하고 나머지를 월세로 돌리겠다고 공지했기 때문이다. 몇 해 전만 하더라도 이 정도의 문제는 대수롭지 않은 일이었을 텐데 지금은 상황이 만만치 않다. 그녀의 남편은 3년 전 다니던 게임회사를 그만두고 벤처사업에 뛰어들었다. 처음에는 희망의 빛이 보이는 듯했다. 대형 게임회사에 근무하던 남편이 몇 명의 동료들과 의기투합하여 창업을 결정하고 처음 1년은 좋은 성과를 내는 듯 보였기 때문이다. 하지만 지금은 사업이 많이 힘들어져 벌써 몇 달째 생활비조차 집에 가져오지 못하는 형편이다. 사실 그녀는 남편이 착실하게 직장생활을 오래도록 해주길 바랐다. 적은 월급이라도 공무원인 자신과 남편이 착실하게 맞벌이를 한다면 남부럽지 않은 살림을 꾸려갈 것이라고 생각했다.

하지만 결혼 후 본인의 소득을 완전히 공개하지 않는 남편 탓에 몇 년간을 생활비만 타서 쓰게 되었다고 한다. 그래도 그녀는 평소 성실한 스타일인 남편을 믿고 적은 생활비를 쪼개서 적금을 넣고 살림을 꾸려나갔다. 완전히 공개하지는 않았지만 그동안 남편은 상여금과 보너스를 받아서 어느 정도 많은 금액을 모은 눈치였다. 또 회사에 스톡옵션을 받아 꽤 두둑한 현금을 가지고 있었다. 그러던 어느 날 남편은 아내에게 회사에 사표를 내고 사업에 뛰어들겠다고 선언했다.

사실 남편은 그동안 사업자금을 만들기 위해서 소득을 완전히 공개하지 않았다. 그녀는 처음부터 소득을 오픈하고 함께 관리하지 않은 것이 화근이라고 생각한다. 또한 맞벌이를 한 것이 오히려 남편을 사업에 뛰어들게 한 빌미가 되었다고 유추하고 있다.

소득이 나누어져 있으면 소통이 안 되고 비밀이 많아지는 법이다. 결과적으로 지금 사업이 어렵기 때문에 그 결정이 무조건 잘못된 것이라고 말하는 것은 아니다. 하지만 부부가 의사결정 과정을 함께했다면 이 상황이 더 어렵게 느껴지지는 않았을 것이다. 맞벌이는 약이 되는 경우도 있지만 독이 되는 경우도 있음을 꼭 기억해야 한다.

원하는 삶을 추구하는 동상동몽 부부

많은 맞벌이 부자들의 공통된 라이프스타일을 한마디로 표현하면 '부부가 원하는 공동의 꿈을 가지고 그것을 추구해온 사람들'이라고 말할 수 있다. 동상이몽이 아니라 동상동몽, 그러니까 같은 꿈을 함께 꾸는 부부인 셈이다. 이렇게 되려면 꼭 필요한 것이 두 가지 있다.

첫째, 서로가 원하는 것이 무엇인지 정확히 알아야 한다.
둘째, 서로가 원하는 것이 두 사람의 공동 목표가 되어야 한다.

그렇다면 원하는 삶이란 무엇일까? 진짜로 내가 원하는 것이 무엇인지를 알고 있다면 이미 목표를 세우는 일의 절반은 해결한 것이나 다름없다. 물론 원하는 목표나 꿈은 계속해서 바뀔 수도 있다. 어릴 적 꿈이나 목표를 나이가 들어서까지 유지하는 사람은 드물다. 시간이 지나면서 주변 조건이나 환경에 따라 내가 원하는 것도 바뀌기 마련이다. 하지만 의외로 현대인들은 자신이 원하는 것이 무엇인지 잘 모르고 살아간다. 나를 둘러싼 사람이나 이 세상이 나에게 강요하는 삶이 마치 내가 원하는 것이라고 착각하면서 살아간다. 그러나 남들 따라 그저 줄지어 등산로를 올라가는 것이 아니라 내가 오르겠다고 목표한 산을 올라야 한다.

꿈이 없으면 산에 오르면서 남들이 쉬는 곳에서 쉬고 남들이 내려갈 때 그냥 내려오게 된다. 원하는 목표가 확실하게 생긴다면 정말로 그것에 집중할 수 있게 될 것이다. 세상의 이목이나 시선은 그다지 중요하지 않다. 여러분은 스스로가 원하는 삶의 목표가 있는가?

누군가 나의 꿈에 대해 잘 들어준다면 어떨까? 그 꿈은 그저 꿈으로 끝나는 것이 아니라 구체화가 될 수 있다. 또 마침내 꿈이 이루어질 수도 있다. 머릿속에서 혼자 상상하며 꾸는 꿈은 그저 한때 품었던 지나가는 생각일 수 있다. 하지만 누군가와 이야기를 나누고 함께 꾸는 꿈은 현실이 될 수 있다.

소통이 잘되는 부부라면 서로가 원하는 것이 무엇인지, 목표와 꿈이 어떻게 바뀌어 가는지 정확히 알고 있다.

그래서 소통이 바로 서로의 얘기를 들어주는 경청에서 출발하는 것이다. 굳이 상대방의 이야기에 해답을 찾아주지 않아도 된다. 상대방의 이야기를 들어주는 것만으로도 스스로 해답을 찾는 데 큰 힘이 되기 때문이다.

부부 중 어느 한 사람이 배우자의 이야기를 경청해준다면 상대방도 자신의 이야기에 귀를 기울여 들어준 상대 배우자의 말을 자연히 경청하게 된다. 맞벌이 부자들은 이런 경청을 통한 소통이 언제나 일상화되어 있는 사람들이다.

세상에 자신의 말보다 상대방의 이야기를 들어주는 것을 더 좋아하는 사람이 있을까? 대부분의 사람들은 그렇지 않다. 만일 주변에 항상 당신의 이야기를 경청해주는 사람이 있다면 그것은 그 사람의 원래 성격이나 스타일 때문이 아니다. 당신을 위해 의도적으로 배려하고 또 노력하고 있는 것이다. 그러니까 맞벌이 부자들이 상대방의 이야기를 잘 경청하여 서로가 원하는 것이 무엇인지 정확히 안다는 건 절대 성격이나 스타일 문제가 아니라 오랜 세월 의도적으로 노력해온 결과다.

이런 노력들은 결국 두 사람이 원하는 것을 점점 닮아가도록 만든다. 처음에는 달랐던 두 사람의 목표나 꿈이 오랜 세월을 지나면서 같아지는 것이다. 아무리 한겨울이라도 돋보기를 통해 한줌의 빛을 한곳에 모으면 무언가를 태울 만한 불꽃을 일으키는 것처럼 두 사람이 목표를 모으고 한곳에 집중한다는 것은 매우 강력한 무기가 될 수 있다. 여러분은 동상이몽인가, 동상동몽인가?

Chapter 4
그들은 '계획' 능력이 다르다

| 재테크란 머털도사의 도술 같은 것 |

　1989년 방영되어 큰 인기를 끌었던 〈머털도사〉라는 TV 애니메이션을 아는가? 모든 이야기가 그렇듯 이 애니메이션에도 선과 악으로 대비되는 2명의 캐릭터가 등장한다. 오직 도술을 배우겠다는 생각만으로 누덕도사 밑으로 들어간 머털이, 착하지만 어리숙하기 그지없는 그가 주인공이다. 그런 머털이에게 누덕도사는 도술을 가르쳐줄 생각은 않고 온갖 집안일을 시키며 인내의 훈련만 하게 한다. 반면에 하루빨리 도술을 배워서 세상을 지배하겠다는 야망을 가진 거꾸리는 왕지락 도사를 찾아간다. 그리고 단시간 내에 엄청난 도술을 부리는 실력을 갖게 된다. 이 애니메이션도 다른 많은 이야

기들과 마찬가지로 결국 선이 악을 이긴다는 권선징악의 스토리다. 그러나 그 속을 잘 들여다보면 또 다른 교훈이 숨어 있다. 세상에 무엇이든 단시간 내에 이루어지는 것은 없다는 것이다. 단시간 내에 이룬 것은 단시간 내에 잃을 수 있다.

오랜 세월 인내의 훈련만 받던 머털이는 어느 날 더 이상 참지 못하고 스승에게 화를 낸다. "스승님! 도대체 도술은 언제 가르쳐주실 건가요?" 그때 머털이는 뜻밖의 사실을 알게 된다. 이제껏 느끼지 못했지만 이미 도술을 부리는 재주를 갖게 된 것이다. 반면 단시간 내에 엄청난 도술을 부리기 위한 야망을 가지고 성급히 달려들었던 거꾸리는 자기 꾀에 자기가 걸려서 결국 모든 능력을 다 잃고 만다.

어떤 일이든 시간이 필요하다. 쉽게 얻은 것일수록 결국 쉽게 잃어버리기 마련이다. 이것은 평생 큰 목돈보다는 매달 들어오는 월급으로 생활하는 월급쟁이에게는 진리와도 같은 말이다. 하지만 이런 진리를 실천하기란 쉽지 않다. 그만큼 월급쟁이는 마음이 급하다. 이런 월급쟁이에게 세상은 좀 더 빨리, 좀 더 쉽게 돈을 벌 수 있는 방법을 찾으라고 한다. 무모한 투자나 욕심이 앞서는 재테크를 통해 얻는 잠깐의 성공은 결코 월급쟁이를 부자로 만들 수 없다. 내가 알고 있는 모든 맞벌이 부자들과 월급쟁이 부자들은 바로 시간이란 인내에 투자한 사람들이다. 월급쟁이에게 재테크란 바로 오랜 인내의 결과로 만들어진 머털도사의 도술 같은 것이기 때문이다.

이때 중요한 것이 바로 올바른 계획이다. 계획은 힘든 상황에서도 포기하지 않고 다시 힘을 낼 수 있게 만드는 나침반 같은 역할을 한다. 그런 의미에서 맞벌이 부자들은 바로 계획의 천재들이다. 꾸준함과 계획, 이 둘은 결코 떨어트릴 수 없는 한 쌍의 무기다.

마스터플랜의 힘

맞벌이 부자는 목표를 만드는 데 선수다. 무엇이든 목표를 정하고 달려든다. 중견기업에서 퇴직을 5년 정도 앞두고 있는 김기학 부장(52세, L상사)은 임원이 되지는 못했지만 정년에 가까운 나이까지 근무하며 주위에서 능력자로 통할 정도의 실력을 인정받고 있다. 지금은 외벌이지만 김기학 부장도 과거 20년을 넘도록 맞벌이를 했다. 5년 후면 개인연금도 시작되고 몇 해 전 마련한 오피스텔도 있으니 일단 퇴직 후 기본적인 노후 준비는 된 상태. 지금은 오피스텔의 월세 수입으로 대출원리금을 갚고 있지만 은퇴 전까지 모두 상환하면 100만 원이 넘는 월세가 고스란히 순소득이 된다.

김기학 부장은 항상 목표를 세우는 습관이 있다. 오랜만에 만난 그는 요즘 자꾸만 살이 찌는 것 같아 퇴근하면서 지하철역에서 마을버스로 다섯 정거장 정도 떨어진 거리를 매일 걸어서 간다고 했다. 목표는 3kg 감량. 또 어김없이 목표 이야기다. 이제 2kg 정도 빠지고 뱃살도 좀 들어갔다며 해맑게 웃는다. 이처럼 사소한 일상에서도 마치 자신과 내기를 하듯 목표를 정한다. 그리고 인내심을 갖고 실천한다. 금융상품을 문의할 때도 "월 70만 원씩 5년 정도 모아서 목돈이 되면 땅을 좀 사려고 하는데 어떤 상품이 좋을까요?" 항상 이런 식이다.

사실 보통 사람들도 일상 속에서 몇 달 정도 안에 이루어질 단기목표는 잘 세운다. 예컨대 휴가계획을 세운다든지 다이어트 목표를 세우는 일은 쉽게 한다. 새로운 한 달이 시작되면 다이어리를 펴고 한 달의 계획을 세우거나 또 일주일 단위로 꼭 해야 할 일을 점검하기도 한다.

하지만 성공한 맞벌이 부자들을 살펴보면 이런 작은 목표와 계획은 물론이고 명확한 장기계획을 가지고 있다. 바로 마스터플랜이다. 건축물을 지을 때 인테리어는 어떻게 할지, 자재는 무엇을 쓸지 이런 세부적인 계획에 앞서 건축물의 면적과 깊이, 건물의 층수 같은 기본 설계도가 먼저 필요한 것과 같은 이치다. 설사 건물을 지으면서 설계가 변경되더라도 처음에 세운 기본 계획, 즉 마스터플랜은 매우 중요하다.

김기학 부장의 목표를 세우는 습관은 마스터플랜을 짜는 일에서도 여지없이 드러난다. 결혼하면서 아내의 월급은 생활비로 쓰고 자신의 월급은 모두 저축하기로 했다. 공무원이었던 아내의 낮은 월급을 감안해 두 사람 소득 중 절반 이상을 저축하기로 한 것이다. 이 원칙은 아들이 고등학교에 입학할 때까지 무려 15년 동안 계속되었다.

이는 마스터플랜이란 장기적인 목표가 있었기 때문에 가능했다. 그 마스터플랜의 핵심은 바로 내 집 마련에 관한 것으로 아들이 대학을 가기 전에 45평 아파트를 보유한다는 아주 단순한 목표였다. 누구나 결혼 초기 하루빨리 전셋집을 벗어나기 위한 목표를 세우지만 이처럼 20년이나 걸리는 장기적인 목표를 세우는 사람은 거의 드물다.

> ■ 김기학 부장의 결혼 초 재무목표(마스터플랜)
>
> 첫째, 서울에 집을 마련할 때까지 월급의 절반을 저축한다. (매월 130만 원)
> 둘째, 승우 초등학교 입학 전까지 서울에 20평 이상의 내 집을 마련한다. (5000만 원)
> 셋째, 승우 고등학교 입학 때까지 서울에 45평형 아파트로 입주한다. (1억 5000만 원)
> 넷째, 승우 대학교 입학 때까지 등록금을 마련한다. (2000만 원)
> 다섯째, 정년퇴직 때 건물(상가)을 하나 마련=아내 연금액만큼 월세 받기.
>
> 1992. 12. 3. 김기학

지금으로 치면 교육자금이나 노후자금을 준비하지 않고 너무 집에만 과잉투자를 하는 것이 아닌가 싶을 수도 있다. 하지만 당시에는 집이 주거용의 개념뿐만이 아니라 돈을 불리는 중요한 재테크 수단이었다. 지금은 집값 상승률이 매우 낮지만 당시에는 금리도 높고 집값 상승률도 높았기 때문이다. 열심히 저축해서 집을 넓혀가는 재테크가 자녀교육, 그리고 노후 준비를 동시에 가능토록 하는 수단이었다.

그는 계획한 대로 이루기 위해 7번이나 이사를 다니면서 목표에 집중했다. 그동안 여러 경제상황이 변한 점을 고려하여 목표했던 45평까지는 사지 않기로 했지만 그 사이에 발생한 시세차익의 일부를 오피스텔과 같은 임대용 부동산에 투자해 어느 정도 노후 준비도 할 수 있었다. 중간에 계획이 약간 수정되었지만 15년이나 지속한, 절대로 쉽지 않았을 소득 50% 저축은 바로 이 명확한 마스터플랜의 힘이었던 셈이다.

> ■ 김기학 부장의 내 집 마련 및 확장 일지
>
> 1차. 결혼 5년차 송파구 가락동 **아파트 20평 당시 6200만 원
> 2차. 결혼 9년차 송파구 가락동 **아파트 25평 당시 1억 5000만 원
> 3차. 결혼 13년차 송파구 문정동 **아파트 32평 당시 3억 8000만 원
> 4차. 결혼 17년차 송파구 문정동 **아파트 35평 당시 7억 2000만 원

마침 그 시기에 집값이 많이 상승했기 때문에 그냥 맞벌이 부자가 된 것 아니냐고 그저 쉽게 생각할 수도 있다. 하지만 과거 집값이 크게 치솟았던 시절에 집을 샀던 모든 사람이 성공을 거둔 것은 아니라는 데에 주목해야 한다. 이 시기에 주택을 구입한 모든 베이비부머 세대가 맞벌이 부자가 되지 못한 이유가 무엇일까?

첫째, 저축보다는 대출에 의존하여 집을 산 경우가 많다. 다시 말하면 저축의 속도가 가격을 제대로 쫓아가지 못한 것이다. 저축보

다 대출에 의존했기 때문에 주택 가격이 상승하던 시기에 늘 실탄(현금)이 부족하다. 따라서 소득의 많은 부분을 대부분 대출금을 갚는 데 허비하게 된다. 김기학 부장처럼 좀 더 큰 집, 또는 다른 투자가 불가능하다.

둘째는 자녀교육이나 노후 준비에 관한 마스터플랜이 없다는 점이다. 이런 경우 소득은 대출원리금을 갚거나 대출금이 줄어들면 또다시 집에 과잉투자되고 만다. 김기학 부장의 마스터플랜을 보면 간단한 것 같지만 아주 일찍부터 구체적인 시기와 금액이 기록되어 있음을 알 수 있다. 여러분의 계획과 비교해보라.

> ■ 김기학 부장의 사례에 비추어본 맞벌이 부자들의 마스터플랜 특징
>
> ① 아주 일찍부터 작성된 장기목표다. (23년 전인 결혼 초기 작성)
> ② 주택자금, 교육자금, 노후자금 계획이 있다.
> ③ 구체적인 시기와 명확한 금액목표가 있다.
> ④ 근로소득 외에 임대소득에 대한 목표가 설정되어 있다.
> ⑤ 직접 자필로 작성·기록했다. (오래된 노트에 적혀 있다.)

인생 5대 자금 목표 세우기

이처럼 과거에는 부동산이라는 확실한 재테크 수단이 있었다. 박봉의 월급쟁이라도 맞벌이를 통해 아끼고 열심히 모아 부동산에 적절히 투자했다면 안정적인 자산 확보가 가능했다. 하지만 2006년에 부동산 가격 상승률이 정점을 찍은 이후 계속 내리막을 걸으

며 2010년 이후에는 연평균 2%대로 안정되었다. 은행의 금리 수준과 큰 차이가 없는 것이다. 그럼에도 불구하고 과거 부동산이 자산 성장을 주도하던 시대든 지금이든 맞벌이 부자들은 인생의 중요한 5대 자금에 대해 철저하게 목표를 세운다.

■ 인생에 꼭 필요한 5대 자금

① 결혼자금
② 주택자금
③ 자녀교육(결혼)자금
④ 노후자금
⑤ 긴급예비자금

결혼자금

맞벌이 부자들의 결혼 시절 이야기를 들으면 대부분 대출 없이 시작했다는 공통점을 발견하게 된다.

돈이 적더라도 남의 눈을 의식하지 않고 아주 작은 집에서 시작하는 것이다. 또한 1990년대 이전에는 지금보다 일찍 결혼을 했다. 하지만 지금의 경우는 여러 가지 이유로 결혼이 매우 늦다. 늦은 결혼 때문에 더욱 남의 눈을 의식하는 것일까?

요즘은 결혼자금 중 너무 많은 부분을 대출로 시작하는 경우가 많다. 맞벌이 부자들의 시작처럼 결혼 전 인생의 5대 자금에 대한 계획을 세웠다면 어땠을까? 대출에 좀 더 신중하지 않았을까?

지난 달 세미나를 통해서 만난 정유영 씨(33세, L화학) 부부는 최근 결혼한 신혼부부다. 작년 결혼을 앞두었던 시기에는 처음부터 신혼집에 많은 돈을 투자하지 않기로 계획했다. 대출에 들어가는 금융비용을 아껴 미래에 집을 마련할 시기를 앞당기려는 생각이었다. 하지만 그들보다 조금 앞서서 결혼한 친구의 결혼식, 그리고 얼마 후 이어진 집들이를 갖다오고 나서 생각이 바뀌었다.

일단 대출을 받아서라도 아파트에서 시작하기로 한 것이다. 눈으로 직접 본 친구의 결혼식과 신혼집이 눈높이가 되어버린 것이다. 정유정 씨 부부는 미혼 때 나름대로 열심히 돈을 모아서 꽤나 많은 목돈을 가지고 있었다. 결혼 전에 가지고 있던 목돈은 1억 원 정도. 그들이 만약 남의 눈을 의식하지 않고 당초의 계획대로 빌라나 작은 주택에서 시작했다면, 약간의 잉여자금은 투자하고 지금 내고 있는 60만 원이 넘는 월 이자비용을 저축해서 나중에 자녀가 학교를 들어가는 시기에는 지금 살고 있는 아파트를 살 수 있었을 것이다. 대출만큼 내 집 마련의 시기는 늦춰지고 현재의 부담은 늘어나게 된 셈이다.

혜민 스님이 30대에 인생에 대해 깨달았다는 3가지 중 하나가 떠오른다. '내가 생각했던 만큼 사람들은 나에게 관심이 없다'는 것이다. 맞벌이 부자들은 우리에게 강력하게 조언한다. 결혼, 대출 없이 시작해보라. 부자가 되려면 남의 눈을 의식하지 않을 용기가 필요하다.

주택자금

맞벌이 부자들은 주택에 대해 절대로 과잉투자하지 않는다. 주거용으로 현실적인 주택계획을 갖고 있는 것이다. 앞서 소개한 김기학 부장도 45평이란 목표가 본인의 주거용 주택을 의미한 것은 아니었다. 노후에 살 집은 20평대의 아파트 정도로 계획했다. 집이 강력한 재테크 수단이던 시절, 45평 아파트 정도의 자산을 모으겠다는 목표였던 것이다. 특히나 부동산 가격 상승이 둔화된 지금, 과거와 같이 집을 주거용과 투자용으로 혼돈하여 과잉투자를 하게 된다면 곤란하다. 자칫 부동산에 많은 자산이 발목 잡힐 수도 있기 때문이다. 따라서 지금의 예비 맞벌이 부자들은 아파트 평수를 넓히는 데에 매우 신중하다. 처음에 원룸 같은 작은 집에서 시작하여 10평대의 아파트로, 그다음에 20평대를 거쳐서 30평대의 아파트로…… 마치 에스컬레이터와 같이 단계적으로 주택의 크기를 넓힌다.

대출이 없는 상태로 저축이 강력한 뒷받침이 되기 때문에 잉여자금을 주거용 주택 이외에도 다른 곳에 투자할 수 있다. 하지만 과거 부동산 활황기 때처럼 마치 엘리베이터를 타듯이 무리한 대출로 단번에 집의 평수를 끌어올린다면 곤란하다. 많은 맞벌이들이 기본적으로 꿈꾸는 35평형 아파트는 사실 학교에 다니는 자녀 2명과 부부, 이렇게 4인 가족을 염두하고 만들어진 전용면적 85㎡ 주택이다. 따라서 신혼부부 또는 미취학 아동의 자녀를 둔 가정이 무리해서 입주할 필요는 없다. 맞벌이 부자들은 강력하게 조언한다. 무리한 대출 없이 입주가 가능한 주거용 주택계획을 세워라. 이처럼 집이 실용적인 주거 개념이 된다면 불필요한 과잉투자는 저절로 줄어들 것이다.

자녀교육자금

한국보건사회연구소가 발표한 우리나라의 평균 자녀 양육비를 보면 대학교까지 졸업하는 데 들어가는 비용이 무려 2억 7520만 원이다. 물론 여기에는 양육비까지 포함된 것이므로 실제 교육비는 이 금액보다는 훨씬 적을 것이다.

구분	미취학	초등학교	중·고등학교	대학교	합산 금액
금액	5679만 원	6615만 원	8074만 원	7152만 원	2억 7520만 원

자료: 한국보건사회연구원

결혼자금이나 주택자금은 특정 시기에 거금이 필요한 반면, 자녀 교육자금은 돈이 한꺼번에 필요하지는 않다. 한마디로 숙제 검사가 바로 내일 이루어지는 것이 아니다. 마치 미루기 딱 좋은 방학 숙제와 같다. 그래서인지 대부분의 사람들은 별도로 자녀교육자금을 준비하지 않는다. 초등학교에서 대학교까지 16년 동안의 교육비를 현재 받고 있는 본인 월급에 의존하고 있는 것이다. 하지만 맞벌이 부자들은 다르다.

앞서 소개한 대로 맞벌이 부자들은 목표를 세우는 데 남다르기 때문에 기본적으로 높은 저축률을 보인다. 자녀교육자금 또한 일찍

부부 평균 월 소득 680만 원(보너스 포함)	
월 지출 내용	금액
정기적금	50만 원
장기주택저축	50만 원
교육보험	30만 원
보장성 보험	35만 원
저축 합계	165만 원
부채상환금(이자)	없음
관리비	30만 원
통신·교통비(유류비)	20만 원
부모님 생활비	없음
생활비와 용돈	230만 원
학원비	190만 원
소비 합계	470만 원
잉여자금	45만 원
총 합계	680만 원

교육보험 인출 전

저축과 보험	165만 원	24%
일반 생활비	280만 원	41%
금융비용	없음	0%
교육비(학원)	190만 원	28%
잉여자금	45만 원	7%

교육보험 50만 원 인출 후

저축과 보험	165만 원	24%
일반 생활비	280만 원	41%
금융비용	없음	0%
교육비(학원)	140만 원	21%
잉여자금	95만 원	14%

부터 목표를 세워 저축한다. 여기에서 핵심은 저축금액이 높다는 것이 아니다. 아주 적은 금액이라도 자녀가 태어날 즈음, 또는 자녀가 매우 어린 시기부터 시작해서 오래도록 저축을 유지해왔다는 것이 핵심이다. 물론 맞벌이 부자라고 해서 교육자금의 모두를 저축에 의존할 수는 없다. 하지만 그 일부를 일찍부터 시작한 장기적인 저축으로 해결한다는 것이 특징이다.

성남에 거주하는 김태형 씨(48세)는 중학생과 고등학생, 2명의 자녀를 키우는 맞벌이 부부다. 이들은 막내가 태어나던 해에 큰맘 먹고 교육자금 저축을 시작했다. 지금은 그동안 모아놓은 교육보험(현재 6500만 원)에서 매월 50만 원씩 인출하여 교육비(월 190만 원)에 보태고 있다. 덕분에 삶의 질을 높이고 노후 준비를 할 수 있는 여력이 생겼다.

맞벌이 부자들은 조언한다. 교육자금 전부를 미래에 상승할 예정인 소득에만 의지하지 말라고. 내일로 미룬 숙제는 또 다른 숙제를 미룰 수밖에 없는 상황을 만든다. 교육자금은 자녀가 어릴 때 시작해서 적은 금액이라도 꾸준히 키워나가야만 한다.

노후자금

맞벌이 부자들의 정의를 다시 한 번 살펴보자.

바로 지금 당장 맞벌이를 통해서 얻는 근로소득이나 사업소득이 없어진다고 해도 주거용 주택을 제외한 나머지 잉여자산만으로 부부가 현재 생활수준을 종신토록 유지하는 데 아무런 문제가 없는 부부가 바로 맞벌이 부자다.

결국 맞벌이 부자들은 알찬 노후 준비에 성공한 사람들이다. 맞벌이 부자들이 안정된 노후 준비를 계획하고 그것을 현실로 만든 핵심은 무엇일까? 바로 묶기 효과(Binding effect)다. 묶기 효과란 나의 의지와 상관없이 돈이 내 통장에서 다른 금융기관으로 자동이체되어 지금 당장 내가 소비하지 못하도록 돈을 묶어주는 효과를 말한다.

입출금 통장의 돈은 언제든지 사용이 자유로운 돈이므로 불필요한 소비로 흘러갈 가능성이 매우 높다. 하지만 어떤 식으로든 금융상품에 묶여 있다면 소비의 유혹이 원천적으로 차단되어 돈을 안전하게 지킬 수 있다. 특히 노후 준비와 같이 수십 년 이후에 필요한 장기자금은 이처럼 강제성을 갖지 않고서는 제대로 모으기가 어렵다. 그래서 맞벌이 부자들의 대표적인 노후 준비가 바로 임대용 부동산과 개인연금이다.

만일 수십 년 후에 사용해야 하는 노후자금을 예·적금이나 주식과 같이 언제든지 현금화하기 쉬운 자산으로 관리했다면 어땠을까? 아마 노후가 되기 전에 집을 넓히거나 차를 사거나 자녀의 교육자금으로 모두 써버렸을 가능성이 높다. 공무원 연금도 마치 묶기 효과가 강한 금융상품과 같다. 많은 사람들이 평생 보장되는 공무원 연금을 부러워하지만 사실 그것은 평생 동안 받아온 월급에서 강제적으로 14% 정도를 연금기여금으로 떼온 묶기 효과의 결과다.

비상예비자금
맞벌이 부자들은 별도의 통장에 예비자금을 모아둔다. 비상예비자금이란 평소 필요한 예비자금을 포함해서 긴급한 상황에 필요한 자금까지 모두를 가리키는 말이다. 흔히 비상금이라고 말을 하는데, 맞벌이 부자들은 모든 상황에 대비하여 비상예비자금을 운영하고 있다.

우선 예비자금이란 평소 높은 저축률이 생활화되어 있는 맞벌이 부자들에게는 필수자금일 수밖에 없다. 월급에서 많은 부분이 저축으로 빠져나가다 보니 이런 예비자금을 갖고 있지 않다면 갑자기 비정기적인 지출이 생겼을 때 적금을 깨는 일이 생길 수도 있기 때문이다. 이들은 월 생활비의 보통 3배수 정도를 입출금이 가능한 별도 통장에 보관하고 있다. 또한 갑작스런 질병이나 장해 등 긴급한 상황에 필요한 자금은 적절한 보험상품 가입을 통해서 빈틈없이 준비하고 있다.

맞벌이 부자들에게 꼭 있는 것, 소비예산

맞벌이 부자들이 결혼 초부터 아껴 쓰며 경제적 정년 이전까지 많은 저축을 한다는 것은 앞서 언급했다. 그렇다면 어느 정도를 써야 아껴 쓴다고 말할 수 있을까? 사실 맞벌이 부자들의 소비형태를 보면 무엇이든 무조건 안 쓰고 생활하는 그냥 팍팍한 삶을 떠올리기 쉽지만 내가 만나본 맞벌이 부자들과 예비 맞벌이 부자들은 그렇지 않았다. 무조건 안 쓴다는 표현보다는 불필요한 곳에 과잉지출을 하지 않는다는 표현이 더 맞다. 그러니까 돈을 효율적으로 쓴다는 것이다.

이들은 돈을 효율적으로 쓰면서 소비를 잘 안배한다. 다른 사람들보다 미래에 발생하게 될 소비를 정확하게 예측하기 때문이다. 나는 10년 넘게 상담을 하면서 직장인들의 과잉소비는 바로 본인이 '인생에 써야 할 돈'을 정확히 예측하지 못하는 데에서 비롯된다는 것을 알게 되었다. 등산을 하다 보면 산을 많이 타본 사람과 초보자의 차이가 쉽게 드러난다. 등산 초보자들은 체력을 안배할 줄 모르고 초반에 너무 많은 에너지를 쏟아버린다. 등산에서 '초보자들은 힘들면 그냥 쉬고, 고수는 경치 좋은 곳에서 쉰다'라는 말이 있는 이유다. 산의 지형은 어떤지, 지금은 완만하지만 나중에 얼마만큼의 경사가 있는지 미리 알고 있다면 좀 더 체력을 잘 안배할 수 있지 않을까?

이처럼 맞벌이 부자들의 미래를 위해 지금의 소비를 자연스럽게 안배하도록 만들어주는 것이 바로 예산이다. 물론 앞서 맞벌이 부자들은 둘 중 한 사람이 버는 소득 이상을 저축한다고 했다. 보통 가계소득의 70%를 저축예산으로 잡는 것이다. 그렇다면 소비예산은 자연스럽게 나머지인 30%가 된다. 만일 가계소득이 600만 원인 가정이라면 월 생활비는 180만 원, 저축은 420만 원이 된다. 하지만 해가 갈수록 계속해서 소득의 30%만을 소비하는 것은 쉽지 않다. 월급이 올라가겠지만 자녀출산이나 교육 등에 들어가는 생활비도 가파르게 올라가기 때문이다. 따라서 월급이 올라간 만큼 고스란히 생활비가 늘어난다. 여기서 중요한 것은 생활비가 늘어나도 저축액수가 크게 줄어들지 않는다는 것이다. 최초 설정한 420만 원 저축은 당분간 계속된다. 바로 불필요한 지출을 줄이고 항상 돈을 효율적으로 쓸 수 있도록 만드는 철저한 예산 관리의 덕분이다.

프롤로그에서 소개했던 6년차 맞벌이 부부인 박민정 씨(36세)는 지금도 두 사람의 월급인 650만 원 중 60%인 400만 원을 매월 저축하고 있다. 사실 신혼 초에는 두 사람의 월급이 500만 원 정도였으니 400만 원이면 월급의 80%를 저축했던 것이다. 월급이 조금씩 오르기는 했지만 이처럼 6년간 400만 원이란 저축액수를 유지하는 것은 결코 쉽지 않다. 박민정 씨의 강력한 리더십도 성공 요인이었지만 가장 특별한 건 바로 예산관리다. 그녀는 아주 디테일한 세부항목의 예산을 가지고 살림을 한다. 새는 돈은 없고 작은 생활비로도 불편함 없이 생활하는 그녀만의 노하우다.

누구는 월 소득의 60~70%를 쓰면서도 항상 쓸 돈이 없다고 하는데 그녀는 적은 돈이지만 그래도 할 건 다한다고 말한다. 보통 사람들이 쓰는 가계부에는 사용한 금액들이 교통비, 외식비, 공과금 등 쓰고 난 금액만 적혀 있는데 그녀의 가계부엔 그 외에도 세부적인 예산항목이 적혀 있다. 문화생활비 월 9만 원, 외식비 월 13만 원, 아이들 의복비 분기 32만 원 등…… 사용주기와 예산금액이 적혀 있는 것이다. 또 예산에서 실제 얼마나 쓰이고 얼마가 남아 있는지를 매일 적는다.

이렇게 되면 현재 각 예산별로 얼마가 남아 있는지를 항상 알 수 있기 때문에 불필요한 지출은 없어진다. 또 분기, 월간으로 나누어져 있는 예산을 가지고 사용하다 보면 특정 항목에서 예상하지 못한 돌발지출도 사라지게 된다. 이런 항목별 예산안은 교육, 주식, 의복, 문화생활, 의료비 등으로 구성되어 있고 그 안에는 작은 소예

	고정비	교육비	주식비	의복비	문화생활비	외식비	예비비	합계
2015년 10월	관리비 8만 원 통신교통비 14만 원 공과금 12만 원	유치원비 32만 원 도서구입비 3만 원 미술학원비 18만 원	이마트 45만 원 동네마트 10만 원 한 살림 10만 원	윤서 옷 5만 원 지훈 옷 3만 원 우리 옷 10만 원	공연관람비 5만 원 도서구입비 2만 원 기타 2만 원	병원비 5만 원 약국비 3만 원 기타 5만 원	기타 20만 원	
분기 예산	1,020,000	1,590,000	1,950,000	750,000	300,000	390,000	600,000	
이월 예산	1,120	4,500	37,000	–	–	–		
당월 예산	341,120	534,500	687,000	180,000	90,000	130,000	200,000	2,320,000
사용액 %	238,480	320,000	160,460	155,500	22,500	3,800		939,240
	70%	60%	23%	86%	25%	3%	0%	40%
현재 잔액	102,640	214,500	526,540	24,500	67,500	126,200	200,000	1,437,380
10월 21일	24,780		89,540					114,320
22일								–
23일			25,420			3,800		29,220
24일					22,500			22,500
25일	81,250	320,000						401,250
26일	132,450		45,500	155,500				371,950
27일								–
28일								–
29일								–
30일								–
31일								
사용내역	휴대폰 요금 공과금	윤서 유치원비	이마트 장보기 인창마트 반찬 한 살림 닭고기	남편 바지와 셔츠	번개맨 관람	소화제 약		
1일								–

산 항목이 있어서 균형 있는 지출을 돕는다. 예를 들어 문화생활비 9만 원은 소예산 항목인 공연관람비 5만 원과 도서구입비 2만 원, 기타 2만 원으로 구성되어 있다. 또 주식비 65만 원도 대형마트 45만 원, 슈퍼 10만 원 기타 10만 원으로 명확히 구분되어 있다. 이렇게

예산관리를 하면 외국브랜드의 대형 할인마트에서 장을 볼 때 너무 싼 가격 때문에 불필요한 대량구매를 하게 되는 일도 없어지게 된다.

물론 일반적인 사람들도 모두 예산을 가지고 있다. 하지만 대부분 그 금액이 모호하다. 또 구체적인 항목으로 나누어져 있지 못한 경우가 많다.

박민정 씨의 주장에 따르면 예산은 소비를 옥죄는 굴레가 아니라 오히려 경제적인 자유를 선물한다. 통제 없이 마음껏 소비를 하다 보면 나도 모르게 불안감이 찾아오지만 사전에 예산을 통해 설정된 범위 내라면 고민 없이 쓸 수 있어 오히려 진정한 자유를 느낄 수 있다는 것이다. 이렇게 철저한 소비 예산계획으로 근본적으로 과소비를 막는 것이 중요하다. 은퇴 전 맞벌이 부자라는 목표를 향해 달려가는 그녀는 결혼 6년차인 지금, 아이가 초등학교에 입학하기 전 대출 없이 35평형 아파트를 마련하겠다는 목표 달성을 눈앞에 두고 있다.

맞벌이 부자들에게 절대 없는 것, 5無의 돈 관리

① 첫째 無: 할인의 유혹에 넘어가는 소탐대실형 소비가 없다

현대인들은 가격에 민감하다. 가격이 싸다는 유혹을 뿌리치기가 힘들다. '싸다'의 반대말은 '비싸다'가 아니라 곧 '손해'란 말로 인식

되기도 해서 마치 이렇게 싼데도 사지 않는다면 불이익인 듯한 느낌까지 받는다. 대형마트나 홈쇼핑, 심지어 백화점 점원들도 "고객님께 이익이 될 겁니다"라는 말보다 "정녕 이런 기회를 놓쳐 손해를 보실 겁니까?"라는 말이 더 많이 한다. 저렴한 가격을 내세우는 마케팅 전략의 핵심은 가격이 아니라 손해의 감수 여부다. 그러나 그것이 정말 손해일까? 대부분 그렇지 않은 경우가 많다.

　월 소득의 70% 이상을 소비하는 과소비의 경우일수록 이상하게 할인혜택이나 세일에 더 민감하다. 이것은 구매과정에서 조금이나마 할인을 받으면서 스스로의 소비를 정당화하려는 심리가 작용하기 때문이다. 이런 스타일일수록 작은 물건을 고를 때 필요이상으로 가격에 민감하게 반응한다. 그러나 비싼 물건을 살 때는 큰 고민없이 일을 저지르곤 한다. 이것이 바로 소탐대실형 소비다. 설사 그동안 작은 물건을 살 때마다 열심히 할인과 혜택을 챙겼다고 할지라도 생각지도 않았던 큰 소비 한 번으로 모든 것이 물거품이 되고만다. 평소에는 작은 물건에 할인이나 기타 혜택을 받으며 '나는 알뜰하고 합리적인 소비를 하고 있다'라는 만족과 위안을 느낀다. 이는 과소비를 하는 대부분 사람들도 내면에는 과소비에 대한 걱정과 불안감이 있다는 증거다. 진정한 자유는 책임과 의무가 뒤따를 때 완성되듯 경제적인 자유 또한 자신에 상황에 맞는 일정한 범위에서 이루어져야 진짜 자유로움을 누릴 수 있다.

　바로 맞벌이 부자들이 이런 경제적 자유를 누리는 사람들이다.

확실한 재무계획이 있기 때문에 예상치 못한 큰 지출은 상상할 수 없다. 또한 맞벌이 부자들은 평소 확실한 소비예산과 항목별 소예산으로 관리하기 때문에 할인의 유혹에 넘어가는 소탐대실형 소비가 절대 있을 수 없다.

② 둘째 無: 신용카드 할부와 마이너스통장이 없다

많은 맞벌이 부부가 일명 '마통'이라고 불리는 마이너스통장을 가지고 있다. 최악의 경우는 각자 비상금이란 명목으로 마통을 만들고 그 존재를 서로에게 숨기기까지 한다. 우리는 빌린 돈을 무조건 모두 대출이라고 말하지만 사실 돈을 빌려주는 은행은 대출과 빚을 엄격히 구분한다. 주택담보대출의 경우는 이 돈이 소비되어 사라지는 것이 아니라 집을 구입하는 데에 들어간다. 따라서 은행 입장에서도 이 돈을 떼일 가능성은 거의 없다. 따라서 이자비용이 매우 싼 것이며 이것은 흔히 대출이라고 본다.

하지만 마이너스통장, 신용대출, 카드론, 현금서비스 등은 대부분 소비성 자금으로 흘러가버리고 담보물도 없기 때문에 빌려준 입장에서도 돈을 떼일 위험이 있다고 생각해서 손실대비 충당금을 쌓기 위해 높은 이자를 받는다. 이것은 빚이다.

맞벌이 부자들은 마이너스통장이 없다. 또 이자를 부담해야 하는 신용카드 할부도 없다. 맞벌이 부부가 마이너스통장을 가지고 있다는 것은 지금 구체적인 재무목표가 없다는 뜻이고, 또 명확한 월 예산을 가지고 그 범위 내에서 소비하고 있지 않다는 명백한 증거다.

잘 생각해보라. 마이너스통장이 왜 생겼을까? 결국 이번 달 또는 올해 써야 할 소비예산을 초과했기 때문이다. 미래의 아직 벌지 않은 돈을 당겨 쓴 것이다. 현대 금융서비스가 주는 편리함의 대명사인 신용카드도 마찬가지로, 할부라는 서비스 역시 결국은 미래의 돈을 당겨 쓴 빚이다. 물론 앞서 소개한 예산관리를 철저히 하는 박민정 씨도 15만 원의 물건을 사게 되었을 때 3개월 무이자라는 혜택을 십분 활용한다. 단 그녀는 이번 달에 사용한 금액은 월 예산에서 5만 원을 차감하고 다음 달과 다다음 달의 예산에서 미리 5만 원씩을 차감하여 예산을 줄여놓는다.

③ 셋째 無: 목적 없는 저축이 없다

다음은 외국계 P자동차회사에 다니는 김정현 씨(33세)의 월 현금 흐름이다. 30대 초반 직장인의 전형적인 평균 현금 흐름이라 할 수 있다. 월급 300만 원을 받아 100만 원 정도는 소비하고 100만 원은 저축하며 나머지 100만 원은 사용처가 불분명하다. 만일 정말 사용하지 않는다면 잉여로 통장에 남아 있을 것이다.

소비가 100만 원이라고 하지만 이것은 철저한 월 예산으로 정해진 것이 아니기 때문에 초과해서 쓸 때가 많다. 따라서 저축으로 묶여 있는 100만 원을 제외하고 나면 통장에 남는 돈인 100만 원은 결국 소비로 흘러간다. 그렇다면 이런 현금 흐름을 가지고 3년 동안 직장생활을 한 김정현 씨는 과연 얼마를 모았을까? 현재 그가 모은

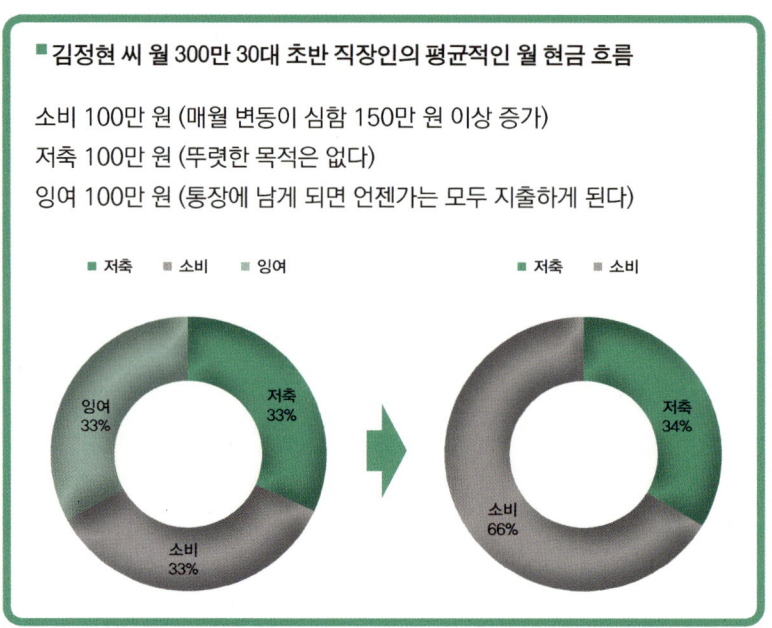

돈은 통장에 남아 있는 돈을 포함해서 2000만 원 남짓이다.

100만 원씩 3년을 모았다면 원금만 3600만 원인데 왜 2000만 원 밖에 남아 있지 않을까? 처음에 100만 원의 저축을 어떤 목적으로 시작했는지 물어봤다. "글쎄요, 결혼도 해야 하고……. 저축을 안 전혀 하면 좀 불안하잖아요." 이는 목적 없는 저축이다.

뚜렷한 목적 없이 저축을 진행했기 때문에 만기가 되었을 때 소비로 흘러가버리고 만 것이다. 저축이 만기가 되면 평소 잘 몰던 차에서 엔진 소리가 유난히 크게 들리고, 평소 잘 쓰던 노트북이 왠지 낡아 보인다. 그래서 많은 사람들이 목적 없는 저축으로 돈을 모아서 쓰고 또 모아서 쓰고 하는 식을 반복해 생각보다 돈을 모으지 못한다. 반면 맞벌이 부자들은 저축액수도 크지만 저축상품별로 사용목적이 명확하게 정해져 있다. 따라서 목적이 불분명한 저축은 절대로 없다. 앞서 소개한 박민정 씨의 마스터플랜과 저축별 재무목표를 살펴보자.

재무목표	준비기간	목적	총 필요자금	비 고
주택자금 월 345만 원	2018년 윤서 입학	광진구 삼성래미안 35평형 아파트	1억 3920만 원	①K은행 정기적금 83만 원(1년) ②A은행 정기적금 42만 원(2년) ③S자산 주식형펀드 50만 원 3년 약정 ④K자산 혼합형펀드 30만 원 3년 약정 ⑤재형저축 월 50만 원 7년(잔여 4년) ⑥청약저축 월 10만 원 7년(잔여 2년) ⑦새마을금고 정기부금 월 80만 원
교육자금 월 25만 원	지훈이 중학교 입학 (12년 후)	윤서, 지훈이 7년 동안 월 80만 원 인출 가능	약 6000만 원	①M자산 우리아이주식형펀드 월 10만 원 ②P변액유니버설 적립보험 월 15만 원
노후자금 월 50만 원	명훈 씨 65세 (25년 후)	현재 화폐가치 국민연금 월 70만 원 개인연금 월 120만 원 퇴직금/예금 월 110만 원	현재 화폐가치 350만 원	①세제비적격 투자형 개인연금 월 20만 원 ②세제비적격 투자형 개인연금 월 30만 원
이벤트자금 및 예비자금	단기	가족여행 여름휴가 특별소비	연간 200만 원	H자산운용 채권형펀드 월 10~20만 원

만기에 다른 용도로 사용될 가능성 없음 (목적 분명)

만기에 다시 예금과 같은 거치형상품으로 재투자된다

④ 넷째 無: 이자 한 푼 안 나오는 비수익자산이 없다

우리나라는 근래 몇 년 동안 사상 최저금리 기록을 계속 갈아치우며 본격적인 초저금리 시대로 진입했다. 그만큼 경제성장률이 매우 낮아졌다는 증거다. 이에 따라 대표적 자산으로 분류되는 은행예금의 금리는 이제 고작 1%대에 머물게 되었다. 사정이 이렇다 보니 목돈이 있더라도 예금과 같은 금융상품을 굳이 이용하지 않고 이자가 거의 없는 입출금 통장에 그냥 돈을 두는 사람들도 늘고 있다. 하지만 그렇다 하더라도 단기간이 아니라면 수익이 전혀 없는 계좌보다는 자금의 목적별로 항상 돈이 일을 하도록 만드는 것이 옳다. 이처럼 자산 중에서 일을 전혀 하지 않는 것을 비수익자산이라고 한다. 오히려 자산수익률이 낮아질수록 자산에 비수익자산이 없도록 관리하는 것이 매우 중요하다. 또한 수년 내로 사용할 자금이 아님에도 불구하고 큰 금액을 장기간 정기예금으로 두는 것도 매년 인플레이션을 감안해보면 비수익자산이라고 봐야 한다. 이자가 전혀 없는 자유입출금 통장에 무심코 많은 금액을 넣어두는 일, 그리고 소득에 비해 큰 집에 거주하는 일, 정기적금은 하면서 그보다 이자율이 높은 신용대출의 상환을 차일피일 미루는 일도 모두 큰 틀에서 보면 비수익자산을 늘리는 일이다. 맞벌이 6년차인 직장인 박형주 씨(40세, K항공사 근무) 부부는 현재도, 또 앞으로도 자녀계획이 없는 전형적인 딩크족(맞벌이면서 자녀를 갖지 않는 부부를 가리키는 말)이다. 이 부부의 자산현황을 살펴보자.

신용대출에 마이너스통장까지 있지만 월급통장에 예비비라고 하기엔 많은 1350만 원이 있다. 앞서도 말했듯이 월급통장과 같은 입출금통장은 이자가 없다. 예비자금이라면 CMA에 있는 500만 원으로 충분하다. 월급통장에 있는 돈은 비수익자산인 것이다.

정기예금도 신용대출과 마이너스통장에 비해서 너무 많다. 일

■ 자산과 부채

자 산		부채	
과 목	금 액	과 목	금 액
I. 현금 및 현금등가물		I. 단기부채	
입출금 유동성(월급통장)	1350만 원	신용대출	4000만 원
정기예금	6975만 원	마이너스통장	1500만 원
CMA MMF 또는 RP	500만 원	개인대출	없음
정기적금	1080만 원		
II. 직접투자자산			
채권	없음	II. 중장기 부채	
주식	1500만 원	전세자금대출	
토지/상가/부동산	없음	담보대출	
II. 간접투자자산		보유주택 전세금	2억 9000만 원
주식형, 채권형 펀드	1153만 원		
ELS, ETF	1000만 원		
III. 사용자산			
임차주택 전세금	4억 원		
보유주택 아파트	3억 5000만 원		
자 산 합 계	8억 8558만 원	부채 합계	3억 4500만 원
		순자산=자산-부채	5억 4058만 원

단 대출이자율이 높은 빚을 갚는 것이 우선일 것이다. 이 경우 정기적금과 정기예금은 인플레이션과 대출상환을 미루는 것을 생각할 때 비수익자산이다. 본인이 소유하고 있는 아파트는 2억 9000만 원에 전세를 준 상태, 본인은 4억 원에 전세를 살고 있다. 3억 5000만 원은 집값이 올랐을 경우 수익이 생길 수 있는 수익자산이다. 하지만 받은 전세금 2억 9000만 원과 본인이 임차한 전세금 4억 원의

차이인 1억 1000만 원은 역시 비수익자산이 된다. 자녀계획이 없는 박형주 씨 부부의 경우 현재 거주하는 30평형대가 아닌 본인소유의 25평형으로 들어간다면 비수익자산을 조금은 줄일 수 있을 것이다.

맞벌이 부자들은 이런 작은 부분도 간과하지 않는다. 언젠가 사라질지 모르는 본인이나 배우자의 소득을 대신할 새로운 소득원을 만들기 위해 항상 새는 돈이 없는지를 궁리하기 때문이다. 1년 내에 전세금을 올려줘야 하는 돈, 또는 몇 개월 이내에 아파트 잔금을 치뤄야 하는 돈이 아니라면 목돈은 어김없이 어딘가에 투자되어 있다. 1500만 원이라는 적은 돈으로 수익형 부동산 투자를 시작했던, IT 중견기업 회계팀에 근무하는 박혜숙 과장(46세)도 마찬가지다. 남들은 통장에 그냥 방치해둘 법한 금액이지만 그녀는 이렇게 작은 돈이라도 돈이 일하도록 하기 위한 투자가 없을지를 늘 고민했다. 부모님을 뵈러 고향을 오가면서 쪽필지의 기회를 발견했고, 친척의 결혼식 때문에 부산을 내려갔을 때 과거 투자했던 부산 해운대의 작은 아파트도 둘러보며 기회를 기다렸다. '이런 저금리시대에 적은 돈으로 무슨 투자를 하겠어?'라는 생각보다는 '이토록 초저금리 시대니까 작은 종잣돈이라도 놀리지 말아야겠다'라는 생각을 해야 한 것이다. 맞벌이 부자들은 이처럼 놀고 있는 돈, 그러니까 비수익자산이 없다.

⑤ 다섯째 無: 통장에 남아 있는 돈이 없다

월급의 현금 흐름은 단 3가지뿐이다. 바로 쓰는 돈, 모으는 돈, 남는 돈이다. 월급을 받는다면 돈이 어디로 흘러가는지는 모두 이 세 가지로 귀결된다. 쓰든지 저축하든지 아니면 통장에 남아 있다. 보통의 경우 직장인들은 쓰는 돈과 모으는 돈을 제외하고 약간의 여유자금, 다시 말해 남는 돈을 통장에 두는 편이다. 이것을 월 잉여자금이라고 한다. 이처럼 월 잉여자금을 두는 이유는 간단하다. 평소와 다르게 지출이 늘어나는 일을 대비하기 위해서다. 이처럼 월급통장에 잉여자금이 어느 정도 있어야 불안하지 않다고 생각한다. 예비자금을 별도로 만들어놓지 않기 때문이다. 하지만 이런 습관은 높은 저축률을 유지하는 것에 방해물이 될 수밖에 없다. 또한 통장에 있는 월 잉여자금은 십중팔구 소비로 이어지기 일쑤다. 결국은 본인이 책정한 월 예산보다 훨씬 많은 금액을 쓰게 되는 것이다.

직장인들의 유리지갑을 풍자하는 웹툰을 본 일이 있을 것이다.
"월급님이 로그인하셨습니다!" 곧바로 "월급님이 로그아웃하셨습니다" 월급통장에 월급이 들어오자마자 잔액이 '0'이 된 것이다. 하지만 이 과정이 정상이다. 맞벌이 부자들의 월급통장이 바로 이렇다. 월급이 들어오자마자 잔액이 '0'이 된다. 이유는 간단하다. 월급이 들어오면 저축예산만큼은 은행, 증권사, 보험사로 이체된다. 또한 월 소비예산만큼은 소비통장으로 분리해서 옮겨놓는다. 여분의 돈은 만일을 대비해서 예비통장으로 옮겨놓는다. 결국 각 예산별로 나누는 것이다. 이것은 내 돈이지만 내가 마음대로 하지 못하도록 하는 맞벌이 부자들의 기본적인 시스템이자 또한 중요한 습관이다.

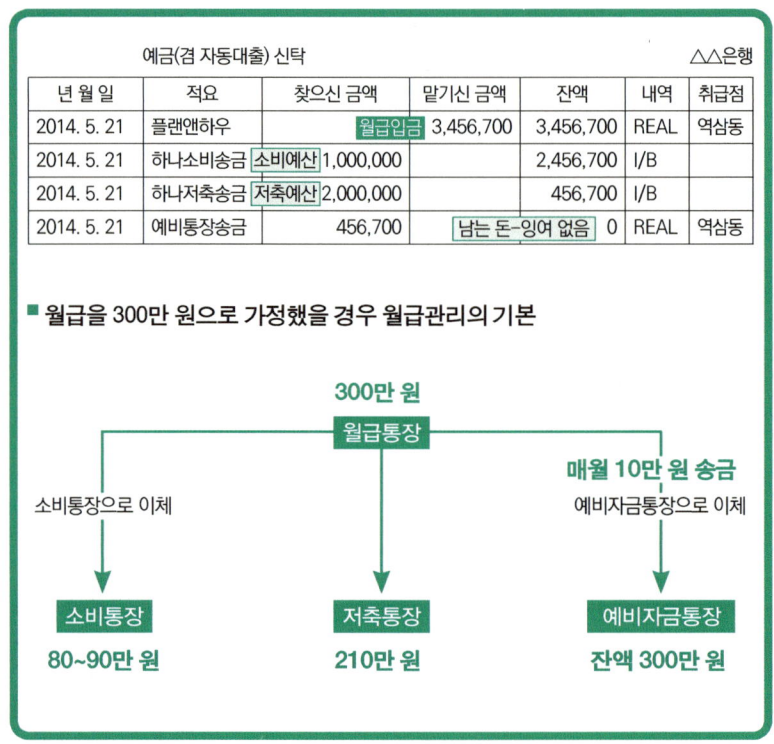

| 철저한 저축원칙 다섯 가지 |

우리는 흔히 어떠한 일을 할 때마다 "FM대로 해라"라는 말을 자주 사용한다. FM이란 말은 원래 군사용어로 전쟁터에서 상황에 따라 군인이 취해야 하는 기본원칙을 담은 필드 매뉴얼Field Manual, 즉 야전교범(野戰敎範)을 일컫는 말이다. 세상에는 많은 매뉴얼이 존

재한다. 물건을 하나 사더라도 지켜야 할 주의사항이 있고 사용설명서가 있다. 이미 맞벌이 부자가 된 사람들의 저축과 소비 내용을 살펴보면 모두가 일치하는 것은 아니지만 큰 틀에서 비슷한 매뉴얼이 있는 것 같다.

이영현 씨(31세, K 통신)와 김재형 씨(32세, L 무역)는 결혼 2년차 맞벌이 부부다. 이들은 1차 은퇴시점인 60세가 되기 전까지 맞벌이 부자로의 진입을 재무목표로 하고 있다. 결혼과 동시에 이런 명확한 재무목표를 갖기가 쉽지 않은데 그들의 철저한 목표관리 습관은 이영현 씨 부모님의 영향이 컸다. 그녀의 부모님은 20년을 넘게 직장인으로 맞벌이를 하셨다. 지금은 일을 하지 않아도 큰 문제는 없는 맞벌이 부자시다. 맞벌이 부자인 부모님의 코치를 받아 예비 맞벌이 부자인 그녀가 짜놓은 저축 매뉴얼을 통해 자신의 올바른 모델을 찾아보자. (부부의 정기소득인 월급은 550만 원이고 현재 임신 6개월)

① 저축원칙: 저축률, 처음에는 70% 이상으로 시작한다

모든 맞벌이 부자들의 시작과 마찬가지로 이영현 씨도 2년 전 결혼과 동시에 의욕적으로 월 소득의 80%를 저축하기 시작했다. 지금은 월급이 조금 올라서 저축률은 소득 550만 원 중 405만 원 저축으로 73%로 떨어졌지만 여전히 높은 저축률이다. 처음에는 소비금액이 너무 적다고 느꼈지만 월급이 오르면서 이제는 큰 불편함이 없다. 처음부터 높은 저축률로 시작함으로써 저축의 황금기인 초기 10년을 잘 활용하는 것이다.

목적	상품명(월 납입)	투자 속성	월 납입	과세기준	기간	비고
	CMA MMF형 자동이체		20만 원		거치 500만 원	자기계발자금
이벤트 15만 원	신협정기적금1	금리형	10만 원	일반과세	3년	시아버님 칠순
	신협정기적금2	금리형	5만 원	일반과세	3년	시어머니 환갑
주택자금 350만 원	경북사랑 저축적금	금리형	50만 원	일반과세	3년	주택자금1 (전세자금마련)
	국민은행 든든정기적금	금리형	50만 원	일반과세	2년	
	신영밸류고배당 적립식펀드	배당주주식형 펀드적립식 투자형	85만 원	비과세	36개월 약정	주택자금2 (구입자금)
	신재형저축	금리형	100만 원	비과세	7년	
	청약저축	금리형	15만 원	비과세	7년	
교육자금 20만 원	소장펀드	투자형	10만 원	비과세	10년	교육자금
	변액교육저축보험	투자형	10만 원	비과세	10년	교육자금
노후자금 50만 원	개인연금	B-2세제비적격 투자형	50만 원	비과세	10년	노후자금
위험관리 20만 원	동부프로미 100세청춘보험	금리형	11만 원	비과세	20년 이상	위험관리
	교통안전보험	금리형	1만 원	비과세	20년 이상	
	종합건강보험	금리형	2만 원	비과세	20년 이상	
	통합프로그램 본인배우자실손	금리형	6만 원	비과세	20년 이상	
합계 금액			405만 원			

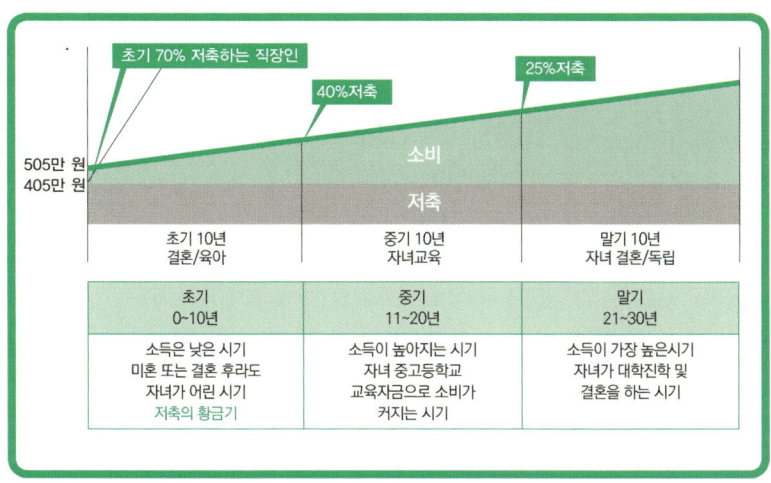

② 저축원칙: 주택자금은 투트랙 저축을 실행한다

이영현 씨는 현재 10년 안에 전셋집을 벗어나 내 집을 마련하는 목표를 가지고 있다. 하지만 2년에 한 번씩 전세자금을 올려주어야 하는 상황이 생길 수 있다. 결국 주택자금에는 두 가지가 있는 셈이다. 2년 안에 올려줄 전세자금과 10년 후에 사용할 주택구입자금이다. 전세자금은 투자보다는 적금 위주로 돈을 모은다. 하지만 주택구입자금의 경우 3~4년 이상을 염두에 두고 은행금리보다는 높은 수익을 기대할 수 있는 곳에 간접투자해 안정성과 수익성을 동시에 추구한다. 주택구입자금의 경우 3~4년 단위로 재투자를 반복한다.

③ 저축원칙: 이벤트자금도 별도의 저축으로 실행한다

이영현 씨는 시아버님과 시어머님의 칠순과 환갑 같은 이벤트자금도 별도의 저축을 통해서 적은 금액이지만 미리 준비하고 있다. 적은 돈이지만 한꺼번에 수백만 원의 현금이 필요한 경우 철저한 소비와 저축예산을 관리하는 그녀에게 부담이 될 수 있기 때문이다.

④ 저축원칙: 교육자금은 적은 금액으로 일찍 시작해 투자효과를 높인다

자녀교육비는 사실 저축으로 100% 만들기가 어렵다. 하지만 15년 이후에 집중될 교육비 부담을 완화시키고 미래의 소득이 모두 교육비로 쓰이는 것을 막기 위해서는 일찍부터 적은 금액일지라도 자녀의 교육자금을 위한 장기저축을 하는 것이 바람직하다. 기간이 10년 이상이므로 금리형보다는 투자형이 바람직하며 15년 이후에 사용될 금액은 장기로 갈수록 평균비용이 낮아지는 변액교육보험이 유리하고, 15년 이내에 인출하여 사용할 금액의 경우는 적립식 펀드가 다소 유리하다고 할 수 있다.

⑤ 저축원칙: 노후자금은 최초 월 소득의 10%를 투자한다

노후자금은 전 생애에 걸쳐서 꾸준히 정말 오랫동안 준비해야만 원하는 노후생활이 가능하다. 하지만 사회생활 초기에 월급에서 할 수 있는 투자는 개인연금이 유일하다. 보통 맞벌이 부자들의 노후소득이 어디서 나오는지를 보면 답은 명확하다.

개인연금은 큰 금액을 한꺼번에 납입하는 것이 아니라 자녀가 없거나 아직 어려서 가처분소득이 상대적으로 높은 기간인 저축의 황금기에 적은 금액이라도 10년 이상 꾸준히 납입을 하고, 시간과 투자라는 레버리지(지렛대)를 이용하여 60세 이후에 노후생활비의 최소한 3분의 1정도를 마련하는 기본적인 안전장치다. 따라서 은퇴를 10~15년 이내로 앞둔 경우가 아니라면 주식과 채권에 장기투자하는 개인연금과 퇴직연금의 확정기여형 등을 통해서 알차게 준비한다.

Chapter 5
그들은 '실행' 능력이 다르다

| 빠른 의사결정의 힘 |

옛말에 사공이 많으면 배가 산으로 간다는 말이 있다. 여러 사람이 자기 주장만을 내세우면 모든 일이 제대로 될 리 없다는 뜻이다. 어떤 배든지 목표를 향해 일관성 있게 나아가는 한 명의 사공이 필요하다. 맞벌이 부자라는 배에는 모두 강력한 리더십을 가진 한 사람의 사공이 있다. 그래서 둘 중 한 사람이 돈 관리에 있어서 전적인 권한을 가진다. 얼핏 듣기에는 한 사람은 돈 관리에 관심도 없고 잘 알지도 못하니 나머지 한 사람이 어쩔 수 없이 모든 것을 도맡게 되는 상황처럼 들린다. 그래서 한 사람이 마음대로 돈 관리를 하는 것으로 생각할지 모르겠다. 하지만 맞벌이 부자들의 경우는 그것과는 전혀 다르다.

일단 모든 정보가 실시간으로 교류된다. 다만 최종 결정권을 쥐고 있는 사람이 한 명이다. 아무리 사소한 정보라도 무엇이든 배우자에게 알려준다. 어떤 의사결정을 내리든지 나머지 한 사람은 그 결정을 신뢰한다. 그렇다면 경제권을 쥐고 있는 사람은 누가 되는 것이 좋을까? 저축과 소비, 그 밖의 저축상품 또는 투자대상을 물색하는 정보수집이 가능한 사람이 하는 것이 좋다. 하지만 중요한 의사결정에 있어서는 충분한 대화가 이루어지기 때문에 사실 경제권은 두 사람 모두에게 있다고 봐야 옳다. 정보는 철저히 공유하되 관리는 한 사람이 이끈다.

실행력이란 무언가를 해내는 힘이다. 21세기 중요한 성공요소로 꼽히는 실행력이 바로 이 맞벌이 부자들에게도 있는 것이다. 생각에 머무르는 아이디어를 그저 생각으로 흘려보내는 것이 아니라 그 가능성을 생각하고 실제로 실행해보는 것이다.

"과거에 가장 잘못된 결정이 무엇인가?"라고 질문하면 거의 대부분이 잘못된 결정을 떠올리는 것이 아니라 결정하지 못한 것을 떠올린다고 한다. 결국 시도에는 실패의 위험이 뒤따르지만 시도조차 하지 않는 것은 실패를 확실히 하는 것이다. 이런 실행력에는 뒤에는 돈 관리를 주도하는 강력한 컨트롤타워가 있다.

옛 속담에 "돌다리도 두드려본다"는 말이 있는데 이는 무슨 일이든 꼼꼼하게 확인하고 일을 추진해야 한다는 뜻이다. 물론 의사결정에 있어 성급하게 서둘기보다는 신중한 자세가 필요하다. 하지만 요즘은 빠른 의사결정도 요구되는 시대다. 대부분 재무적인 결정은 타이밍이 중요하기 때문이다.

고객과 상담을 하다 보면 어떠한 결정을 할 때 크게 세 가지의 유형이 있음을 알게 된다.

첫째, 배우자와 협의는 하지만 서로 간에 결정을 미루는 스타일
둘째, 배우자와 협의를 못해 결정이 늦어지는 스타일
셋째, 경청한 후 배우자와 협의하고 빠른 결정을 내리는 스타일

첫 번째 유형은 부부 간의 대화는 신속하게 이루어지지만 확실한 컨트롤타워가 없기 때문에 어느 한 사람도 주도적인 결정을 내리지 못하는 부류다. 주변에 이런 유형은 의외로 많다. 이런 유형들은 좋게 말해서 신중하다고 할 수 있지만 대부분 돌다리를 두드리고 또 두드리다가 깨뜨려버린다. 10년째 맞벌이를 하고 있는 박서현 씨(40세, 무역회사) 부부는 몇 해 전 있었던 결정을 못해서 너무 아쉬웠던 이야기를 들려주었다.

당시 신당동 32평 아파트에 전세로 살고 있는데 갑자기 주인이 급매로 집을 내놓겠다는 연락이 왔다. 몇 년 안에 내 집 마련을 계획하던 부부는 이 기회에 내 집 마련의 시기를 앞당겨야 할지를 두고 고민하기 시작했다. 살던 집이니 이사 등 여러 부대비용을 절감할 수 있고 시세보다도 낮은 금액으로 인수할 수 있으니 매력적이었다.

하지만 계획보다 대출이 늘어날 테고 향후 집값이 하락될 수도 있으니 여러 걱정이 밀려왔다. 부부는 두 달 가까이를 고민하다 결국 결정을 내리지 못했고 그 사이 집이 팔리는 바람에 지금의 집으로 이사를 해야 했다. 부부는 결과적으로 당시 그 결정을 못한 것을 무척 아쉬워했다. 사실 그때 박서현 씨는 집을 사지 않기로 결정을 한 것이 아니다. 결정 자체를 못한 것이다.

두 번째 유형은 배우자와의 충분한 대화가 없어서 협의 자체가 안 되는 스타일이다. 이런 유형의 부부들은 서로 바쁘다는 핑계로 평소 충분한 대화가 없다 보니 무언가를 의논하려고 해도 잘되지 않는 경우가 대부분이다.

하지만 맞벌이 부자들은 좀 다르다. 어떤 것을 의논하든 빠르고 깊고 다양하게 대화하며 빠른 실행력을 보인다. 경청하고 대화하고 또 결정된 것은 즉시 행동에 옮기는 힘, 바로 실행력을 갖고 있다. 실행은 결정에 행동을 더한다는 의미인데, 여기서 말하는 실행은 조건반사처럼 곧바로 행동으로 옮기는 것이 아니라 내용을 잘 이해하고 부부에게 적용해본 후에 결정하는 신중함이 기본이다. 과연 맞벌이들은 짧은 시간에 얼마나 합리적인 결정을 할까? 특판금리 3%를 보장하는 RP 상품이 있어서 단기자금을 가지고 있는 고객 30명에게 상품의 내용과 장단점을 설명하는 팸플릿을 우편으로 보냈다. 이 상품은 시중금리보다 높지만 500억 원의 규모만 한정적으로 판매하기 때문에 가입 타이밍이 중요했다. 3일 안에 전화로 피드백을 받아보았다. 특판 RP 상품에 대한 반응과 관심도에서도 큰 차이가 나타났다. 73%에 달하는 20명은 새로운 정보를 제대로 해석할 만큼의 마음과 시간의 여유가 없었다. 하지만 3~5명은 상품을 제대로 이해하고 배우자와 의논한 후 이미 의사 결정 단계에 있었다.

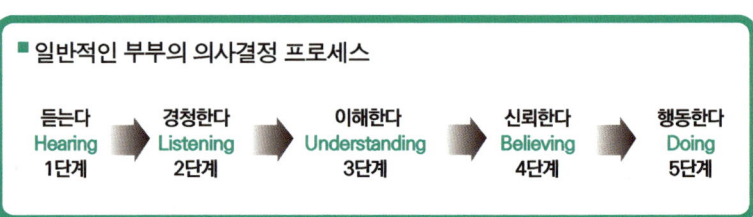

사람들은 새로운 정보를 받아들이고 행동에 옮기기까지 일정한 과정을 거친다. 수많은 정보에 노출되어 있는 현대인들은 모든 정보를 경청할 수가 없다. 또 경청하여 이해한다고 해도 그것을 신뢰하거나 행동에 옮기는 일은 또 별개의 문제다.

그런데 맞벌이 부자들은 어떤 정보도 허투루 다루는 법이 없다. 맞벌이 부자들은 어떤 경우라도 2단계인 경청부터 시작한다. 그래서 맞벌이 부자들은 이런 의사결정의 과정이 매우 빠르다. 그들은 경청하여 제대로 이해하고 확신이 들면 어김없이 행동하는 스타일이다.

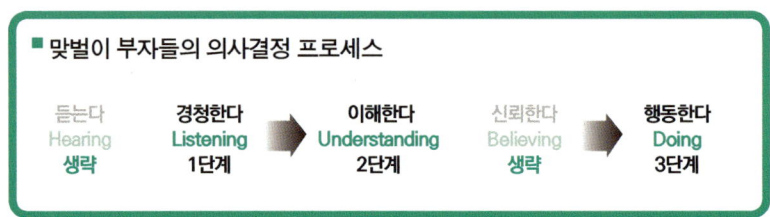

맞벌이 부자들은 어떻게 수많은 선택의 순간마다 합리적인 의사결정을 할 수 있었던 것일까? 무엇보다 평소 서로 합의된 기본원칙을 가지고 있기 때문이다.

물론 그 내용은 서로 다를 수 있다. 정답은 딱 하나만 존재하는 것이 아니기 때문이다. 돈 관리의 큰 틀에서 마치 헌법과 같은 원칙을 가지고 있다는 점에 주목해보길 바란다. 여러분은 어떤 원칙을 가지고 있는가? 다음은 내가 만나온 맞벌이 부자들의 일반적인 돈 관리 원칙을 정리해본 것이다.

> ■ **맞벌이 부자들 돈 관리의 기본 원칙**
>
> ① 정기소득뿐만 아니라 비정기소득 모두 서로 완전히 공개한다. ★★★★★
> ② 결혼 초기 둘이 벌면 한 사람의 소득은 전부 저축한다. ★★★★
> ③ 000만 원 이상은 저축한다(월 저축금액 목표가 있다). ★★
> ④ 일정 금액 이상의 저축 또는 투자는 반드시 의논한다. ★★★★
> ⑤ 각자 용돈은 예산을 세워 정한 금액만 사용하며 터치하지 않는다. ★★
> ⑥ 배우자가 모르는 일정 금액 이상의 돈을 만들지 않는다. ★★
> ⑦ 적립하는 저축은 되도록 투자형으로 목돈을 맡기는 것은 예금을 한다. ★★
> ⑧ 빚은 절대로 얻지 않는다. 특히 배우자 모르는 빚은 절대 금물이다. ★★★★
> ⑨ 대출의 경우 담보 20% 이내로 상의해서 결정한다. ★★
> ⑩ 퇴직금과 개인연금은 각자가 자유롭게 사용할 권리를 준다. ★
>
> ※ 맞벌이 부자들이 많이 답한 원칙일수록 ★ 표시를 더 해보았다.

| 성공투자 뒤에 숨겨진 저축과 보험의 비밀 |

돈을 관리하는 것은 크게 세 가지의 영역으로 나눌 수 있다.

첫째, 돈을 모으는 것(집전集錢, Saving)

둘째, 돈을 사용하는 것(용전用錢, Investing & Spending)

셋째, 돈을 지키는 것(수전守錢, Keeping)

'집전'은 저축을 말한다. 매월 받는 월급 중 일부를 떼 푼돈이라도 모은다면 일정 금액의 종잣돈을 만들 수 있다. '용전'이란 이렇게 만들어진 종잣돈을 활용해 더 높은 수익을 올리는 투자를 말한다. 이런 종잣돈을 적절히 어디에 또 어떻게 쓰고 투자하는가가 부자가 될 것인지 아닌지를 결정한다. 마지막으로 '수전'은 이런 돈을 어떠한 위험이나 사고로부터 안전하게 지키는 것으로 비상시 예비자금이 되어줄 보험 등을 말한다. 그렇다면 여러분은 부자가 되기 위해 위의 세 가지 중에서 무엇이 가장 중요하다고 생각하는가?

대부분 부자들의 성공 뒤에는 투자에 관한 성공 스토리가 있다. 큰 틀에서 보면 맞벌이 부자들도 예외는 아니다. 하지만 이런 투자의 성공을 가능토록 하는 것은 결국 여유 있는 투자자금에 있다. 따라서 맞벌이 부자들의 성공적인 투자를 뒷받침하는 것은 다름 아닌 저축이다. 상속형 부자가 아닌 월급쟁이에게 항상 투자할 만한 목돈이 있는 것이 아니다. 따라서 평소 저축을 통해 꾸준히 투자할 목돈을 형성해놓는 것이 무엇보다도 중요하다. 축구 경기에 비유해보면 아무리 뛰어난 공격수가 있다고 하더라도 골을 넣기 위해서는 미드필더midfielder가 공격수에게 공을 제때 공급해주어야만 하는 것과 같은 이치다. 아무리 좋은 투자 기회를 만난다고 해도 필요한 현금이 없다면 아무 소용이 없다. 그래서 맞벌이 부자들은 앞서 사례에서 보듯이 하나 같이 저축하는 데 선수들이다.

그렇다면 저축을 크게 할 만한 좋은 시기는 언제일까? 대다수의 젊은 직장인들은 쥐꼬리만 한 사원의 월급으론 결코 많은 저축을 할 수 없다고 말한다. 하지만 맞벌이 부자들의 생각은 다르다. 신입사원 시절부터 결혼 후 자녀가 중·고등학교에 들어가기까지가 오히려 가장 많은 저축을 할 수 있는 시기로, 절대소득은 낮지만 가처분소득이 가장 높은 시기라는 것이 맞벌이 부자들의 주장이다. 차장님이나 부장님이 받는 월급의 액수가 더 많을지 모르지만 그들은 자녀가 중·고등학교 이상을 다니고 있기 때문에 많은 부분이 교육비로 빠져나간다. 수많은 직장인을 만나보았지만 이 말은 정말로 맞는 이야기다. 따라서 결혼 초기 맞벌이가 시작될 때 두 사람이 과연 얼마나 저축을 할 수 있는가가 매우 중요하다.

우리나라 사람들은 소득이 높든 낮든 구분 없이 자녀가 고등학교를 들어갈 즈음에 소비가 소득을 추월해버리기 때문에 사회적인 정년 이전에 경제적 정년을 경험한다. 따라서 실질적인 저축 가능 기간은 결혼 후 15년 정도다. 따라서 맞벌이 부자들은 이런 경제적 정년이 오기 전에 더 많은 저축을 한다. 맞벌이 부자들은 결혼 초기,

자녀가 없던 시절에 두 사람 중 한 사람의 월급을 모두 저축했다. 그리고 몇몇 사람들은 그 이상을 저축하기도 한다.

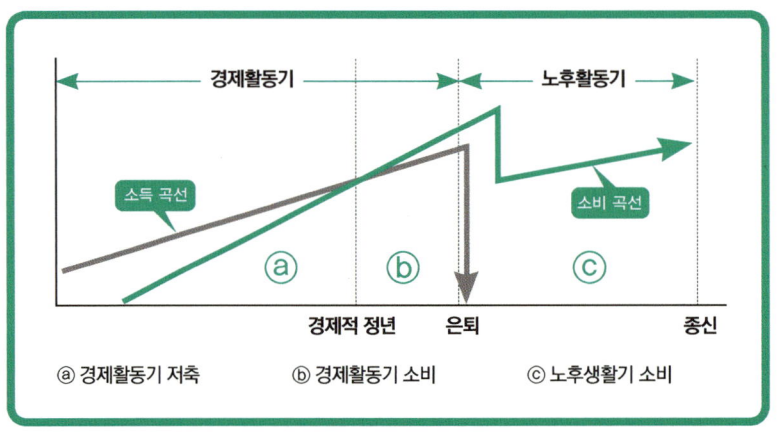

이처럼 처음에 정해진 저축률(최초 저축률)이 중요한 이유는 바로 저축률이 살아가면서 계속 떨어질 수밖에 없기 때문이다. 월급이 오르는 속도보다 자녀양육비와 교육비, 그리고 주택에 들어가는 비용들이 훨씬 더 빠른 속도로 증가해버리는 게 현실이다.

최초 저축률이 높은 맞벌이 부자들은 경제적 정년이 가까워질수록 차츰 저축률이 낮아지더라도 경제적 정년 전까지 ⓐ 경제활동기 저축 총량이 크다. 반면 최초 저축률이 낮은 경우는 보통의 경우보다 저축을 못하게 되는 시기, 즉 경제적 정년이 앞당겨지는 현상이 발생되며 따라서 ⓐ 경제활동기 저축 총량도 그만큼 적어진다. 보통 맞벌이 부자들은 최초 저축률이 70% 수준으로 시작되며 자녀가 고등학교를 들어가는 경제적 정년 시기에도 20~30% 정도의 저

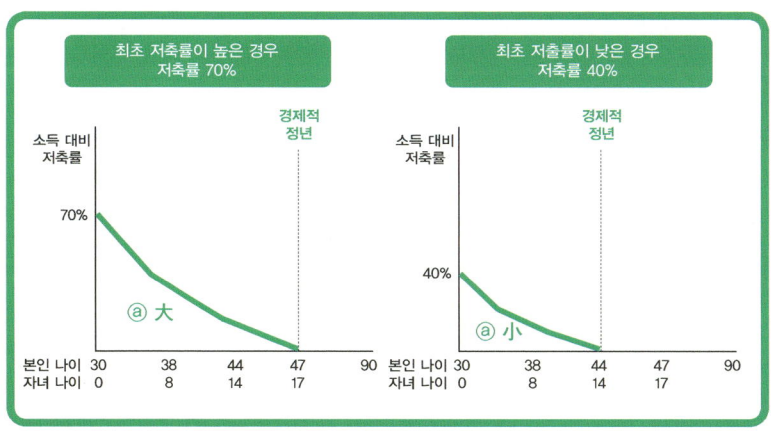

축률을 유지한다. 여러분의 상황과 비교해보라.

　이것은 마치 건물에 올라가 종이비행기를 날리는 것과 비슷하다. 아무리 높은 곳에서 날린다고 해도 종이비행기는 땅으로 떨어지기 마련이다. 하지만 7층에서 날린 경우와 4층에서 날린 경우는 분명히 다르다. 4층에서 날리는 것보다는 7층에서 날리는 게 더 멀리 날아간다. 우리는 맞벌이 부자들이 처음부터 높은 저축률로 저축을

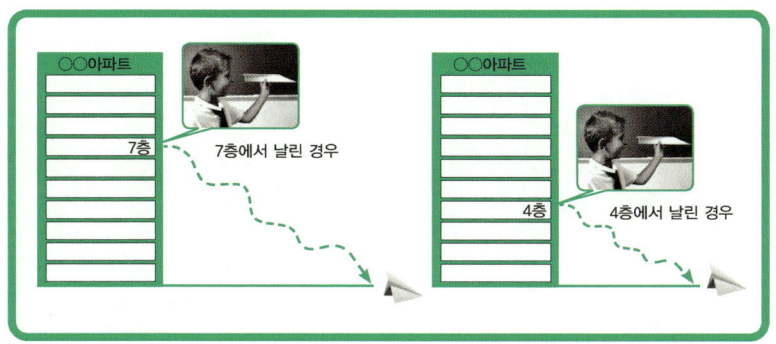

시작했다는 것을 반드시 명심해야 한다.

또한 맞벌이 부자들은 돈을 모으는 일 못지않게 돈을 지키는 일(수전)에도 소홀함이 없다. 어렵게 모은 돈이 생각지도 못한 일들로 인해 날아가는 일은 없어야 하기 때문이다. 돈을 지키는 일은 마치 축구 경기의 수비와도 같다. 우리 팀이 2골을 먼저 넣었다고 하더라도 후에 3골을 먹는다면 결국 경기는 패한다. 또한 건축물을 지을 때도 마찬가지다. 인테리어나 공간배치 등 실용적인 부분도 중요하지만 우선은 무너지지 않는 안전한 건물을 위한 기본 설계가 더 중요하다. 돈 관리에 있어서도 마찬가지다. 살아 있는 투자의 전설 워런 버핏의 투자원칙에는 여러 가지가 있지만 한마디로 요약하자면 첫째가 바로 '돈을 잃지 말라'다. 세상 어떤 일이든 공격하기 전 뒷문을 든든히 하는 수비가 중요하다는 뜻이다.

사람들이 재미 삼아 즐겨 하는 고스톱 게임 속에도 바로 이 수비의 원리가 숨어 있다. 지금은 인터넷 게임으로도 많이 하지만 예전에는 명절 때 친척들이 모이거나 상갓집에서 밤새도록 고스톱을 치는 경우도 많았다. 고스톱을 쳐본 사람은 알겠지만 한번 시작되면 보통 밤새 수십 판이 진행된다. 아무리 기술이 뛰어난 사람일지라도 일방적으로 많은 판을 승리하기란 쉽지 않다. 기본적으로는 확률의 게임이기 때문이다.

돈을 따는 판도 있지만 또 반드시 잃는 판도 있기 마련이다. 내가 이기는 판에서 많은 돈을 따고 지는 판에서는 적게 잃어야 한다.

판돈이 두 배로 불어나게 되는 경우도 있는데 그것의 대표적인 경우가 바로 피박이다. 피라고 불리는 껍데기 패를 일정량 확보하지 못하면 내가 잃는 돈이 몇 배로 커질 수도 있다.

밤새도록 고스톱을 치면 결국 누가 가장 많이 돈을 따게 될까? 나중에 셈을 해보게 되면 가장 돈을 많이 딴 사람은 결국 자신이 잃는 판에서의 손실을 최소화한 사람이다. 큰 판에서 돈을 따지는 않아 크게 두각을 나타내지 않은 것처럼 보였지만 돈을 잃는 경우에 대형사고(?)가 터지는 것을 막기 위해 항상 껍데기 패를 일정량 확보하는 데 주력해온 사람이 최종 승자다.

이처럼 수비의 중요성은 거의 모든 분야에서 찾아볼 수 있다. 맞벌이 부자들도 이런 수비의 역할을 하는 보험에 신중히 가입하고 철저히 관리하는 특징이 있다. 맞벌이 부자들의 보험에는 어떤 특별한 점이 있을까?

맞벌이 부자들이 가입한 보험의 내용을 분석해보면 몇 가지 특징을 발견할 수 있다.

① 보장성 보험료의 지출비율은 과도하지 않다

대체로 일반적인 맞벌이 부부들의 보험에는 과도한 보장성 보험료를 찾아보기 힘들다. 높은 저축률을 유지하려는 노력 때문에 그만큼 보험 가입에 신중하기 때문이다. 연금이나 교육보험 등의 저축성을 제외하고 적정한 보장성 보험료의 비율은 보통 소득의 3~5%가 적당하다. 따라서 불필요한 보험의 중복 가입이나 저축을 목적으로 하는 보장성 보험을 과도하게 가입하지 않는다.

② 우선순위가 높은 보험에 집중한다

사망, 상해, 중대질병, 큰 의료비 등 발생확률이 낮지만 경제적 충격이 큰 부분을 집중해서 가입한다. 반면 확률이 높지만 경제적 충격이 적은 생활보험 등은 좀 더 신중히 가입하는 성향이 강하다. 결국 아무리 적은 비용이라도 매월 발생되며 수십 년간 지출되는 고정비에 대해서 조심스럽게 접근하는 것이다.

③ 연금보험은 일찍부터 과감하게 시작한다

맞벌이 부자들은 배우자 중 한 명의 소득이 중단되는 경우를 항상 머릿속에 그리고 있다. 작은 금액이라도 꼬박꼬박 나오는 소득을 만들어내는 일에 대해서는 특별히 관심이 많다. 따라서 자산보다는 소득의 관점에서 노후를 일찍 준비하며 개인연금 상품에 대해서 많은 관심을 갖고 일찍부터 가입한다. 연금이란 금액과 수익률도 중요하지만 그보단 가입 시기가 중요할 수밖에 없는 구조이며 미룰수록 지체비용이 발생하는 유일한 상품이기 때문이다.

| 발 빠르게 시작된 수익형 부동산의 꿈 |

맞벌이들의 사례를 관찰하면서 발견한 흥미로운 부분이 있다. 맞벌이들의 재무성적표는 정말 극과 극이라는 것이다. 대부분 아주 훌륭하거나 아니면 형편없다. 그래도 둘이 버는데 중간은 가지 않을까 생각되지만 결코 그렇지 않다. 상속형 부자가 아님에도 불구하고 은퇴 전에 이미 맞벌이 부자가 된 성공케이스가 있는가 하면 오래도록 맞벌이를 했음에도 불구하고 외벌이보다 못한 경우도 많다. 이처럼 극과 극의 현상이 발생하는 이유는 무엇일까?

그것은 외벌이에 비해 맞벌이로 생기는 추가적인 소득을 어떤 시선으로 바라보는가 하는 마인드 차이에서 비롯된다. 성공한 맞벌이는 추가적인 소득을 언젠가는 없어질 소득으로 생각한다. 따라서 그것을 대체할 만한 무언가를 만들어내기 위해 끊임없이 노력한다. 맞벌이가 약이 되는 경우다. 반면 실패 케이스를 보면 추가소득이 언제까지나 계속될 것이란 착각 속에 살아간다. 따라서 추가적인 소득은 당장의 여유와 경제적인 자유를 즐기는 데 사용한다. 또 불필요한 투자나 부족한 준비로 사업에 뛰어드는 일도 있다. 한마디로 배우자의 소득을 믿고 일을 벌이는 경우다. 이것이 대개 엄청난 경제적 손실의 빌미가 되기도 한다. 오히려 배우자가 돈을 벌고 있다는 안정감이 사고의 원인이 되어버린, 그야말로 맞벌이가 독이 된 경우다.

맞벌이 부자들의 마인드를 사자성어로 말하자면 토영삼굴(兎營三窟)이다. '지혜로운 토끼는 숨을 수 있는 굴을 3개는 마련해놓는다'는 뜻으로 미래의 안전을 위해 미리 대비책을 마련하는 것을 의미한다. 그들은 배우자의 소득이 중단될 경우를 대비하여 항상 그것을 대체할 만한 수단을 준비한다. 그중 대표적인 것이 바로 수익형 부동산에 대한 관심이다.

앞서 잠시 소개했던 박혜숙 과장은 건설회사에 근무하는 동갑내기 남편과 현재까지 20년 정도 맞벌이를 하고 있다. 서울에 거주하면서 고등학생 자녀 둘을 키우는 부부의 현재 자산 상태를 보면 상속형 부자가 아닌가 하는 의구심이 생길 정도다.

구분	내용	평가액(대출 또는 전세금 제외)	비고
거주주택	광진구 32평 아파트	5억 2000만 원	
수익형 부동산1	성동구 오피스텔 15평	8500만 원	월세 45만 원
수익형 부동산2	수원 광교 24평 아파트	8000만 원	월세 20만 원
수익형 부동산3	동작구 일반주택(재개발)	1억 1000만 원	월세 50만 원
수익형 부동산4	수원 영통 20평 아파트	9000만 원	월세 없음
수익형 부동산5	판교 오피스텔 20평	1억 7000만 원	월세 80만 원
일반 부동산	거제도 일반 토지	7000만 원	월세 없음
기타 금융자산	예적금 및 현금	5000만 원	-
합계		11억 7500만 원	월세 195만 원

아직 월세 195만 원이 모두 순소득은 아니다. 절반 정도 이자를 내고 있기 때문이다. 하지만 순자산이 10억 원이 넘고 은퇴 전까지는 무난히 맞벌이 부자로 진입할 것이 확실해 보인다. 그다지 높지 않은 두 사람의 연봉을 가지고 이처럼 많은 자산을 보유한 비결은 무엇일까?

박혜숙 과장 역시 여느 다른 맞벌이 부자들과 마찬가지로 신혼 때부터 소득의 70% 이상을 저축하는 습관을 가졌다. 이들은 높은 저축률 덕분으로 결혼 10년 만에 내 집 마련에 성공할 수 있었다. 결혼 후 첫째 목표는 내 집 마련이었는데 그 목표가 달성되고 나니 앞으로 언젠가는 외벌이가 될 것이란 걱정이 밀려왔다. 사실 그녀는 스스로가 40대까지 직장생활을 하게 될 줄은 몰랐다고 한다. 본인이 직장을 그만둘 때까지 어떻게든 자신의 소득을 대신할 소득원을 만들어야겠다는 결심을 했기 때문에 그 전까지는 직장생활을 해야만 했던 것이다. 그런 그녀가 수익형 부동산에 관심을 갖게 된 것은 지금으로부터 10년을 거슬러 올라간 2006년부터다.

2006년이라면 노무현 정부의 부동산 규제정책이 본격화되면서 주택 가격이 하락세로 돌아서는 분기점이 된 해다. 모두들 이제 부동산은 끝났다고 말하던 바로 그 시기, 남들은 다 안 된다고 한 시기에 과감하게 부동산에 뛰어든 것이다. 정말 의외다. 그때 부동산에 투자를 시작했는데 이런 성공이 어떻게 가능했을까? 그녀는 이렇게 말했다.

"아무거나 사도 오르던 호황기와는 분명 다르겠지만 그래도 오르는 것은 꼭 올라간다는 생각이 있었어요."

그녀는 종잣돈이 생길 때마다 적은 돈으로도 투자가 가능한 부동산을 찾아보기로 했다. 처음엔 경매에 관심을 가져서 주말에 경매 스터디 모임까지 나가면서 열성을 보였지만 직장생활과 병행하기가 불가능하다는 현실적인 한계에 부딪혀 포기했다. 하지만 배운 것이 있었다. 현실에 안주하지 않고 투자를 위해 열심히 공부하고 노력하는 사람들이 많다는 것을 알게 된 것이다. 그녀는 그런 과정 중에 적은 돈으로 투자가 가능한 것을 찾아야겠다는 결심을 하게 되었다. 그러던 중 도심에도 남들이 관심을 갖지 않는 작은 땅, 그러니까 일명 쪽필지라고 불리는 토지가 많다는 것을 알게 되었다.

이렇게 작은 쪽필지는 당장은 개발이 어렵고 인접한 토지와의 공동 개발이 추진되지 않는 한 개발이 쉽지 않아 시세보다 무척 싸다. 하지만 그녀는 언젠가는 도심 개발이 진행되면서 그 가치가 나타날 때가 있으리란 확신을 가졌다고 한다. 2007년 여름에 그녀는 처음으로 서울 도심에 쪽필지 한 곳을 1500만 원에 사들였다. 이 투자를 계기로 그녀 본격적으로 부동산을 공부하기 시작했다. 이후 그녀는 고향인 경남 김해를 방문할 때마다 지방에도 가치 있는 땅이 있을 것이란 생각을 하게 되었다.

그로부터 얼마 후 고향 주변의 경남 진영읍 전답에도 투자를 했다. 이처럼 초창기에는 고향을 오가면서 봐둔 지역이라든지 또 평소 생활 동선에서 찾은 지역 내의 토지를 발로 뛰면서 물색해나갔다. 투자의 성과는 생각보다 빨리 찾아왔다. 아무도 관심을 갖지 않던 최초의 쪽필지는 3년 만에 도심정비개발계획에 따라 개발 구역으로 포함되면서 5배에 가까운 시세차익을 남겼다. 진영읍 전답도 성공적인 투자로 이어졌다. 이곳은 지금 고故 노무현 대통령의 생가인 봉화마을 지역으로 이후 개발을 통해서 부동산 가격이 많이 올라간 지역이다.

그 이후 그녀는 남들이 관심을 갖지 않는 아주 작은 부동산, 지금보다는 10년 후 가치가 커질 수 있는 지역을 발로 뛰며 찾는 일명 개미 부동산 투자자로 변신했다. 재개발 예정지의 소형주택을 대출을 안고 매입한 후 재개발이 완료되지 않더라도 재개발이 추진되는 과정에서 생기는 작은 시세차익을 보고 되팔기를 몇 차례, 요즘은 전세 비율이 높아지면서 도심의 오피스텔이나 아파트를 전세와 대출을 안고 매입하는 등 5년간 꾸준히 부동산 투자를 실천해왔다. 근래 몇 년 동안 전세가도 오르고 요즘은 매매가도 많이 올라 쏠쏠한 재미를 보았다고 한다.

그녀의 성공에는 몇 가지 특징이 있다. 첫째, 그녀는 내 집 마련 이후 안주하지 않았다. 둘째, 본인이 일을 그만두더라도 자신을 대신할 아바타를 만들기 위해 노력했다. 셋째, 꾸준히 공부하고 노력하며 남들이 관심을 갖지 않는 분야에 관심을 가져왔다. 넷째, 궁극에는 월세와 같은 임대수익에 초점을 맞추어 투자했다. 절대로 그냥 만들어진 행운은 아니었다.

이제 곧 임대수익이 그녀의 월급을 넘어설 것이다. 처음 계획처럼 그녀를 대신할 완벽한 아바타가 완성되는 것이다. 하지만 그녀는 직장을 그만둘 생각이 없어졌다.

"이제 우리 부부랑 부동산이랑 셋이 맞벌이를 해야죠!"

그녀의 말에는 자신감과 여유가 묻어났다.

3W를 바탕으로 한 완벽한 노후계획

재무목표 중에서 가장 막연한 것이 있다면 그것은 바로 노후계획일 것이다. 왜냐하면 가장 먼 미래에 벌어질 일이기 때문이다. 이제 막 결혼을 준비하는 사람들을 상담해보면 대부분 결혼자금이나 주택자금에는 매우 구체적인 계획을 세운다. 당장 몇 년 안에 벌어질 현실적인 문제이기 때문이다. 하지만 노후계획에 대해서는 역시 막연한 생각을 갖고 있다. 막연한 생각은 막연한 결과를 낳기 마련이다. 시간이 흘러 거의 모든 사람들이 저축이 힘들어진다고 하는 결혼 후 15년, 그때가 되어서도 아직 노후계획이 모호한 경우가 많다. 막연한 생각에 구체적인 계획을 세우지 못한 것이다.

하지만 맞벌이 부자들은 결혼 초부터 노후에 대한 남다른 생각을 가지고 있다. 바로 맞벌이 부자의 정의가 말해주듯이 은퇴 전에 배우자 한 명의 소득상실이 생기더라도 그것을 대신할 무언가를 만들기 위해 노력하는 것이다. 또 궁극에는 두 사람의 소득이 모두 사라지더라도 현재의 생활이 유지되도록 하는 것을 지상 최대의 목표로 생각하고 일찍부터 준비한다.

맞벌이 부자의 정의에서 보듯이 결국 맞벌이 부자란 경제활동기 내내 조금씩 노후계획을 실천하는 사람을 가리키는 말이다. 그렇다면 맞벌이 부자들은 어떻게 구체적으로 노후계획을 세우고 그것을 실천해올 수 있었던 것일까? 재무계획이란 단순히 숫자로 표시된 돈을 만드는 계획이 아니다. 사람들이 무조건 일정한 금액을 모으자는 목표를 정하면 얼마 가지 못해 포기하고 만다. 우선은 계획이 있고 그 다음에 그 계획을 뒷받침할 돈을 만드는 것이 바로 재무계획이다. 따라서 노후계획 또한 돈보다 우선은 어떤 노후생활을 할 것인가를 구체적으로 계획하는 것이 우선되어야 한다. 하지만 많은 사람들은 자꾸 먼저 돈만을 생각한다. 그러니 멀리 남아 있는 노후는 자꾸 막연하게 느껴지고 구체적인 계획이 어려워지는 것이다. 이럴 경우 노후계획은 명확함을 상실하고 모호해지게 된다.

사람들은 왜 아이의 교육비에 많은 돈을 쓰는 걸까? 바로 두려움과 명확함 때문이다. 막연한 일에는 돈을 쓰지 못한다. '자녀가 공부를 못해서 4년제 대학을 못 들어가면 어떻게 할까? 아니, 대학자체를 못 들어가면 어떻게 될까?' 이런 두려움이 어려운 살림에도 불구하고 교육비만큼은 과감한 투자를 하도록 만든다. 또 자녀가 돈을 많이 버는 직업을 갖고 잘 살려면 좋은 대학에 가야만 한다는 명확한 믿음이 있다. 이처럼 두려움과 명확함이 합쳐진 곳에는 누가 시키지 않아도 돈을 쓰게 된다. 많은 사람들이 노후 준비보다 자녀교육에 집중하는 이유는 간단하다. 노후생활보다 아이의 교육에 대한 계획이 훨씬 구체적이기 때문이다.

재무상담을 하다 보면 "어떤 노후계획을 가지고 있는가?"라는 질문에 많은 사람들이 이런 이야기를 하곤 한다. "노후에는 지방에 전원주택을 짓고 살고 싶어요!" 얼핏 듣기에는 구체적인 계획인 것 같다. 하지만 "지방이요? 어디를 말하는 것인가요?" "그곳에 가본 일이 있습니까?" "그곳에 집을 지으려면 얼마 정도의 돈이 드는지 계산해본 일이 있나요?" "그곳에서 생활하는 데 얼마나 생활비가 들까요?" 이런 구체적인 질문을 던지면 더 이상 답을 하지 못한다. 결국 목표는 현실감을 잃고 모호한 생각에 그치게 된다. 노후 준비를 할 때 구체적인 계획을 우선시해야 하는 이유가 바로 여기에 있다.

맞벌이 부자들은 재무계획 이전에 구체적인 노후생활에 대한 계획을 일찍부터 가지고 있다는 특징이 있다. 그것이 바로 3W(어디서Where, 누구와Who, 무엇을What)를 바탕으로 한 노후계획이다.

■ **맞벌이 부자들의 3W 노후계획의 특징**

① Where 어디서 노후생활을 할 것인가?
② Who 누구와 노후생활을 할 것인가(어떤 공동체에 속할 것인가)?
③ What 무엇을 하며 노후생활을 할 것인가?

■ **맞벌이 부자들의 노후계획 Process**

1단계(비재무적인 계획)
3W(어디서, 누구와, 무엇을)를 바탕으로 한 노후계획 수립

2단계(재무적인 계획)
언제까지 얼마나 노후자금이 필요한지에 대한 노후계획 수립

3단계(실행계획 수립 및 실천)
어떤 방법으로 실행할 것인지를 선택하고 실천

여러분은 어느 단계까지 실천하고 있는가? 앞으로는 맞벌이 부자들이 1단계와 2단계를 거쳐서 세운 구체적인 계획을 어떻게 실천

하는지 알아보자. 맞벌이 부자들의 노후 실행계획(3단계)의 내용을 요약하면 크게 3가지로 나눌 수 있다.

> ■ **맞벌이 부자들의 노후 실행계획**
>
> ① 개인연금
> ② 공적연금
> ③ 수익형 부동산

앞서 사례를 통해서 소개되었던 김기학 부장은 이제 5년 후 퇴직을 앞두고 있다. 하지만 완전한 은퇴 시기는 65세인 12년 후로 설정했다. 5년 후에 바로 완전한 은퇴를 해버린다면 좀 더 여유 있는 노후생활이 어렵다는 현실적인 이유도 있지만 아직까지는 좀 더 일을 하고 싶기 때문이다. 현직에서 물러난다면 큰돈을 벌지는 못하더라도 중소기업으로 자리를 옮기거나 아니면 자본이 들어가지 않는 범위에서 새로운 일을 몇 년간 도전해볼 계획이다. 만일 임금피크제가 시행되어 좀 더 일하게 된다면 다행이지만, 상황이 여의치 않다면 일단 퇴직 후 설사 돈을 벌지 못할지라도 사회활동을 65세까지는 하고 그 이후에 완전한 은퇴를 할 계획인 것이다. 현재 김 부장님의 월 생활비는 교육비를 제외하고 약 200만 원 정도다.

하지만 완전한 노후가 시작되는 65세경에는 이보다 50% 높아진 300만 원이 필요할 것으로 예상하고 있다. 김기학 부장의 노후 월 생활비 마련 계획을 살펴보자.

■ 김기학 부장의 65세 노후생활비 마련 계획(현재 화폐가치 월 300만 원)

구 분		월 생활비	비 고
금 융	개인연금	월 78만 원	연금개시 시점을 65세로 연기한 경우 예상액
	공적연금(국민연금)	월 95만 원	노령연금 월 135만 원 예상액에 70%만 계산
부동산	논현동 오피스텔	월 70만 원	현재 월세를 받고 있는 오피스텔
	추가 수익형 부동산	월 60만 원	퇴직금과 주택다운사이징 2억 원으로 향후 부동산 구입
합계		303만 원	

300만 원의 노후생활비가 한곳에서 나오는 것이 아니라 여러 군데에서 조금씩 나뉘어 나오는 계획이다. 크게 보면 금융에서 50%, 부동산에서 50%로 노후생활비를 만들고 있는데 이것은 여러 가지 환경 변화에 대비할 수 있는 좋은 모델이라고 할 수 있다. 금융의 장단점과 부동산의 장단점이 서로 보완관계를 형성하여 언제라도 안정적인 노후생활비를 마련할 수 있도록 돕기 때문이다.

금융의 장점은 어떠한 경우에도 생활비가 꼬박꼬박 나온다는 것이다. 하지만 개인연금의 경우에는 인플레이션에 취약할 수도 있고 국민연금은 만에 하나 수급 조건이 변한다면 연금액이 줄어들 수도 있다. 그래서 김기학 부장은 개인연금도 인플레이션에 대비해서 주식과 채권에 장기투자하는 상품을 선택했다. 또한 국민연금 지급액도 70%만을 계산하고 있다. 반면 부동산은 상황에 따라 월세를 올려받을 수도 있으니 인플레이션을 헷지하는 데에는 도움이 된다. 하지만 만에 하나 공실이 생길 경우 월세가 중단될 수도 있으며 관리에 여러 가지 신경도 써야 한다. 따라서 월세는 적더라도 공실률이 낮은 소규모의 주택에 투자했으며 퇴직금과 향후 집을 줄여서 이사하게 되면 남는 현금으로 소형 아파트나 오피스텔을 하나 더 구입할 계획을 갖고 있다.

> ■ **맞벌이 부자들의 노후계획의 다른 점**
>
> ① 일찍 시작한다.
> ② 확실한 3W(어디서, 누구와, 무엇을)를 통한 비재무계획을 우선한다.
> ③ 자산보다는 소득(월 생활비)으로 준비한다.
> ④ 노후 월 생활비는 최소 3군데 이상에서 나오도록 준비한다.
> ⑤ 금융과 부동산을 안배한 적절한 포트폴리오를 구성한다.

이 시대에 필요한 맞벌이 부자의 기준

지금까지 맞벌이 부자들은 어떤 점이 남다른지를 살펴보았다. 이제 내 스스로가 설정한 맞벌이 부자나 성공한 맞벌이를 어떻게 정의할 것인지를 생각해보도록 하자.

이 시대 진정한 부자는 누구일까? 2014년 한 조사에 따르면 한국 사람들은 자산이 평균 25억 원 이상 있는 사람을 부자라고 생각한다.

보통 부자라고 하면 흔히 본인의 근로소득이나 사업소득이 없더라도 본인이 가진 자산소득만으로 살아가는 데 전혀 문제가 없으며 다음 세대까지 많은 돈을 물려줄 수 있는 자산형 부자를 먼저 떠올리곤 한다. 하지만 사실 큰 자산이 없더라도 안정된 맞벌이를 통해 평생 안정적인 소득을 확보한 사람들이 많음을 우리는 많은 사례를 통해서 보았다.

높은 성장률과 고금리였던 시절에는 프로 운동선수나 연예인 등 무조건 소득이 높은 직업을 선호했다. 오랫동안 일하지 못할지라도 짧은 기간에 큰 자산을 만들 수 있기 때문이다. 금리가 높았던 이유도 있지만 빠르게 불어난 자본을 가지고 무슨 사업을 하든 고속 성장이 가능했기 때문이다. 하지만 언젠가부터 저성장이니 장기불황이니 하는 말을 귀에 못이 박이도록 듣는 세상이 되었다. 무슨 사업을 벌이든 불황의 그늘을 벗어나지 못하면서, 자본은 갈 곳을 잃고 은행금리는 사상 최저기록을 갈아치우고 있다.

상황이 달라지면서 인기 직업도 변했다. 일하는 기간이 짧더라도 높은 소득을 올리는 직업군이 각광을 받던 시대와는 반대로 소득이 낮더라도 오래 일하는 직업에, 그리고 맞벌이에 관심이 집중되었다. 물론 소득도 높고, 일도 오래할 수 있다면 두말 할 필요 없이 최고겠지만, 보통은 소득이 일정한 직업을 더 선호하게 된 것이다.

부자의 개념 역시 자산이 많은 사람이란 의미에서 자산은 많지 않더라도 필요한 시기에 필요한 만큼 지출할 수 있는 소득형 부자라는 의미로 바뀌어가고 있다. 아래의 표를 통해서 맞벌이가 추구해야 할 부자의 개념을 재정립해보자. 맞벌이들이 목표로 해야 하는 부자의 개념을 단계별로 정리한 것이다.

■ 맞벌이들이 목표로 하는 부자의 단계

부자의 단계	1단계 생활형 부자	2단계 소득안전형 부자	3단계 자산형 부자
1단계 인생의 필요자금을 해결할 수 있다	○	○	○
2단계 경제활동기 이후에도 안정된 생활이 가능하다		○	○
3단계 자녀에게 재산을 물려줄 수 있다			○

　많은 사람들이 부자라고 하면 3단계를 생각하고 덜컥 겁부터 먹는다. 그러곤 아무리 맞벌이라고 하더라도 그게 가능하겠느냐며 한숨부터 내쉰다. 1~2단계는 생각조차 못하고 쉽게 포기하거나 주저앉는 것이다. 사실 자산형 부자들 중에도 자수성가형 부자들은 먼저 1~2단계를 거친 후에 3단계로 올라갔다는 것을 잊지 말아야 한다. 이제는 나에게 맞는 부자의 모습을 찾아내고 목표를 이루기 위해 노력하는 자세가 필요하다. 다음 파트부터 진행할 맞벌이 부자의 성공 로드맵 프로젝트를 시작하기에 앞서 최소한 2단계를 자신의 목표로 삼아보도록 하자.

맞벌이 부자로 가는 성공 로드맵 1+1=3 Really?

Chapter 6
첫걸음, 돈의 흐름을 장악하라

| 올바른 돈 관리 습관을 가져라 |

이제부터 돈 관리 혁신 프로젝트를 시작해보자. 특히 잘못된 것이 있다면 과감하고 단호하게 바꾸어 나가야 한다.

첫 번째로 해야 할 일은 무엇일까? 지피지기면 백전백승이란 말이 있다. 어떤 일을 시작할 때 현재 나의 상황을 정확히 아는 것만큼 중요한 것이 없다. 이제 맞벌이 부자가 되기 위한 목표를 세우고 그 방법을 하나하나 실행하기 이전에 그동안 나의 돈 관리는 잘 이루어지고 있었는지를 스스로 점검해봐야 한다. 월급을 받는 맞벌이 직장인이어도, 또 앞으로 맞벌이를 하기 위해 준비 중이어도 모두 마찬가지다. 개인이 받는 월급의 현금 흐름은 딱 세 가지뿐이다. 월 단위로 발생하는 월급의 세 가지 현금 흐름을 정확하게 알고 있어야 한다. 월급은 결국 어딘가에 모이거나 또는 쓰이거나 아니면 통장에 남는다.

기업도 큰 틀에서 보면 개인과 다를 것이 없다. 하지만 기업은 개인과 달리 수익이 왔다갔다 변하기 때문에 매우 복잡하고 관리하기가 어렵다. 이에 비해서 직장인은 들어오는 돈이 딱 정해져 있다. 그래서 계획이 쉽다. 사실 이것은 엄청난 장점이다. 모든 것이 불확실한 시대, 확실한 것이라곤 모든 것이 불확실하다는 사실 하나뿐인 시대에 정해진 월급을 받는다는 건 엄청난 특권인 셈이다.

그런데 이런 월급의 현금 흐름 세 가지도 정확히 파악하지 못하고 있다면 심각한 문제가 아닐 수 없다. 항공기를 몰고 가는 기장은 비행 중 필요한 모든 정보를 계기판을 통해 확인한다. 언제 어디서든 항공기의 현재 상태를 확인할 수 있는 것이다. 여러분도 언제 어디서든 월급의 현금 흐름을 한눈에 파악할 수 있는가?

맞벌이 부자로 가기 위한 혁신 프로젝트를 시작하면서 직장인이든 자영업자든 상관없이 본인의 월 현금 흐름을 알아보고 스스로가 돈 관리를 잘하고 있는지 점검해보도록 하자.

돈 관리 습관을 알아보는 체크리스트

이 설문은 맞벌이를 대상으로 한 것이나 개인이나 외벌이의 경우도 현재 상황을 체크해 볼 수 있다. 맞벌이의 경우는 부부가 공동으로 작성해보기를 권하지만 혼자 할 경우에는 반드시 경제권을 갖고 직접 돈 관리를 하는 배우자가 작성해야만 한다.

1. 본인과 배우자의 정기소득과 비정기소득(보너스), 기타소득에 대해서 정확히 알고 있는가?
   ⓐ 정기소득, 비정기소득, 기타소득이 발생하는 통장을 통해 정확히 알고 있다. (4점)
   ⓑ 정기소득은 통장을 통해 잘 알고 있으나 비정기소득, 기타소득은 모른다. (3점)
   ⓒ 통장을 통해서 알고 있지는 않고 일정한 금액을 송금 받는다. (2점)
   ⓓ 정기소득, 비정기소득, 기타소득 모두 정확히 모른다. (1점)

2. 저축, 투자, 소비 등에 관한 월급관리의 내용을 배우자에게 설명하고 있는가?
   ⓐ 거의 모든 내용을 실시간으로 알려주고 설명하는 편이다. (4점)
   ⓑ 비중이 큰 저축이나 투자, 소비만 알려주고 설명하는 편이다. (3점)
   ⓒ 비중이 작은 저축이나 투자, 소비만 알려주는 편이다. (2점)
   ⓓ 일체 어떤 내용도 알려주지 않는다. 한 명이 전적으로 위탁한다. (1점)

3. 현재 매월 월급관리에 사용 중인 통장(계좌)의 개수는? (적금통장과 입출금통장을 모두 포함)
   ⓐ 4개 이상 (3점)
   ⓒ 3개 (2점)
   ⓓ 2개 이하 (1점)

4. 현재 통장별로 자금을 나눈 기준은 무엇인가?
   ⓐ 소비, 저축, 예비자금 등 3가지 이상의 항목으로 나누어놓는다. (4점)
   ⓑ 소비, 저축 2가지로 나누거나 소비 용도별, 저축 내용별로 나누어놓는다. (3점)
   ⓒ 특별한 기준 없이 2개 이상의 통장에 나누어놓는다. (2점)
   ⓓ 한 개의 통장을 사용하며 별도로 나누어놓지 않는다. (1점)

5. 통장 정리는 어느 정도 간격으로 하는가?
　　ⓐ 월 1회 이상 하고 통장별로 입출금의 내용과 금액을 기록한다. (4점)
　　ⓑ 월 1회 이상 하지만 통장별 입출금 내용을 눈으로만 확인한다. (3점)
　　ⓒ 두세 달에 한 번 정도하고 통장별 입출금 내용을 눈으로만 확인한다. (2점)
　　ⓓ 통장 정리는 거의 하지 않는다. (1점)
　　＊통장 정리란 실물통장의 경우 은행 ATM기기를 이용해 실제 입출금 내용을 기장하고 인터넷통장의 경우 입출금 내용을 출력하여 본인이 확인하는 것을 말한다.

6. 아래 보기 가운데 사용 중인 통장은 몇 개인가?

| CMA, 고금리 월급통장, 자유입출금 통장, 적금통장, 기타통장 |

　　ⓐ 4가지 (4점)　ⓑ 3가지 (3점)　ⓒ 2가지 (2점)　ⓓ 1가지 (1점)

월급, 세 가지 현금 흐름과 예산관리

7. 현재 월 단위 예산이 있는가?
　　ⓐ 소비예산, 저축예산, 예비자금예산이 명확히 숫자로 정해져 있다. (4점)
　　ⓑ 소비예산, 저축예산, 예비자금예산이 대략 정해져 있다. (3점)
　　ⓒ 저축예산은 정해져 있으나 소비예산은 정해져 있지 않고 매월 변동한다. (2점)
　　ⓓ 소비예산, 저축예산, 예비자금예산 모두 정해져 있지 않다. (1점)

8. 현재 월 소비와 월 저축의 예산은 지켜지는가?
　　ⓐ 두 가지 모두 월 예산 범위 안에서 사용되고 잘 지켜지고 있다. (4점)
　　ⓑ 한 가지는 월 예산 범위 안에서 사용되고 잘 지켜지고 있다. (3점)
　　ⓒ 월 예산이 잘 지켜지지 않는 경우가 많다. (2점)
　　ⓓ 정해진 예산은 없다. (1점)

9. 평소에 예비자금을 별도로 관리하고 있는가?
　　ⓐ 예비자금을 소비와 저축과 다른 별도의 통장에 가지고 있다. (4점)
　　ⓑ 예비자금을 소비 또는 저축통장에 가지고 있다. (3점)
　　ⓒ 평소에는 없지만 보너스와 같은 비정기소득이 생길 때 예비자금을 둔다. (2점)
　　ⓓ 가지고 있는 예비자금은 없다. (1점)

지출습관과 신용카드

10. 지난 달 지출금액과 내용을 정확하게 알고 있는가?
    - ⓐ 지난 달 지출금액과 사용한 용도를 모두 확인하고 정확히 알고 있는 편이다. (4점)
    - ⓑ 지난 달 지출금액을 잘 알고 있으나 사용한 용도는 확인하지 않는 편이다. (3점)
    - ⓒ 지난 달 지출금액을 대략 알고 있는 편이다. (2점)
    - ⓓ 지난 달 지출금액과 사용한 용도를 잘 모르는 편이다. (1점)

11. 신용카드를 몇 개 사용하는가?
    - ⓐ 사용하지 않음 또는 2개 이하 (4점)
    - ⓑ 3개 (3점)
    - ⓒ 4개 (2점)
    - ⓓ 5개 이상 (1점)

12. 현재 1개 이상의 신용카드를 사용한다면 카드를 나누는 기준은 무엇인가?
    - ⓐ 자금의 용도를 구분하기 위해서 나누어 사용하는 편이다. (4점)
      * 예시) 생활비, 교육비, 쇼핑, 문화생활비 등
    - ⓑ 포인트나 할인혜택을 기준으로 나누어 사용하는 편이다. (3점)
    - ⓒ 특별한 기준 없이 나누어 사용하는 편이다. (2점)
    - ⓓ 사용한도 때문에 나누어 사용하는 편이다. (1점)

13. 신용카드의 할부와 부가서비스는 어떻게 사용하는가?
    - ⓐ 할부와 리볼빙, 현금서비스는 전혀 사용하지 않는다. (4점)
    - ⓑ 간혹 할부는 사용하지만 월 예산에 할부금을 정확하게 반영한다. (3점)
    - ⓒ 할부는 가끔 사용하는 편이다. (1점)
    - ⓓ 할부와 리볼빙, 현금서비스를 사용한다. (0점)
      * 리볼빙서비스Revolving service
      신용카드 사용대금 중 일부만 갚고, 나머지 결제금액은 다음으로 미루어 돌려 갚아 나가는 방식을 말한다. 보통 카드사들은 연체로 적용하지 않는 대신 높은 이자율을 적용한다.

저축습관과 목표관리

14. 맞벌이가 중단될 경우 한 사람의 소득으로 저축을 제외한 현재 생활비(교육비)를 몇 % 감당할 수 있는가? (둘 중 소득이 더 적은 배우자가 일을 그만둘 경우)
    - ⓐ 100% 이상 감당할 수 있다. (4점)
    - ⓑ 80~100% 감당할 수 있다. (3점)

ⓒ 60~79% 감당할 수 있다. (2점)
ⓓ 59% 이하로 감당할 수 있다. (1점)

15. 어떤 저축을 어떻게 하고 있는가?
    ⓐ 정기소득의 일부를 정기적으로 저축한다. (4점)
    ⓑ 정기소득의 일부를 자유저축한다. (3점)
    ⓒ 비정기소득의 일정 부분을 자유저축한다. (2점)
    ⓓ 저축하지 않는다. (1점)

16. 목적자금을 만드는 저축을 하고 있는가?
    ⓐ 모든 저축의 만기금액에 사용목적을 명확히(용도, 시기, 금액) 정해놓았다. (4점)
    ⓑ 일부 저축의 만기금액에 사용목적을 명확히(용도, 시기, 금액) 정해놓았다. (3점)
    ⓒ 일부 저축의 만기금액에 사용목적을 어느 정도 정해놓았다. (2점)
    ⓓ 모든 저축의 만기금액에 사용목적을 정해놓지는 않았다. (1점)

17. 저축을 하는 방법은 무엇인가?
    ⓐ 목적자금의 기간과 상품의 장단점을 고려하여 3가지 이상 다양한 저축을 하고 있다. (4점)
    ⓑ 목적자금의 기간을 고려하여 2가지 이내의 상품에 저축을 하고 있다. (3점)
    ⓒ 목적자금의 기간보다는 상품의 장단점을 위주로 2가지 이내의 상품에 저축을 하고 있다. (2점)
    ⓓ 보통 1가지 상품에 저축을 하고 있다. (1점)

18. 가입한 금융상품의 내용을 어느 정도로 이해하는가?
    ⓐ 모든 상품의 특징과 장점, 만기와 금액을 정확히 알고 있다. (4점)
    ⓑ 일부 상품의 특징과 장점, 만기와 금액을 정확히 알고 있다. (3점)
    ⓒ 상품의 특징이나 장점을 대략 알고 있다. (2점)
    ⓓ 상품의 내용을 정확히 잘 모르고 있다. (1점)

19. 맞벌이 부자에 관한 재무목표를 가지고 있는가?
    ⓐ 두 사람의 소득이 상실될 경우를 대비하는 저축, 투자의 목표가 있다. (4점)
    ⓑ 한 사람의 소득이 상실될 경우를 대비하는 저축, 투자의 목표가 있다. (3점)
    ⓒ 한 사람의 소득이 상실될 경우를 구체적인 저축, 투자의 목표가 없다. (1점)

20. 부부 각각의 개인용돈 관리는 어떠한가?
   ⓐ 공동의 계좌와 분리해 별도 관리하고 각각 용돈예산이 정해져 있다. (4점)
   ⓑ 본인의 용돈은 공동의 계좌와 분리되어 있지 않지만 배우자의 용돈예산은 정해져 있다. (3점)
   ⓒ 두 사람의 용돈 모두 공동의 계좌와 분리되어 있지 않고 특별한 예산도 없다. (1점)

21. 월 현금 흐름 중에서 발생하는 당월 잉여자금(통장에 남는 돈)은 얼마나 있는가?
   * 당월 잉여자금 = 월 소득 − (월 소비예산 + 정기저축)
   * 월 소비예산이 없을 시 직전 3개월 소비금액을 적용
   ⓐ 거의 없음 (4점)
   ⓑ 월 소득의 10% 이하 (3점)
   ⓒ 월 소득의 20% 이하 (2점)
   ⓓ 마이너스가 발생한다. (1점)
   ※ 잉여자금이 많다는 것은 향후 지출로 흘러가는 소비에 대기자금이 많다는 것을 의미하므로 바람직하지 않음.

소득에 대한 이해도

22. 월급의 공제 내용에 대해서 어느 정도 알고 있는가?
   ⓐ 국민연금, 국민건강보험, 고용보험, 산재보험 모두 공제 내용을 정확히 알고 있다. (4점)
   ⓑ 국민연금, 국민건강보험, 고용보험, 산재보험 중 일부 공제 내용을 정확히 알고 있다. (3점)
   ⓒ 4대 보험의 공제 내용의 규모를 대략 알고 있다. (2점)
   ⓓ 4대 보험의 공제 내용을 전혀 모르고 있다. (1점)

비정기소득과 소비

23. 보너스와 같은 비정기소득에 대한 관리는 어떠한가?
   ⓐ 연간 보너스에 대해 미리 계획을 세워 50% 이상을 저축하는 편이다. (4점)
   ⓑ 연간 보너스에 대해 50% 이상을 저축하되 당시의 상황에 맞춰 하는 편이다. (3점)
   ⓒ 연간 보너스의 50% 이상이 특별소비에 지출되는 편이다. (2점)
   ⓓ 마이너스를 갚으면 대부분 없어지는 편이다. (1점)

24. 한 달 소득의 50% 이상이 들어가는 가족여행 또는 가전제품을 교체할 때 사용하는 경비는 무엇인가?

ⓐ 1개월치 이상의 월급이 들어가는 것은 사전에 저축으로 종잣돈을 만들어 사용하는 편이다. (4점)
ⓑ 월급통장에 있는 잉여자금을 가지고 사용하는 편이다. (3점)
ⓒ 보너스와 같은 비정기소득이 생기는 때에 사용하는 편이다. (2점)
ⓓ 장기할부 또는 마이너스통장을 사용하는 편이다. (1점)

돈 관리 습관 체크리스트 결과 보기

*본인이 답한 항목을 보면 스스로 월급관리에 대해서 어떠한 습관을 가지고 있는지를 알 수 있다. 스스로 답한 항목의 합산 점수를 가지고 자신의 월급관리 수준을 가늠해보는 데 활용하길 바라며, 앞으로 개선해야 할 점에 대해서 좀 더 많은 관심을 갖는 기회가 되길 바란다.

85점 이상   퍼펙트한 돈 관리 습관의 소유자
당신은 돈 관리 있어서 퍼펙트한 습관의 소유자다.
재무목표에 맞는 저축과 투자가 꾸준히 추진된다면 맞벌이 부자로 진입할 가능성이 매우 높다.

75~84점 이상   우수한 돈 관리 습관의 소유자
당신은 높은 수준의 돈 관리 습관을 가지고 있다. 좋은 돈 관리 습관을 잘 실천하고 있다. 평소에 돈을 더 잘 모으기 위한 방법이나 아이디어를 찾는 것도 좋아하는 스타일이다. 테스트를 통해 좀 더 높은 점수가 나오는 답이 무엇인지 확인하면서 작은 문제점을 찾을 때마다 이를 개선해보라. 당신은 은퇴 전 맞벌이 부자가 될 확률이 높다.

65~74점 이상   돈 관리에 노력하는 현실형
당신의 돈 관리 습관은 다소 부족하지만 나름대로 노력하는 사람이다. 당신은 지금 귀찮다는 핑계로 몇 가지 검증된 방법을 미루고 있다. 아울러 '그런 작은 변화가 무슨 커다란 차이로 나타날까?' 하는 약간의 의구심도 가지고 있다. 물론 변화가 당장의 커다란 차이를 보여주지 않을지도 모르지만 오랜 시간 후에는 확실히 다른 결과를 가져온다. 평범을 넘어 남다름에 좀 더 도전해보길 바란다.

> **55~64점 이상   자유로운 방임형**
> 당신의 현재 월급관리는 매우 불안하다. 목표도 예산도 명확하지 않아서 스스로 월급이 어디로 들어와서 어디로 흘러가는지 정확하게 파악하지 못하고 있는 때도 많다. 하지만 이런 상황에 대한 문제점을 깊게 공감하고 있지도 않다. 일정한 규칙이나 원칙에 얽매이는 것을 다소 부자연스럽다고 생각할 수도 있다. 동기부여가 필요하며 강력한 리더십의 재정 멘토를 만날 것을 추천해주고 싶다.
>
> **~54점   월급관리 부재의 심각한 수준**
> 당신의 현재 돈 관리 상황은 심각한 수준이다. 어쩌면 소득에 비해 지출이 많아 마이너스가 생길 수도 있다. 좀처럼 높아진 소비심리를 컨트롤 할 수 없다면 당장 전문가와 상담하길 바란다. 하지만 이번을 기회로 철저한 현실인식과 자기 개선의 의지를 갖는다면 양호한 사람이 우수한 사람으로 한 단계 올라서는 것보다 오히려 더 쉽게 정상적인 돈 관리 길로 들어설 수도 있을 것이다.

여러분은 어떤 점수가 나왔는가? 평생 20년 이상의 소득을 모아서 맞벌이 부자가 되기 위한 목표를 세운 당신, 아무리 멋진 계획이라도 올바른 돈 관리 습관을 갖지 않는다면 모래 위에 지은 성과 같다는 것을 기억해야 한다. 당신이 80점 이하의 점수가 나왔다면 이제부터 한 가지씩 중요한 내용을 살펴보면서 개선해나가길 바란다.

똑똑한 통장시스템으로 심적회계를 극복하라

맞벌이 부자들의 통장시스템은 어떨까? 가장 큰 특징은 잘못된 심적회계Mental Accounting가 나타나지 않도록 시스템화되어 있다는 것이다. 심적회계란 같은 돈이라도 어떻게 얻게 되었는지에 따라 마음가짐이 달라지는 것을 말한다. 예를 들어 며칠 동안 아르바이트로 고생해서 번 돈은 함부로 사용하지 못하지만 길을 가다 주운 돈은 너무도 쉽게 사용해버린다. 똑같은 돈인데 우리는 왜 이렇게 다른 행동을 하게 될까?

행동경제학자들의 연구에 의하면 사람들이 돈을 구분해서 생각하기 때문에 최초 돈에 어떤 의미를 부여하는가에 따라 분류가 달라진다는 것이다. 말하자면 오락, 유흥, 생활비, 교육, 노후 등 심리적인 칸막이를 두는 것이다. 따라서 같은 돈이라도 어떤 회계장부에 속해 있는가에 따라서 쓰임새는 물론 소비형태도 달라진다.

같은 돈을 전혀 다르게 인식하는 이런 비합리적인 행동을 오히려 돈 관리에 이용하는 것이 바로 계좌 나누기와 통장 쪼개기, 예산 나누기다. 최초에 돈을 규정할 때 계획되지 못한 부분에 더 많은 지출을 하지 못하도록 자연스럽게 통제하는 것이다. 따라서 통장 나누기는 정말 중요한 작업 중 하나다. 맞벌이 부자들은 컨트롤타워의 역할을 하는 사람, 그러니까 돈 관리의 키를 쥐고 있는 사람 계좌에 우선 두 사람의 소득을 모은다. 두 사람의 소득을 한 사람이 모두 관리하는 것이다. 본인의 통장과 배우자의 통장을 모두 가지고 있든지 아니면 본인의 통장으로 배우자가 전체소득을 송금하면 된다. 이것을 모계좌라고 한다. 모계좌는 미혼의 경우에는 월급통장을 뜻한다. 이 모계좌의 역할은 소득의 총량을 기록하고 각각 소비와 저축, 예비자금으로 돈을 분리하여 나누어주는 역할을 한다.

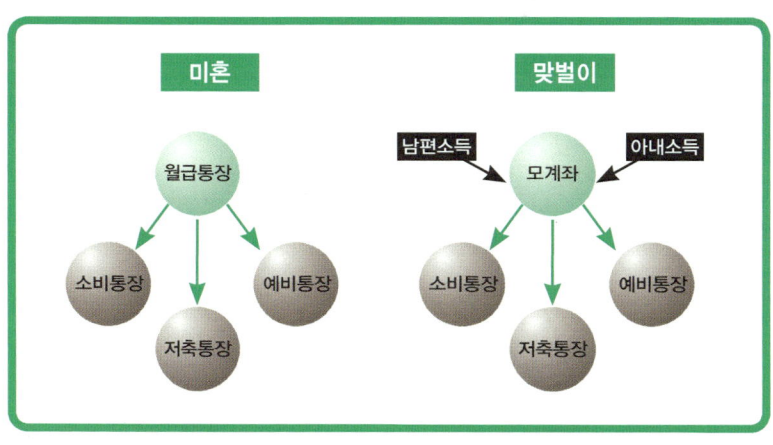

　이처럼 비합리적인 심적회계를 컨트롤하기 위해서는 미리 돈을 용도별로 나누어놓을 필요가 있다. 만일 통장에 돈이 분리되어 있지 못하고 하나의 통장에서 3가지의 현금 흐름이 섞여 돌아간다면 어떨까? 아래는 한 개의 통장만을 사용하는 직장인 이영철 씨(E상사 근무, 35세)의 월급통장이다.

　월급통장에서 저축도 빠져나가고 카드결제나 현금인출처럼 소비도 이루어진다. 게다가 이 통장은 마이너스를 겸하고 있다. 이처럼 하나의 통장에 모든 현금 흐름이 섞여 있으면 각각의 금액과 비율을 파악하기 어렵다. 또 마이너스통장과 같은 빚이 월급통장과 분리되어 있지 않다면 빚을 갚겠다는 의지도 줄어들 수밖에 없다. 이제 한 사람의 소득이든 맞벌이의 소득이든 정기소득이 한 장소에 모이는 모계좌를 만들어보자. 그리고 모계좌는 모계좌의 역할에만 충실하게 사용해야 한다.

■ 모계좌 만들기 전

예금(겸 자동대출) 신탁   ○○은행

년월일	적요	찾으신 금액	맡기신 금액	잔액	내역	취급점
2013. 3. 20		30,000		-2,374,520	ATM	강남역
2013. 3. 21	이화상사주		3,500,120	1,125,600	REAL	역삼동
2013. 3. 21	433-20-2	100,340		1,025,260		역삼동
2013. 3. 13	신한카드	784,520		240,740	FBC	
2013. 3. 24		100,000		140,740	ATM	강남역
2013. 3. 25	조영수		50,000	190,140	전자금	
2013. 3. 25	신한생명보험	18,300		172,440		서소문
2013. 3. 25	삼성생명보험	98,550		73,890		종각역
2013. 3. 25	하나-송금	150,000		-76,110	인터넷	
2013. 3. 25	신한은행01	200,000		-276,110	CC	강남금융
2013. 3. 27	LGU인터넷	32,850		-308,960		
2013. 3. 28		100,000		-408,960	ATM	강남역
2013. 3. 29	삼성카드	923,510		-1,332,470		
2013. 3. 29	우리투자 증권	300,000		-1,632,470		
2013. 3. 30	김영준		30,000	-1,602,470		
2013. 3. 30	조영수		30,000	-1,572,470		
2013. 3. 30	와이프		200,000	-1,372,470	I/B	
2013. 4. 05		100,000		-1,472,470	ATM	강남역
2013. 4. 11		30,000		-1,502,470	ATM	강남역
2013. 4. 20		30,000		-1,532,470	ATM	강남역

【Action 1】모계좌(Main account)를 설정한다.

- 주거래은행에 수시입출금이 자유로운 통장을 사용한다.
- 가능하면 배우자 중 한 사람의 월급통장을 겸하도록 한다.
- 반드시 마이너스통장과는 분리된 통장을 사용한다.

【Action 2】마이너스통장이 있다면 모계좌와 분리한다.

- 상환계획을 세우고 일정 금액을 마이너스통장으로 이체하여 상환한다.

모계좌의 첫 번째 역할은 월 소득이나 보너스, 기타소득 등을 월 단위로 모아 누적하여 기록함으로써 소득금액을 누적으로 관리하기 위함이다. 또한 연간, 분기, 월 단위로 소득이 얼마인지를 확인하는 소득명세서가 된다. 두 번째 역할은 필요한 곳에 예산을 분배해주는 역할을 수행한다. 이영철 씨와 조수경 씨(33세, 초등교사) 부부는 마이너스통장과 분리한 배우자의 통장을 모계좌로 만들어 사용하기로 했다.

■ 모계좌 만든 후

	예금(겸 자동대출) 신탁					○○은행
년 월 일	적요	찾으신 금액	맡기신 금액	잔액	내역	취급점
2015. 5. 17	서울시교육청		본인월급 입금 3,184,580	3,184,580	I/B	삼성
2015. 5. 21	(주)이호상사		남편월급 입금 3,500,120	6,684,700	I/B	천호점
저축예산 2015. 5. 21	하나저축송금	2,750,000		3,934,700	I/B	
소비예산 2015. 5. 21	신한소비예산	2,900,000		1,034,700	I/B	역삼동
예비자금 2015. 5. 21	삼성증권CM	300,000		734,700		
남편용돈 2015. 5. 21	신한남편용돈	450,000		284,700		
이벤트 자금 2015. 5. 21	삼성증권CM	284,700		0		

매월 월급날이 되면 이 모계좌로 두 사람의 소득이 모이게 된다. 1년 동안 모계좌를 사용한 내역을 정리해보면 정기소득뿐만 아니라 수당이나 세금환급액, 보너스 등 1년 동안 가계에서 벌어들인 소득의 총량을 정확하게 파악할 수 있게 된다.

이번에는 소비통장인 공동생활비 통장을 만들어보자. 그동안 월급통장이나 모계좌에서 신용카드가 결제되고 또 그 밖의 생활비를 인출해서 사용했다면 정확한 월 소비예산을 지키기 어려웠을 것이다. 모계좌의 잔액에 여러 가지의 돈들이 섞여 있기 때문이다.

【Action 3】월급통장(모계좌)에서 소비통장(공동생활비 통장)을 분리한다.

- 은행의 수시입출금이 자유로운 통장을 사용한다.
- 소비율이 높은 경우 연봉이 높은 사람의 신용/체크카드를 사용한다.
- 매월 동일한 월 예산을 소비통장에 송금하여 사용한다.

소비통장의 역할은 배우자(주로 남편)의 개인용돈을 제외하고 공동의 생활비를 모아두는 통장으로 이 통장에서 신용카드와 체크카드가 결제된다. 또 공과금이나 학원비 등이 자동이체되기도 한다. 또한 현금이 필요한 경우에도 이곳에서 인출해서 사용함으로써 공동생활비의 사용내역을 누적으로 기록하고 또 남아 있는 잔액을 확인하면서 자연스럽게 소비가 관리될 수 있도록 도와준다.

옆에 조수경 씨의 소비통장을 보면 21일에 공동생활비 예산인 275만 원이 입금된 후 각종 카드대금과 공과금, 현금인출 등으로 돈이 사용된 것을 확인할 수 있다. 소비통장으로 줄어드는 잔액을 항상 확인하면서 자연스러운 소비 컨트롤이 가능하다. 정해진 한도 내에서 소비하니 더 자유롭게 지출할 수 있다. 만일 다음 달 20일까지 남은 잔액이 있을 경우는 위의 그림처럼 예산을 다음 달로 이월하지 않고 예비자금통장으로 반환한다.

■ 공동생활비 소비통장

예금(겸 자동대출) 신탁						○○은행
년 월 일	적요	찾으신 금액	맡기신 금액	잔액	내역	취급점
2015. 5. 21	소비예산	소비예산 입금	2,750,000	3,184,580	I/B	역삼동
2015. 5. 21	현금인출	100,000		2,650,000	ATM	
2015. 5. 23	신한카드	1,584,520		1,065,480	FBC	
2015. 5. 28	현금인출	50,000		1,015,480	ATM	역삼동
2015. 5. 28	LGU인터넷	82,850		932,630		
2015. 5. 29	433-20-2	50,220		882,410		
2015. 6. 03	현금인출	50,000		832,410	ATM	역삼동
2015. 6. 07	비씨카드	458,970		373,440	ATM	역삼동
2015. 6. 10	현금인출	30,000		343,440	ATM	강남점
2015. 6. 15	현금인출	100,000		243,440	ATM	역삼점
2015. 6. 19	현금인출	80,000		163,440		
예비자금반환 2015. 6. 20	삼성증권CM	163,440		0		

　이번에는 저축통장을 만들어보자. 저축통장은 보통 분리하지 않고 모계좌인 월급통장에서 이체되도록 두는 것도 나쁘지 않다. 소비통장처럼 반드시 필수적으로 분리해야 하는 것은 아니란 뜻이다. 하지만 모계좌인 월급통장이 원래의 취지대로 순수하게 두 사람의 소득만이 누적되는 장부의 역할을 하기 위해서라면, 또 저축이나 보험의 납입현황을 한눈에 알 수 있게 잘 정리하기 위해서라면 분리하는 것이 좋다.

【Action 4】저축통장을 모계좌(월급통장)와 분리한다(필수는 아님).

- 은행에 수시입출금 통장을 사용한다.

■ 저축통장-자동이체내역 기록

예금(겸 자동대출) 신탁						○○은행
년 월 일	적요	찾으신금액	맡기신금액	잔액	내역	취급점
2015. 5. 21	저축예산	저축예산	입금 2,750,000	2,750,000	I/B	
2015. 5. 25	월복리적금	1,800,000		950,000	FBC	강남역
2015. 5. 25	삼성증권미래	400,000		550,000	FBC	본사
2015. 5. 25	하나F02보험	287,550		262,450	FBC	강남역
2015. 5. 25	미래에셋f1	260,000		2,450	FBC	서소문

저축예산이 입금된 후 금융기관별로 적금, 펀드, 연금, 보험 등으로 자동이체된 이력을 한눈에 볼 수 있다. 저축내역이 그대로 기록되는 셈이다.

이로써 두 사람의 월급에서 모으는 돈과 쓰는 돈의 흐름이 확실하게 분리되었다. 가장 핵심적인 것은 월급계좌에서 월 소비예산을 분리해내는 것이다.

이것이 가장 중요하다. 그러려면 우선 별도의 소비통장이 있어야 하고 월 소비 예산이 있어야 한다. Action 4까지 실행했다면 여러분은 이제 통장이 3개 또는 2개로 늘어났을 것이다. 월급통장(모계좌), 소비통장, 저축통장이거나 아니면 월급통장(저축통장 겸함), 소비통장이다.

이제 기존통장을 보조하는 저수지통장(Reservoir Account)을 만들어보자. 앞서 설명한 심적회계의 오류를 막기 위해서는 평소 월 소비예산을 넉넉하게 짜지 않는 것이 필요하다. 평상시에는 좀 팍팍하다고 느낄 만큼의 적은 월 예산을 가지고 운영해야 한다. 이렇게 생활하다 보면 평소와 다른 이벤트, 가족의 생일, 경조사 등 부득이하게 소비예산이 부족할 때가 있다.

이런 경우를 대비해서 약간의 현금을 모아두는 통장이 바로 저수지통장이다. 시골에 가보면 1년 내내 고르게 비가 오지 않으므로 비가 많이 올 때 물을 가두어서 가뭄이 올 때 사용하는 저수지를 볼 수 있다. 이와 같은 이치다. 저수지통장은 자금이 부족할 때 돈을 뽑아 쓰기만 하는 예비자금통장과는 성격이 다르다. 평소에 정기적으로, 또는 약간의 여유자금이 생길 경우 계속해서 이 통장에 입금해둔 다음 소비한 후에는 다시 채워놓아야 한다. 앞서 조수경 씨가 월 예산에서 16만 원 정도가 남았을 때 이 돈을 다음 달 예산으로 이월하지 않고 바로 이 저수지통장으로 반환했다. 만일 이 돈을 다음 달로 이월한다면 다음 달은 예산이 늘어나 의미 없는 과잉소비가 일어날 수도 있다.

> 【Action 5】맞벌이 저수지통장을 만들자.
>
> - 증권사의 CMA 중 MMF형, RP형으로 만든다.
> - 매월 소비예산의 5%를 자동이체한다(이 5%는 월 소비예산에 포함됨).
> - 저수량은 한 달치 월 소비예산을 넘지 않도록 한다.

저수지통장은 수시 입출금이 자유로우면서 약간의 수익이 가능한 증권사 CMA가 적합하다. (2015년 하반기 기준 MMF형, RP형 이율은 연 1% 초반대) 이제 마지막으로 오아시스통장을 만들어보자. 오아시스통장이란 이벤트자금을 별도로 보관해놓는 통장이다. 대부분의 직장인들은 평소 작은 돈에도 벌벌 떨며 1000원 한 장을 허투루 쓰지 않으려고 노력하지만 막상 여름휴가나 가족여행 등 1년에 한두 번 있는 이벤트 앞에서는 평소 지켰던 철저한 예산개념이 무너지곤 한다. 그야말로 작은 돈은 잘 지키면서 오히려 큰돈은 잘 지키지 못하는 소탐대실형 소비를 하는 것이다. 이 역시 놀 때 사용하는 자금도 사전에 규정해놓지 않은 데서 오는 심적회계의 오류다. 이것을 막기 위해서는 특별소비, 가족여행 등의 예산을 정하고 별도로 보관할 필요가 있다.

메마른 일상 중에 가끔 찾아오는 이벤트란 사막의 오아시스와 같다. 오아시스통장의 연간 예산은 얼마가 적당할까? 무조건 많은 금액을 써야만 제대로 리프레쉬가 되는 것은 아니다. 예를 들어 0.6리터 생수 한 병의 가격은 편의점에서 1000원 정도다. 하지만 이 생수를 냉장고에 넣어두고 차갑게 한 후 여름휴가철 사람들이 많이 모이는 유원지로 장소를 옮겨 판매한다면 기존 가격의 두 배인 2000원을 받을 수도 있다. 만일 이 생수를 사막에서 판매한다면 얼마를 받을 수 있을까? 상상해보라. 동일한 물건의 가치는 상황이나 환경에 따라서 수백 배 차이가 날 수도 있다. 이벤트자금도 마찬가지다. 이와 같은 특별소비에 무조건 많은 금액을 사용하는 것만이 능사가 아니다. 적당한 금액을 정하고 미리 계획해서 사용한다면 사막에서 오아시스를 만난 것처럼 적은 금액으로도 엄청난 만족을 느낄 수 있음을 명심하라.

> 【Action 6】 맞벌이 오아시스통장을 만들자.
>
> - 증권사의 CMA 중 MMW형, 종금형이 적합하다.
> - 1년 동안 이벤트자금을 보관한다.
> - 가계 연 소득의 24분의 1 이하가 적당하다.

앞서 진행한 맞벌이 부자들의 올바른 돈 관리 시스템을 다 갖추었다면 이제 당신은 월급날 두 사람의 소득이 한 곳에 합쳐졌다가 몇 %가 쓸 돈으로 흘러가는지, 또 몇 %가 모이는지 명쾌하게 구분할 수 있을 것이다. 또한 몇 %가 저수지와 오아시스통장에 모이는지도 알 수 있게 되었다. 그리고 각각의 누적금액은 얼마인지 쉽게 파악할 수 있다. 이제 맞벌이라는 항공기를 몰고가는 당신은 언제 어디서든 비행 중인 항공기의 현재 상태를 4~5개의 통장을 통해 계기판을 보듯이 한눈에 확인할 수 있게 되었다.

| 착한 대출과 나쁜 대출을 구분하라 |

월 현금 흐름이 한눈에 들어오는 시스템을 만들었다면 이제 대출을 정리하고 넘어가도록 하자. 맞벌이 부자들은 대출이 없을까? 그렇지 않다. 맞벌이 부자들도 지금의 상황에 이를 때까지 대출을 적절히 활용했다. 따라서 대출이 적절한 수익으로 이어지는, 마치 지렛대의 역할을 하는 착한 대출인지, 아니면 비용이 과다하고 수익으로 이어지지 않는 나쁜 대출인지를 잘 구분해야만 한다.

① **함소영 씨(44세 회사원, 맞벌이 부부, 자녀 1명, 성동구 거주)**

맞벌이 13년차의 함소영 씨가 가지고 있는 대출은 현재 총 1억 6500만 원이다. 거주하고 있는 아파트 33평형(가격 4억 7000만 원)의 대출은 현재 5년째 원리금상환 중이며 이제 남은 금액은 8500만 원 정도다. 또한 1년 전 신분당선 역세권에 5000만 원을 투자해서 분양받은 20평형 오피스텔(최초 분양가 1억 3000만 원, 현재 시세 1억 7500만 원)의 대출은 8000만 원이다. 처음에는 중도금 무이자대출로 받았는데 이제는 3% 정도의 이자를 내고 있지만 월세가 65만 원 정도 들어오기 때문에 이자를 내고 나머지는 모았다가 원금을 상환하고 있다.

함소영 씨의 대출을 착한 대출이라고 정의한 이유를 알아보자. 함소영 씨의 대출 비율은 총자산인 6억 4500만 원 대비 25.6% 정도다.

주거용 아파트	4억 7000만 원	8500만 원	
임대용 오피스텔	1억 7500만 원	8000만 원	
합계	6억 4500만 원	1억 6500만 원	(25.6%)

첫째, 대출비율이 과도하지 않고 적절하다. 보통 주택의 경우 현재 주택담보대출비율(LTV, loan to value ratio)이 최대 70%까지 허용되지만 이것은 금융기관에서 사고가 나지 않을 만한 범위를 추정해서 만든 것이므로 금융소비자 입장의 기준은 아니다. 따라서 요즘과 같이 주거용 주택의 가격 상승이 둔화된 시대에는 30% 내외가 적절하다. 또한 지금은 주택담보대출의 금리가 매우 낮지만 향후 금리가 인상될 경우를 대비한다면 대출비율이 과도하지 않아야만 한다. 신규분양 오피스텔의 경우는 중도금 무이자대출을 이용해서 5000만 원의 현금만을 가지고 분양받고 현재는 임대 중이다.

둘째, 주택담보대출이므로 이자율이 매우 낮다. 은행의 입장에서도 빌려준 돈이 주택에 들어갔다면 향후 상환에 대한 위험이 극히 적으므로 낮은 금리를 적용하는 것이다.

셋째, 대출원금은 보존된다. 대출원금이 부동산에 들어갔으므로 소비로 사라진 것이 아니며 향후 매매를 통해서 원금을 보존할 수 있다.

넷째, 레버리지 효과를 기대할 수 있다. 레버리지 효과란 타인으로부터 빌린 차입금을 지렛대로 삼아 자기자본이익률을 높이는 것을 말한다. 함소영 씨의 경우 거주하는 아파트도 가격 상승을 기대할 수 있으며, 신규분양을 받은 오피스텔은 이미 이자를 내고도 약 40만 원의 월세수입이 발생하고 있을 뿐 아니라 현재 시세로 보면 약 4000만 원 이상 시체차익이 생긴 셈이다.

② 김재희(41세 회사원, 맞벌이 부부, 자녀 1명, 동작구 거주)

맞벌이 9년차인 김재희 씨의 대출은 현재 총 1억 4000만 원이다. 현재 거주하는 아파트 33평형(전세금 3억 2000만 원)에 전세자금 대출 8000만 원이 있다. 또한 남편 명의의 신용대출이 3500만 원, 마이너스통장이 2000만 원, 보험계약대출이 500만 원이다. 요즘 부동산 가격이 들썩이다 보니 주변의 33평형 아파트(현재 시세 4억 5000만 원)를 2억 1000만 원의 대출을 받아서 구입할 것을 검토 중이다. 또한 6개월 후에 저축보험이 만기가 되는데 예상금액은 약 6000만 원이다.

김재희 씨의 대출 중 나쁜 대출을 찾아보자.

김재희 씨의 대출 비율은 총자산인 3억 8000만 원 대비 37%인 1억 4000만 원이다.

전세금	3억 2000만 원	8000만 원	
저축보험	6000만 원		
마이너스통장		2000만 원	
신용대출		3500만 원	
보험계약대출		500만 원	
합계	3억 8000만 원	1억 4000만 원	(37%)
저축보험 제외 시	3억 2000만 원	1억 4000만 원	(44%)

우선 대출비율이 높다. 아울러 현재 계획대로 2억 1000만 원의 대출을 받아 33평형 아파트를 구입한다면 레버리지 효과가 있다고 해도 대출비율은 47%로 높아진다. 또한 이자율이 높으면 레버리지 효과가 발생하지 않는다. 신용대출이나 마이너스통장의 경우는 보통 소비자금으로 흘러가는 경우가 많고 원금이 보존되어 있지 않으므로 은행의 입장에서도 대손충당금 명목으로 높은 금리를 적용한다. 아울러 보험계약대출은 소규모 자금을 단기간에 편리하게 활용할 수 있는 대신 매우 높은 금리를 적용한다는 점을 기억해야 한다.

위의 두 가지 사례를 통해서 착한 대출과 나쁜 대출을 살펴보았다. 대출의 성격 차이도 중요하지만 또 하나의 중요한 핵심은 앞의 사례는 대출과 함께 상환계획이 있다는 점이고 뒤에 경우는 상환계획이 없다는 점이다.

여러분도 대출이 있다면 어떤 조건의 대출인지, 또 상환계획은 있는지, 만일 상환한다면 무엇부터 우선적으로 상환해야 하는지를 검토해봐야 할 것이다. 아래의 표에 대출을 정리해보면서 계획을 세워보자.

대출명	대출금액 (만 원)	연 이자율 (%)	원리금 납입(원)		대출원금 레버리지 효과여부	대출원금 보존여부	상환계획
			이자금액	원금			
					○ X	○ X	
					○ X	○ X	
					○ X	○ X	
					○ X	○ X	
					○ X	○ X	

맞벌이 윈윈 서약서 만들기

얼마 전 고객에게 감동적인 프로포즈 이야기를 들었다. 요즘 젊은 커플들이 마치 영화의 한 장면처럼 멋지고 주변 모두를 놀라게 할 만큼 감동적인 이벤트를 기획한다는 말을 많이 들었지만 실제 이야기를 들어보니 더욱 감회가 새로웠다.

4년 정도 연애를 하고 지금은 결혼한 지 1년 정도 된 박정준 씨(34세, 직장인)와 이로아 씨(31세, 직장인)는 2년 전 한 친구의 생일파티에 초대받아 친구의 집을 방문했다. 사실 이는 신랑 박정준 씨가 신부 이로아 씨를 위해 계획한 프로포즈였다. 연출한 대로 음식을 함께 만든다며 재료를 사러간 친구들, 그 친구들을 찾기 위해 나가버린 신랑 때문에 이로아 씨는 집에 혼자 남아 있게 되었다. 방에 혼자 있게 된 그녀는 스피커에서 들려오는 안내에 따라 방 가운데 놓여 있는 큰 가방을 보게 되었다. 그녀가 가방을 열자 거기엔 커다란 앨범과 함께 이런 문구가 적혀 있었다. '당신을 위해 달려온 박정준의 32년'. 앨범을 펴자 첫 장에는 신랑이 갓난아이 때부터 성장해온 과정이 담긴 빛바랜 사진들과 손 편지가 있었다. 사진으로 학생 시절은 물론 최근까지의 모습이 어떻게 변해왔는지를 한눈에 볼 수 있었고 또 사진을 설명하는 수많은 손 편지가 붙어 있었다.

그녀는 앨범을 보면서 입가에 번지는 웃음을 참을 수 없었다. 앨범 속 시간이 흘러 어느덧 두 사람이 만난 4년 전까지 왔다. 앨범의 끝에는 두 사람이 함께했던 추억이 담긴 사진과 함께 청혼한다는 내용이 손 글씨로 적혀 있었다. 여기에서 나를 가장 감동시킨 것은 이처럼 로맨틱한 프로포즈의 손 편지와 더불어 함께 동봉된 3장의 종이였다.

대부분 아무리 멋진 프로포즈라고 해도 상대방을 어떻게 지켜줄 것이고 어떤 남편이 될 것인지에 대한 청사진이 들어 있는 경우는 드문데 이 3장의 종이는 첫째가 자필로 쓴 결혼서약서, 둘째가 생명보험 계약서류, 셋째는 건강검진서류였다. 결혼이 상대방에게 얼마나 엄숙한 약속인지는 물론이고 신랑의 태도와 진정성이 느껴지는 대목이다.

특히 결혼서약서에는 앞으로 결혼생활을 하면서 본인이 남편으로서 지켜야 할 덕목과 도리, 그리고 약속들이 꼼꼼히 손 글씨로 적혀 있었다. 이 앨범 자체가 한 번의 이벤트를 위해서 하루아침에

뚝딱 만들어진 것이 아니라 청혼을 위해 오랜 기간 준비해온 증거였다. 물론 현실의 결혼생활이란 언제나 로맨틱하지만은 않다. 약속이 아름다운 이유는 약속의 내용 때문이 아니라 그 약속을 지키기 위한 명확한 의지 때문이다.

현실에는 앞서 사례들처럼 성공한 맞벌이 부자도 많지만 경제적인 문제로 갈등을 빚고 오히려 외벌이보다도 못한 경제상황을 맞닥뜨린 경우가 상당히 많다. 그것은 바로 부부 간에 경제적인 면에서 서로에게 신의를 지키겠다는 어떤 합의나 원칙이 애초에 없었기 때문이다. 맞벌이 부부라면, 아니 굳이 맞벌이가 아니라도 부부라면 경제적인 부분에서 서로 신뢰하며 신의를 지키겠다는 약속을 하는 것이 너무나도 당연한 것이다. 그래서 나는 몇 해 전부터 경제적인 부분을 명시한 결혼서약서를 만들어 상담을 할 때 예비 부부들이나 맞벌이 부부들에게 소개해왔다. 이것이 바로 맞벌이 윈윈Win-Win 서약서다.

혹자는 부부가 서로 무조건 믿어야지 그런 것까지 쓸 필요가 있느냐면서 투덜대기도 했다. 우리는 모든 일에 있어서 항상 내용이 중요한지 형식이 중요한지에 대해 논쟁을 벌이곤 한다. 내용을 무시하고 형식에만 치우친다면 속 빈 껍데기가 되고 말 것이다. 그렇다고 또 무조건 형식을 배제하고 내용만을 생각한다면 내용의 본질을 제대로 살릴 수 없을 것이다. 물론 핵심은 내용일 수밖에 없지만 그 내용의 취지를 잘 살리기 위해서 형식은 반드시 필요하다. 때로는 형식이 내용을 지배하는 경우도 많다.

포도주를 막걸리 사발에 담으면 어떤 느낌인가? 물론 어떤 형식에 담겨 있든 내용은 그냥 포도주다. 그렇다고 내용이 그대로니 별 차이가 없다고 할 수 있을까? 포도주의 그윽한 향기와 깊은 맛은 와인 잔이라는 틀에 담겨 있을 때 그 고유의 가치와 빛이 진정으로 살아난다.

> 【Action 7】 돈에 있어서 신뢰를 높일 수 있는 방안을 의논한다.
>
> - 부부가 서로에게 바라는 점을 나누어본다.

우선 부부가 서로 돈 문제에 있어서 좀 더 투명하게 밝히고 상대를 신뢰할 수 있도록 하기 위해 개선해야 할 점이 무엇인지 의논해보기를 바란다.

그리고 부부라면 당연히 서로 지켜야 하는 맞벌이 원원 서약서를 기본으로 그 밖에 서로가 합의한 약속을 담아 자신들만의 가정 경제 원원 서약서를 만들어보자. 결혼을 준비하는 예비 부부나 신혼 부부가 함께 의논하여 작성하면 좋지만, 오래된 부부일지라도 새롭게 작성해본다면 더욱 좋을 것이다.

【Action 8】 가정경제 원원 서약서를 작성해보자.

- 부부 중 누가 경제권을 가질지를 결정한다.
  (경제권을 가진 사람은 두 사람의 월급통장과 모계좌를 소유)
- 경제권은 한 사람에게 위임하고 일정 기간마다 다시 협의한다.
- 가족 구성원의 용돈은 공동생활비와 분리하고 협의하여 정한다.
- 기본 원원 서약서 내용 외로 필요한 내용은 추가한다.

가정경제 원원 서약서

우리 부부는 일생 동안 기쁨과 슬픔의 모든 순간을 함께하는 동반자로서 언제나 서로를 존중하고 신뢰하며 각자의 역할에 충실하고, 부부로서 서로에게 지켜야 할 신의를 다해 가정경제에 있어서 상생할 것을 다음과 같이 엄숙히 서약합니다.

〈기본 서약내용〉
1. 돈에 대해서 항상 서로에게 약속을 지키고 모든 문제는 대화로 해결한다.
2. 어떠한 경우라도 _____만 원 이상 상대방이 모르는 돈을 만들지 않는다.
3. 어떠한 경우라도 상대방이 모르는 빚을 만들지 않는다.
4. _____만 원 이상의 소비는 반드시 합의해서 결정한다.
5. 경제권은 대화를 통해 한 사람에게 위임하고 경제권을 가진 사람은 내용을 가족 구성원에게 투명하게 공개한다.

〈추가 서약내용〉
6. _____
7. _____
8. _____

〈경제권 위임현황〉

1. 경제권 수임자 _____(인)
2. 경제권 위임자 _____(인) _____(인)
3. 경제권 위임 기간 ____년 ____월까지
4. 공동생활비 이외에 개인용돈은 다음과 같이 정한다.
   - 남편 _____월 _____만 원
   - 아내 _____월 _____만 원
   - 자녀 _____월 _____만 원
   - 자녀 _____월 _____만 원
5. 수임자는 위임기간 동안 저축과 소비, 투자 등 예산에 관한 내용의 변동이 있을 경우, 또 배우자가 문의할 경우 그 내용을 상세하게 알려준다.

〈가정경제현황과 인수인계현황〉

1. 월 정기소득 ____만 원, 비정기소득(보너스) 연간 ____만 원
2. 월 정기저축 ____만 원 (적금, 펀드, 연금 등)
3. 현재 자산현황

자 산		부채	
과 목	금 액	과 목	금 액
예적금과 유동성			
기타 현금			
Ⅰ. 현금 및 현금 등가물			
토지/주택/상가 채권형투자		Ⅰ. 단기부채	
주식/채권/펀드			
Ⅱ. 투자자산			
임대용 주택			
기타		Ⅱ. 중장기부채	
Ⅲ. 사용자산 / 은퇴자산			
자산 합계		부채 + 자산 = 순자산	
		순자산 = 자산 − 부채	

_____년 ____월 ____일

부부 _____(인) _____(인)

부부가 함께 생각정리 박스

실행한 내용을 V 체크해보자

- 두 사람의 소득이 합쳐지는 모계좌(월급통장)를 만든다. ☐
- 모계좌에서 별도의 소비통장(필수)를 분리하고 월 예산만큼을 송금한다. ☐
- 모계좌에서 별도의 저축통장(필수 아님)을 분리하고 저축예산만큼 송금한다. ☐
- 모계좌에서 별도의 저수지통장을 분리하고 항상 월 소비예산만큼 저수량을 유지한다. ☐
- 모계좌에서 별도의 오아시스통장을 분리하고 연 소득의 24분의 1 이하의 자금을 유지한다. ☐
- 현재 대출현황을 정리해보고 나쁜 대출부터 우선 상환계획을 세운다. ☐
- 부부가 함께 가정경제 원원 서약서를 공동으로 작성한다. ☐

Chapter 7
맞벌이 부자로 가는 재무 피트니스 플랜

| **이제 핏의 시대가 열린다** |

2016년 경제성장률 예상치를 보면 정부관련기관은 3%대를, 민간경제연구소의 경우는 대체로 2%대를 예측하고 있다. 이런 낮은 성장률 예측치가 제발 비껴가기를 바라지만 어쨌든 이제 우리나라도 선진국과 마찬가지로 5% 이상의 성장은 쉽지 않아 보인다. 그야말로 저성장시대에 본격적으로 접어든 것만큼은 분명하다. 우리나라의 경제규모는 2014년 GDP를 기준으로 어느새 세계 11위권에 진입해 있다. 이제 좋든 싫든 외형 면에서는 선진국인 것이다.

이것은 마치 성적이 바닥인 학생이 조금만 노력하면 성적이 팍팍 오르는 경우와는 달리 공부를 아주 잘하는 상위 5% 학생들이 아무리 열심히 공부하더라도 성적이 좀처럼 오르지 않는 모습과 비슷하다고 하겠다.

저성장이란 단어를 좋아할 사람은 아무도 없다. 어쩌면 저성장이란 문제를 풀기 이전에 이런 상황을 현실로 받아들이는 것이 우선일지 모른다. 그런데 안타깝게도 우리가 겪는 대부분의 비극은 현실을 바로 받아들이지 않는 데에서 비롯된다. 현실은 저성장인데 우리가 현실을 바라보기 위해 쓰고 있는 안경은 아직도 고성장에 초점이 맞춰져 있는 것이다.

대한민국의 기성세대들은 주택을 살 때면 으레 30% 정도는 대출을 끼고 산다. 만일 25평 아파트를 내 돈 100%로 살 수 있는 사람이라도 절대 25평을 사지 않고 은행 돈을 빌려 더 큰 32평을 사는 것이다.

이것은 부모님 세대가 경험한 고성장시대에 있었던 투자방식의 잔재다. 집뿐만이 아니다. 자동차도 보통은 자신의 소득에 맞는 차보다 두세 단계 정도 높은 차를 탄다. 월급 300만 원만 넘으면 2000cc의 중형차를 저금리할부로 덜컥 사버리는 손 큰 직장인도 꽤나 많다. 자산가치가 늘어나지도 않는 교통수단에 1년치 연봉을 써버리고 그것도 모자라 매월 유류비와 보험료, 기타비용으로 월급의 20%를 길바닥에 쏟아붓는다. 고속성장을 하던 시대에는 무엇이든 빠르게 늘어나고 커지고 또 확대되었다. 따라서 무엇이든 넉넉하게 계획하는 방식이 통했다. 하지만 이제는 저성장을 순간적인 현상이 아니라 우리 삶의 현실로 받아들여야 한다. 시대가 바뀐 것이다. 이제 이 말을 명심하라.

"이제는 핏Fit의 시대다."

핏은 최근 몇 년간 많이 사용되는 단어 중 하나다. 패션에도 핏의 열풍이 감지된다. 펄럭이는 바지 끝단이나 헐렁한 셔츠, 넉넉한 외투는 이제 없다. 바야흐로 최신 감각의 유행을 좇는 멋쟁이라면 모든 옷들을 핏하게 입는다. 딱 필요한 만큼의 길이, 너비, 품에 맞는 옷을 입는다. 핏의 시대가 열렸다.

앞서 소개한 맞벌이 부자들의 특징을 다시금 곱씹어 생각해보자. 돈을 많이 번 사람들이 맞벌이 부자가 아니다. 남들과 똑같이 벌었지만 돈을 헐렁하게, 넉넉하게 쓰지 않았다. 필요한 부분에 필요한 소비량을 정확히 계획했고 25평형 아파트를 살 돈이 있으면 딱 25평형 아파트를 샀다. 패션도, 또 재무계획과 라이프스타일도 핏하게 사는 삶의 방식을 이미 10년 전부터 실천해온 것이다.

옷을 내 몸에 핏하게 잘 입기 위해서는 먼저 내 몸의 체형을 정확히 알아야 한다. 마찬가지로 올바른 재무계획을 세우기 위해서는 내가 원하는 인생의 목표를 정확히 알아야 한다. 그래야만 옷을 만든 후 옷감이 남거나 모자라지 않을 것이다. 맞벌이 부자 선배들은 이렇게 조언한다.

"필요한 만큼을 계획하고 필요한 만큼을 소비하라."
"그렇지 않으면 앞으로 정작 필요할 때 아예 소비하지 못하게 된다."

결혼계획 피트니스, 인생계획에 첫 단추를 끼우다

맞벌이 부자들의 결혼 초 이야기를 들어보면 대부분 매우 어렵게 시작했다고 말을 꺼낸다. '어렵게 시작했다' 또는 '아무것도 없이 시작했다' 등의 표현들이 주는 느낌은 무엇인가? 아마도 그들은 당시의 힘든 상황을 하루빨리 경제적으로 안정을 이루겠다는 강력한 동기부여로 삼았을 것이다.

맞벌이 부자들에게 결혼 준비란 목표를 향해 달려가는 첫 단추였다. 옷을 입을 때 첫 단추를 잘못 끼우면 마지막 단추를 끼울 구멍이 없다. 이와 같이 인생 재무계획의 첫 번째인 결혼계획이 잘못된다면 그 이후에는 인생의 다른 목표들에까지 나쁜 영향을 미칠 수 있다. 따라서 올바른 결혼계획은 맞벌이 부자로 첫걸음을 내딛는 예비 부부들에게 너무도 중요하다.

통계청이 발표한 자료에 따르면 우리나라에서 결혼을 하는 신혼부부의 평균 결혼비용은 2억 3800만 원(2014년 기준) 정도였다. 말 그대로 억 소리가 나오는 큰 금액이다. 이처럼 결혼자금이 크게 높아진 원인은 역시 주택 가격의 상승이다. 보통 웨딩 플래너들이 말하는 주택을 제외한 순수 결혼비용(예식, 예물, 혼수, 신혼여행) 평균 금액이 5000~6000만 원 정도인 것을 감안하면 신혼집을 마련하는

데 평균 1억 8000만 원 이상이 소요된다는 것이다. 이런 결혼비용의 증가는 계속해서 결혼시기를 늦추는 사회현상으로 연결됐다. 초혼 연령의 경우 2000년에 남성이 27.8세 여성이 24.8세였던 것이 2014년에는 남성이 32.4세 여성이 29.8세로 크게 늦어졌다. 경제적인 목표와 책임의식이 낮은 상태로 각자 준비하여 늦은 결혼을 하는 것보다는 일찍 결혼하여 함께 맞벌이를 해나가는 것이 경제적인 면에서 훨씬 유리하다는 것은 익히 알려진 사실이다. 하지만 이것이 말처럼 쉽지 않은 이유는 진정한 소통의 부족, 그리고 남들의 시선 등이 걸림돌이 되는 탓이다.

요즘 결혼을 하는 신혼부부들이 전세자금대출을 받아서 일단 아파트에서 신혼집을 시작하는 것을 종종 보게 된다. 전세자금대출은 빌린 원금이 사라지는 것도 아니고 이자율도 대체로 낮기는 하지만 레버리지 효과가 발생하거나 미래에 수익이 나는 돈이 절대로 아니다. 결국 그냥 돈을 깔고 앉아 3% 정도의 비용을 월세처럼 쓰면서 아이도 없는 상황에서 큰 집을 누리고 있는 것이다. 이것은 결혼 10년, 저축의 황금기 때 저축 여력을 감소시키는 주원인이 된다.

그러나 맞벌이 부자들의 결혼계획은 다르다. 남들의 시선보다는 현실에서의 실리를 더욱 중요시한다. 여기서 말하는 실리란 크게 두 가지 특징으로 나타난다.

첫째, 최초 주택자금(전세자금)에 많은 투자를 하지 않는다. (되도록 대출이 없도록 한다.)

둘째, 결혼 후 10년을 저축의 황금기를 생각한다.

조영주 씨(32세, H대학교 교직원)와 박나희 씨(32세, S백화점 근무)는 대학동창이다. 조영주 씨는 2012년 5월에, 박나희 씨는 9월에 약 석 달 차이를 두고 결혼했다. 이들은 성장배경이나 나이, 부모님의 경제력, 또 남편의 연 소득 등 무척 비슷한 점이 많았다. 하지만 결혼 준비를 하는 부분에서만큼은 약간의 차이를 발견할 수 있었는데 그것이 바로 최초의 결혼자금에 대한 생각의 차이다. 다음은 먼저 결혼한 조영주 씨의 결혼자금 계획이다.

■ 조영주 씨 부부의 결혼자금

예산	- 결혼 전 두 사람이 모은 자금 7000만 원 - 시댁 부모님 지원금 1억 2000만 원
지출 내용	- 신혼집 1억 5500만 원(옥수동 원룸) - 결혼식, 예물예단, 신혼여행 2800만 원(신혼여행 필리핀 세부) - 남은 예비비 700만 원

남들처럼 전세자금대출을 받아서 일반 아파트의 전세로 갈까도 생각해보았지만 일단은 작은 집에서 시작하며 대출이자보다 저축률을 높이기로 결정했다. 현명한 결정이다. 작은 원룸에서 시작하다 보니 생각보다 혼수준비금도 절약할 수 있었다.

최대한 검소한 결혼식을 치르고 동남아를 신혼여행지로 선택한 점도 총 결혼비용을 절약하는 데 한몫을 한 셈이다. 결혼 후 전세계약을 한 번 갱신했지만 다행히도 주인집이 전세가격을 올리지 않아 3년째 같은 가격으로 살고 있다. 그동안 전세자금 상승을 대비하여 열심히 저축한 정기적금은 어느새 7000만 원에 이른다. 저축의 황금기를 높은 저축률로 지내고 있다. 다음은 석 달 후 결혼했던 박나희 씨의 결혼자금 계획이다.

■ 박나희 씨 부부의 결혼자금

예산	- 결혼 전 두 사람이 모은 자금 4500만 원 - 시댁 부모님 지원금 1억 3000만 원 - 전세자금대출 1억 500만 원 - 신용대출 3000만 원
지출 내용	- 신혼집 전세 2억 5500만 원(25평형 아파트) - 결혼식, 예물예단, 신혼여행 5500만 원(신혼여행 하와이) - 자동차 잔여할부금 1700만 원

우선 전세자금대출과 신용대출 1억 3500만 원을 받아 25평형 아파트에서 신혼집을 시작했다. 25평이지만 살림살이를 채우다 보니 생각보다 혼수자금이 많이 들었다. 예물예단과 신혼여행에도 꽤 많은 자금이 들어갔다. 이 부부는 조영주 씨 부부에 비해 많은 저축을 하지 못한다. 아파트에서 생활하는 탓에 기본 생활비가 더 많이 들어가는 탓도 있지만 대출이자와 자동차 할부금 등 기본지출이 많은 것도 하나의 원인이 되고 있다. 또한 1년 전 전세계약을 갱신할 때 전세자금을 2000만 원 올려주면서 신용대출이 늘어난 상태다. 박나희 씨가 조영주 씨에 비해서 기본적으로 더 많은 지출비용이 발생하는 부분은 다음과 같다.

■ 박나희 씨의 월 추가비용

전세자금대출	월 이자금액 345,000원
신용대출	월 이자금액 114,999원
자동차 할부금	월 355,000원

　동일한 저축을 한다고 해도 두 사람은 현재 매월 80만 원이 넘는 저축여력의 차이가 발생하고 있기 때문에 저축금액은 1년에 최소한 1000만 원 이상의 차이가 나게 된다.

　박나희 씨가 받은 전세자금대출금은 비용만 발생하고 수익이 발생하지 않는 비수익자산이다. 또한 자동차 할부금은 차량을 소유하거나 소유하지 않거나 반드시 갚아야 하는 빚이다. 반면 자동차는 시간이 지나면 지날수록 그 가치가 떨어지는 감가상각자산이기 때문에 되팔 때는 원금손실이 예상된다.

　위의 두 사례는 주변에서 흔히 볼 수 있는 결혼 준비의 사례이자 신혼부부의 모습이다. 하지만 맞벌이 부자들은 앞선 조영주 씨와 같은 패턴으로 결혼을 준비했다는 점에 주목해야 한다. 따라서 맞벌이 부자를 목표로 하는 사람이라면 소모성 결혼자금, 특히 전세자금에 과잉투자가 되지 않도록 유의해야 한다. 처음의 작은 차이가 시간이 흐른 후 의외로 큰 차이를 만들어낼 수 있기 때문이다.

　이제 맞벌이 부자를 목표로 하고 있는 예비부부와 결혼 5년차 미만의 신혼부부들에게 반드시 지켜야 하는 재무원칙을 소개하고

자 한다.

대출 원금보존자산에 들어 있는 채무(단계적인 상환을 추진하는 것이 원칙)
빚 소비성 채무(원금이 감가상각되거나 감소하는 것으로 마이너스통장, 카드론, 신용대출처럼 금융비용도 높고 원금도 소비되는 것으로 발생 자체를 억제하는 것이 원칙)

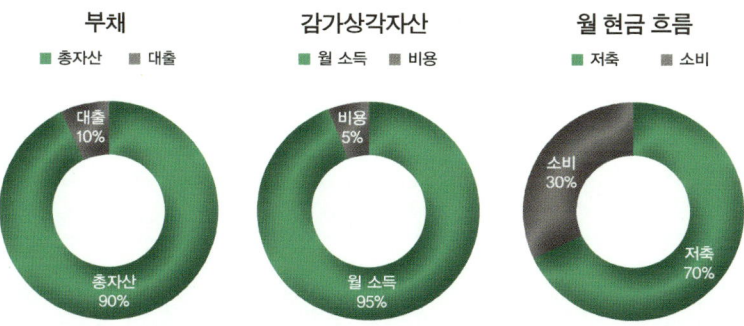

첫째, 되도록 빚은 어떤 경우라도 얻지 않도록 하되 대출은 자산의 20%를 넘지 않도록 한다.

둘째, 월 소득의 5% 이상을 감가상각자산을 갚는 데 사용하지 않도록 주의한다(예를 들어 자동차 할부원리금 같은 비용).

셋째, 자녀가 태어나기 전에는 가계소득의 70% 저축률을 유지한다.

> **【Action 9】** 맞벌이 5년차까지 3가지 재무원칙을 지키자.
>
> - 현재 결혼계획으로 3가지 재무원칙을 지킬 수 있는지 생각해본다.
> - 빚과 대출을 잘 구분하고 비수익자산이나 감가상각자산을 최소화한다.

이제부터 최종적으로 결혼계획을 세워보자. 앞서 소개한 맞벌이 부자들의 사례를 기초로 하여 현재 두 사람의 월 소득과 결혼예산에 걸맞는 적정한 결혼예산을 세워야 한다. 따라서 본인이 세우는 결혼계획이 과잉인지 아닌지를 아래의 가이드라인을 보고 가늠해보길 바란다.

> ■ **예비 맞벌이 부자의 결혼자금 가이드라인**
>
> ① 최초전세자금
>   - 두 사람의 연 소득 **3.0배 이하**로 설정한다. ※ 부모님 지원 포함
>   - 되도록 전세자금대출을 지양하되 대출을 받을 경우 대출이자는 **5% 내**로 한다.
>
> ② 혼수자금
>   - 전세자금의 **10% 내**에서 설정한다. ※ 주택규모에 영향을 받음
>
> ③ 예식비용, 예물예단, 신혼여행
>   - 소모성 경비이므로 전체 결혼자금 규모에서 차지하는 비중이 과다하지 않도록 조절하는 것이 바람직하다.
>   - 총 결혼비용의 15% 범위 내에서 준비한다.

맞벌이 부자를 목표로 하는 신혼부부가 위의 가이드라인을 초과하는 주택자금을 지출할 경우에는 향후 10년 동안 높은 저축률을 유지하기가 곤란해진다. 특히 주택자금의 경우 비수익자산으로 돈이 묶이는 금액이므로 최소화할 수 있는 방법을 모색해보고 두 사람의 소득수준과 연계하여 계산해보자. 아울러 예식비용의 경우는 소모성 비용이므로 더욱 더 신중한 예산관리가 필요하다.

> 【Action10】 예비 결혼자금 가이드라인으로 계획해본다.
>
> – 예비 부부라면 가이드라인에 기초해서 자금을 계획해보자

구 분		결혼자금예산		주요 항목	메모
		총 필요금액	향후 준비금액		
주택자금				전세금, 중계수수료	
결혼자금	예식비용			예식장, 드레스, 예복, 메이크업, 폐백, 청첩장, 사진, 피부관리	
	혼수자금			가구, 가전, 침구, 주방용품	
	예물예단			예물, 신랑신부 예복, 예단	
	신혼여행				
	예비비				

주택계획 피트니스, 10년 안에 80%를 모을 수 있어야 진짜 내 집이다

현재 은퇴 연령에 접어든 베이비부머 세대의 가장 큰 문제는 저금리시대를 살아가는 데 적합하지 못한 자산구성을 가지고 있다는 점이다. 2014년 한 조사에 따르면 한국인의 자산은 다른 OECD 국가에 비해서 아직도 부동산에 지나치게 많이 치우쳐 있다.

	부동산자산	금융자산
영 국	50.4%	49.6%
호 주	60.4%	39.6%
미 국	29.3%	70.7%
대한민국	75.1%	24.9%

이것은 부동산 불패신화가 계속되던 시절, 집에 너무 과잉투자를 한 결과다. 뒤이어 2000년대 중반부터 불어닥친 부동산 침체기에 과도한 대출로 사들인 집 때문에 발목이 잡힌 모양새기도 하다. 하지만 가장 큰 원인은 부동산만 믿고 구체적인 노후 준비를 하지 않은 탓이다. 맞벌이 부자들은 부동산이 활황이던 시기에도 주거용 주택 이상의 자금여력을 임대용 부동산이나 기타 금융자산에 투자했다. 언젠가 사라질 한 사람의 소득을 대비한 것이다.

지금 맞벌이 부자들이 지나온 시간을 돌아보며 결혼 후 초기 10년을 '저축의 황금기'였다고 회고하는 이유는 무엇일까? 그것은 과거 맞벌이 부자들이 신혼 초부터 내 집 마련이라는 목표를 일생

일대의 가장 중요한 재무목표로 설정하고 일찍부터 그 목표에 집중했기 때문이다. 또한 부동산이 재테크의 기본이 되던 시대적 상황의 영향이기도 하다.

맞벌이 부자들은 대체로 잉여소득을 여유로 보지 않고 저축한 결과 결혼 후 10년 내외로 내 집 마련에 성공했다. 그리고 내 집 마련을 달성하고 난 이후에도 저축률은 낮아지지 않았다. 저축을 통해 만들어진 목돈은 어김없이 소득을 발생시킬 수 있는 임대용 부동산과 노후 준비를 할 수 있는 금융상품에 지속적으로 투자했다.

그렇다면 지금 맞벌이를 시작하는 경우는 어떨까? 과연 어떤 집을 계획하고 목표로 하는 것이 좋을까? 현재 집을 보유하고 있는 사람이 자신의 집을 팔고 자신이 거주하는 주택에 전세로 있으려면 집값의 80%는 있어야 한다. 따라서 집값의 20% 정도 대출이 있는 경우에 이자비용은 굳이 주거비용으로 간주하지 않는다. 하지만 그 이상의 대출이나 원리금 상환, 또는 전세자금대출 이자비용이나 월세 등은 확실히 주거를 위해서 써버리는 주거비용이다. 따라서 결혼 후 10년 이후에도 계속 주거비용을 지출하고 있다면 무언가 잘못된 것이다. 과거 맞벌이 부자들은 결혼 10년 이후에 계속 주거비용을 지출하는 경우가 거의 없다. 10년이 훨씬 넘어서까지 집에 대한 주거비용을 내고 있다면 자녀교육이나 부부의 노후 준비는 아예 불가능해진다는 사실을 반드시 기억하라.

과거 10년 내에 내 집 마련이란 큰 그림을 완성한 맞벌이 부자들에 비해서 부동산 불패신화가 사라진 시대를 살고 있는 현재의 2030 세대들은 어떨까? 과거 맞벌이 부자들과는 달리 내 집 마련에 대한 동기가 매우 약하다. 초저금리로 인해 자연히 낮아진 저축률 탓도 있지만 가장 큰 원인은 주택을 투자재가 아닌 단순한 소비재로 인식한다는 사실이다. 내 집 없이 평생 집을 빌려서 사용하는 것도 나쁘지 않다는 생각을 한다. 많은 젊은이들이 집을 살 것인가 말 것인가를 고민한다. 이런 고민은 자연히 높은 저축률을 방해하는 주된 원인이 된다. 집에 대한 고민을 하면서 골든타임을 흘려 보내고 있는 것이다. 이것은 매우 위험한 일이다. 집을 살 것인가 말 것인가의 논쟁 이전에 주택자금을 마련하는 것이 최대의 목표가 되어야만 한다.

서울의 전세 가격이 일부 강남을 제외하고 집값의 80%에 육박하는 지금, 만일 집을 사지 않는다고 하더라도 집값의 80%는 보유하고 있어야 한다.

이때 집에 대한 계획의 기준은 바로 소득이다. 결혼 후 10년 안에 집값의 80%를 모을 수 있는 집의 사이즈가 바로 나에게 맞는 집의 최대치가 된다. 아이가 중학교를 다니고 있는 시기에도 주거비용으로 20%를 초과하는 대출이자를 내고 있어서는 곤란하다.

【Action11-1】 나에게 맞는 주거용 주택계획을 세워보자.

- 재무 피트니스 개념으로 본 내 집 마련 계획의 최대치 금액은?

• 최대치 현재 월 소득 × 50% = (ⓐ   만 원)
　ⓐ를 10년간 모았을 경우 가능한 금액을 계산 (　ⓑ   만 원)

$$ⓐ \times \frac{경과\ 개월수 \times (경과\ 개월수+1)}{2} \times \frac{연\ 투자수익률(ⓒ)}{12} = 총\ 이자금액$$

　※ ⓒ 투자수익률은 본인이 설정한다. 보통 2~5% 내외로 한다.

• 10년 후 예상 주택 가격을 산출해보자.
  - 현재 주택 가격 × 10년 연간주택 가격 상승률 ⓓ%적용
    = 10년 후 예상 가격(만 원)
  ※ ⓓ 주택 가격 상승률은 보통 0~5%내외로 한다.

> 주택 가격 상승률에 따른 10년 후 주택 가격
> ① 0~100% ② 1~110% ③ 2~122%
> ④ 3~134% ⑤ 4~148% ⑤ 5~163%
> * 2006년 이후 주택 가격 상승률 연간 2.1% (참고: 부동산114)

앞서 소개된 박나희 씨 부부의 사례를 가지고 맞벌이 부자로 가기 위한 올바른 주택계획을 세워보자. 박나희 씨 부부의 월 소득은 현재 550만 원이다. 현재 전세자금 2억 5500만 원 중 전세자금대출을 제외하면 순 주택자금은 1억 5000만 원이다. 이 자금에 현재 두 사람 소득의 50%, 275만 원을 투자수익률 3%로 가정 시 10년간 모았을 때 금액은 약 3억 7991만 원이다.

> **■ 박나희 씨 부부의 주택자금**
>
> 월 소득 550만 원 × 50% = 275만 원
>
> ⓐ × $\dfrac{120개월 \times (120+1)}{2}$ × $\dfrac{투자수익률\ 0.03}{12}$ = 49,912,500원 + 원금 3억 3000만 원
> 합계 금액 379,912,500원
>
> 순 주택자금 1억 5000만 원 + 3억 7991만 원 = 5억 2991만 원

　순 주택자금 1억 5000만 원에 약 3억 7991만 원의 합은 5억 2991만 원이다. 따라서 박나희 씨 부부의 월 소득을 기준으로 볼 때 10년 후 주택자금의 최대치는 전세 5억 2991만 원, 구매 6억 6238만 원을 넘어선 곤란하다. 만일 주택 가격 상승률이 지난 10년과 마찬가지로 2%라고 한다면 10년 후 집값은 지금의 122%이므로 현재 박나희 씨가 목표로 하고 있는 광진구에 32평형 아파트(현재 가격 4억 7500만 원)는 10년 후 5억 7950만 원이므로 적정한 주택계획이라고 볼 수 있다.

　이 주택계획은 주택 가격 상승률과 투자수익률에 따라 달라질 수 있다. 따라서 최대치보다 좀 더 안정적으로 계획하는 것이 필요하다. 또한 이 주택계획은 맞벌이 부부가 최초 소득의 70%를 저축한다는 가정을 기초로 만들어진 것임을 유의해야 한다. 다시 말해 월 소득 550만 원이라면 70%인 385만 원을 저축한다는 가정이어야 한다. 그중에 주택자금 저축은 275만 원이다. 만일 신규 분양을 받거나 기존 주택이라도 대출을 받아 집을 10년 내에 구입하게 되

는 경우라면 월 소득의 50%인 275만 원으로 10년 내에 대출원금의 80%를 갚을 수 있는 집이어야만 한다. 만일 이 원칙을 벗어나 더 큰 집에 투자한다면 결혼 10년 후에도 많은 돈이 주거비용으로 나가게 될 것이다.

【Action11-2】 나에게 맞는 주거용 주택계획을 세워보자.

최대치 금액에 맞는 주택을 선정하기.

구 분	목표 시기	마스터플랜 ※자유롭게 계획이나 생각들을 메모해보자	재무목표	
			총 필요금액	향후 준비금액
주택자금				

자녀계획 피트니스, 교육비의 25%는 저축으로 장학기금을 만들자

2014년 통계청 연간 가계동향조사 분석에 따르면 우리나라 맞벌이 부부의 평균소득은 532만 6000원으로 나타났다. 이는 외벌이 부부 평균소득 380만 원의 1.4배 수준이다. 또한 맞벌이들은 자녀 교육비로 전체 지출의 13.2%를 사용하는 것으로 나타났다.

이것을 금액으로 환산한다면 월 70만 3000원이다. 하지만 통계가 전국 평균임을 감안했을 때 수도권, 특히 서울 지역이라면 그보다 훨씬 많은 금액을 지출한다는 결론이 나온다. 그리고 여기에는 보이지 않는 또 다른 교육비가 숨어 있다. 앞서 주택계획 피트니스의 원칙에 따라 본인 소득에 맞는 주택계획을 짜고 그것에 맞춰 거주하는 경우도 있지만 상당수의 부모들이 본인의 소득수준보다 더 높은 주택에 투자한다. 바로 자녀교육 때문이다. 자녀교육을 위해 좀 더 좋은 학군이나 좋은 교육환경을 만들어준다는 명목하에 추가적인 주거비용을 지출하고 있는 것이다. 실제 명문 입시학원들이 밀집해 있는 강남 지역은 주거를 목적으로 한 원래 수요도 높지만 단순히 아이들의 교육을 위해 타 지역의 집을 판 뒤 전세로 살고 있는 경우도 상당하다.

2014년 가계동향조사 설문에 따르면 설문자 500명 중 35.4%가 사교육비 지출로 소비나 노후 준비에 쓸 돈이 없다고 답했다. 아울러 사교육비 부담으로 가계가 이미 마이너스 상태라고 답한 응답자가 6.8%, 특히 40대 응답자 중 20%가 현재 빚으로 사교육비를 지출한다고 밝혔다. 중학교 2학년 아들을 둔 대치맘 김 모 씨는 아이들 교육 때문에 대치동으로 이사했는데 전세금은 전에 살던 집의 두 배지만 집은 훨씬 좁고 낡았으며 주거의 질도 많이 떨어진다고 말했다. 이쯤 되면 대한민국이 얼마나 자녀교육에 올 인하는지를 쉽게 짐작할 수 있다. 이처럼 눈에 보이지 않는 잠재적인 교육비와 사교육비의 합은 눈덩이처럼 불어나 있는 상태다. 결혼 후 10년이 넘어서까지 집에 대한 대출을 갚지 못하거나 아니면 월세 비용을 내거나 또는 전세자금대출 이자를 내는 등 명목상 주거비용을 내고 있지만 사실이 비용은 또 다른 이름의 교육비용이다. 이런 이유 때문에 가계는 정상적인 저축이 불가능하게 되고 노후 준비는 뒷전이 되고 만다. 따라서 노후 준비와 자녀교육은 서로 상충하는 문제가 되었다. 결국 자신의 소득수준에 비해서 과한 자녀교육비를 지출하면 당연히 노후 준비는 엉망이 되어버린다.

자, 그렇다면 어떻게 해야 할까? 어떤 자녀교육비 계획을 세우는 것이 바람직한가? 한국보건사회연구원의 2013년 조사에 따르면 대한민국 가계의 평균적인 자녀양육비는 2억 7520만 원에 이른다. 자녀가 대학을 졸업할 때까지 23년 동안 매월 99만 원 정도가 들어가는 셈이다. 물론 여기에는 교육비 이외에도 의복비와 식비 등 양육비용이 포함되어 있다. 하지만 그 부분을 생활비에 포함시킨다고 하더라도 자녀 1명을 교육시키는 데 평균적으로 23년간 2억 원에 가까운 돈이 필요하다는 결론이 나온다. 매우 큰돈임에 분명하다.

사람들은 이런 높은 교육비를 어떤 방법으로 충당하고 있는 것일까? 중·고등학생 자녀를 둔 부모들은 사교육비를 포함한 자녀교육비의 대부분을 현재 소득에서 해결하고 있다. 과거 자녀교육을 위한 자금을 저축하거나 준비한 것이 전혀 없다는 것이다. 바로 이 점이 문제다. 평균 2억 원이란 큰 금액이지만 23년간 나누어서 지불하기 때문에 미리 준비하겠다는 의지와 계획이 약해지기 쉽다.

물론 1인당 2억 원이란 교육비 전체를 결혼 후 초기 10년에 저축으로 모두 준비할 수는 없다. 교육비의 상당 부분은 소득으로 해결하는 것이 바로 일반적인 직장인들의 모습이다. 다만 자녀교육비가 들어가는 기간이 초등학교부터 대학교까지 16년이란 긴 시간임을 감안할 때 반드시 일부는 저축으로 준비해야 한다. 단기간에 모아서 특정 시기에 한 번에 써버리는 자금과 달리 오래도록 모아서 오래도록 쓰는 일종의 기금이 필요하다. 따라서 금액은 적더라도 오래도록 하는 저축, 그리고 필요한 시기에 필요한 만큼 인출할 수 있다면 금상첨화다.

교육비 마련 저축은 금액보다는 시점이 중요하다. 하루라도 빨리 시작하는 것이 좋다. 납입하는 원금의 액수보다는 수익률에 의지하는 저축이어야 한다. 따라서 이자율로 운용되는 저축, 즉 복리상품을 장기투자하거나 주식이나 채권과 같은 곳에 오래 투자하는 저축 형태가 바람직하다. 또한 일정 시점에 한 번에 찾아서 사용하기보다는 수시로 인출이 용이한 편이 교육자금의 특성에 더 맞을 것이다. 자녀교육자금에 대비한 계획은 전체 교육비의 최소 4분의 1을 (25%) 10~15년 정도 모으는 계획이 적합하다.

【Action12】 자녀교육비의 계획을 세워보자.

– 자녀교육비 (만 원) 중 25%(만 원)를 모으는 장학기금을 만들어 보자.

- 자녀교육비 예상금액은 얼마인가? ※ 참고 – 현재 평균 2억 원
  ※ 자녀가 1세인 경우 7년 후부터 16년간 (ⓐ   만 원)예상

- (ⓐ   만 원) × 25% = (ⓑ   만 원)
  – 10년 동안 모은다면 매월 불입액 (만 원)
  – 15년 동안 모은다면 매월 불입액 (만 원)

부부가 함께 생각정리 박스

실행한 내용을 V 체크해보자

- 최초 주택자금(전세자금)에 많은 투자를 하지 않는다(되도록 대출이 없도록 한다). ☐
- 결혼 후 10년을 저축의 황금기로 생각한다. ☐
- 결혼 후 5년차까지 재무원칙 3가지를 반드시 지킨다. ☐
  – 최초 월급의 70%를 저축한다.
  – 감가상각자산(할부)에 월 소득 5% 이상을 쓰지 않도록 주의한다.
  – 대출은 자산의 20% 이내로 한다.
- 예비 맞벌이 부자의 결혼자금 가이드라인을 지킨다. ☐
- 나에게 맞는 주거용 주택계획을 세워본다. ☐
- 자녀교육비 계획을 만들어본다. ☐
  – 전체 교육비의 25%는 저축으로 만들어본다.

Chapter 8
맞벌이 부자를 완성하는
노후 피트니스 플랜

| 꿈꾸어온 노후생활, 월 500만 원이 필요하다 |

노후에는 과연 돈이 얼마나 필요한 것일까? 현실을 제대로 알아야 그에 맞는 준비도 가능하다. 노후설계의 기본은 바로 여기에서 출발한다. 내가 상담할 때 맞벌이 부부에게 반드시 물어보는 질문이 있다.

"본인이 원하는 노후를 보내기 위해 필요한 월 생활비는 얼마인가?"

질문과 동시에 기다렸다는 듯이 빛의 속도로 답을 하는 경우도 있지만 "글쎄요……"라며 한참을 망설이며 쉽게 답하지 못하는 경우도 있다. 흥미로운 사실은 대체로 빠르게 답을 하는 경우는 높은 노후생활비를, 망설이며 한참을 생각한 후 답을 하는 경우는 낮은 노후생활비를 답한다는 것이다.

노후생활비는 생각하면 할수록 높아진다. 반면 대충 생각할수록 월 150만 원 정도면 노후생활이 가능할 것이라는 현실과는 동떨어진 답이 나온다. 노후생활에 대한 현실감을 잃어버린 이유는 다음과 같다.

① 너무 먼 미래의 일이다 - 막연하다
② 완벽한 노후 준비에 대한 자신감이 없다. - 두렵다
③ 지금의 조부모님 세대의 모습에 자신을 대입한다. - 비관적이다
④ 노후에 무엇을 하며 지낼 것인지 계획이 없다. - 무계획적이다

하지만 노후생활비 월 150만 원이면 시골에서 농사를 지으며 생활하는 70세 이상의 지금의 노인들조차 가능하기 어려운 수준이다. 특히 1970년대 이후에 태어나서 도시에서 성장하고 생활해온 도시형 라이프스타일이라면 이런 생활은 절대 불가능하다. 도시형 라이프스타일은 기본적으로 많은 비용을 동반한다.

본인이 얼마나 도시형 라이프스타일에 해당되는지 다음을 체크해보라. 만약 20가지 질문 항목 중에 최소한 절반 이상을 체크했다면 당신은 도시형 라이프스타일이다.

도시형 라이프스타일의 모습

① 아파트, 빌라, 연립 등 공동주택에 거주한다. ☐
② 주말에 가끔 승용차를 이용한다. ☐
③ 매일 스마트폰을 사용한다. ☐
④ 매일 인터넷을 이용한다. ☐
⑤ 사용하는 개인 PC가 있다. ☐
⑥ 인터넷이나 홈쇼핑에서 물건을 구입한 적이 있다. ☐
⑦ 정기적으로 만나는 모임이 1개 이상 있다. ☐
⑧ 관심을 가지고 보는 스포츠 종목이 1개 이상 있다. ☐
⑨ 한 달에 1번 이상 직접 하는 스포츠가 있다. ☐
⑩ 해마다 여름휴가를 떠나는 편이다. ☐
⑪ 5년 내에 해외여행을 가본 경험이 있다. ☐
⑫ 일주일에 1회 이상 가족과 외식을 한다. ☐
⑬ 분기에 1회 이상 백화점을 간다. ☐
⑭ 3개월에 1회 이상 영화, 연극, 스포츠 등을 관람한다. ☐
⑮ 정기적으로 출석하는 종교를 가지고 있다. ☐
⑯ 취미나 여가를 위한 학원을 다닌 적이 있다. ☐
⑰ 새로운 분야를 공부하기 위해 학원을 다닌 적이 있다. ☐
⑱ 몸이 불편해서 병원을 방문해본 적이 있다. ☐
⑲ 신문, 잡지, 도서 구입을 위해 돈을 지출한다. ☐
⑳ 3년 내에 국내 여행을 가본 경험이 있다. ☐

위의 생활패턴으로 도시에서 50년 이상을 산 후에 은퇴한다면 어떨까? 이런 경우의 생활비를 유추해보자. 1980년생 동갑내기 정요한·조영은 씨 부부는 도시에서 태어나고 성장했고 앞으로 30년 이상 직장생활을 하고 은퇴할 것이다. 2044년 이들은 65세로 은퇴하게 될 것이다. 이들의 노후생활비는 다음과 같다.

■ 2044년에 65세인 정요한 · 조영은 씨 부부 생활비

1) 기본생활비 (경상비용+주거비용+고정비) * 2015년 화폐기준 적용

구 분	생활비 항목	월 비용	
관리비	일반관리비	5만 원	25평형 아파트 기준
	도시가스요금(난방)	10만 원	계절별 차이를 감안한 평균 요금
	전기요금	3만 원	
	상하수도요금	2만 원	
통신요금	인터넷/TV/전화	5만 원	
	스마트폰요금	10만 원	2인 기준
대중교통비	버스, 지하철, 택시	10만 원	2인 기준
차량유지비	1500cc 승용차	25만 원	주유비, 보험료, 수리비 등
식생활비	주식비용	30만 원	쌀값, 부식재료 비용
	외식비용	50만 원	노후에는 외식이 늘어남
건강관리비	의료비용	20만 원	병원 검진, 진료비 등
	건강증진비용	10만 원	운동, 영양제 등
	국민건강보험	10만 원	국민건강보험
	민영의료보험	10만 원	실손보험
품위유지비	사회활동비용	30만 원	모임, 종교 등 사회생활 비용 (2인 기준)
	손자손녀	10만 원	자녀 선물, 손자손녀 용돈 등
	의류구입비용	15만 원	
기본생활비 합계		255만 원	

정요한씨 부부는 지난 25년간을 맞벌이하며 지금까지 서울에 33평형 아파트에 거주해오다 한 해 전에 자녀들이 모두 독립하면서 2044년 현재 지금의 25평형 아파트로 이사를 했다. 2016년에 비해 2044년의 서울 인구는 20% 이상 줄었으나 1인 가구나 세대수는 오히려 증가하여 15평형~20평형대의 소형 아파트에 들어가기가 하늘에 별따기다. 현재 33평형과 25평형의 아파트 가격은 거의 같은

실정이다. 하지만 관리비라도 절약해보고자 어렵게 소형 아파트를 구해 이사했다. 회사에서 퇴직을 한 이후에도 약 5년 정도는 약간의 보수를 받으며 NGO에서 해외 봉사활동 일을 돕다가 올해부터는 완전한 은퇴를 했다. 진짜 노후생활에 접어든 것이다.

기본생활비는 월 기준으로 255만 원이 든다. 기본생활비란 도시 아파트에서 거주하면서 필요한 기본적인 경상비용이다. 취미, 문화생활, 여행과 같은 비용은 제외한 것이다.

말 그대로 기본적인 생활을 하는 데만 월 255만 원이다. 개인마다 분명 차이가 있겠지만 일주일에 5일 정도를 일에 매여 있는 젊은 사람들과 달리 월요일부터 일요일까지 주 7일 모두가 여가이기 때문에 우리가 생각하는 것보다 훨씬 많은 비용이 들어간다. 분명 정요한 씨도 노후에 기본적인 생활 외에 그 이상의 좀 더 여유 있는 노후를 꿈꾸어왔을 것이다. 기본생활비가 충족된다면 그다음은 무슨 비용이 필요할까? 정요한 씨의 경우를 통해 노후생활비의 구조를 가늠해보자.

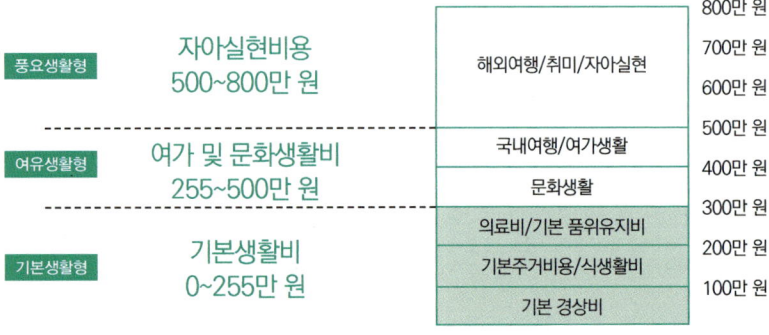

바로 여가 및 문화생활비가 필요하다. 계절에 따라 국내를 여행하기도 하고 적극적으로 취미, 스포츠 활동에 참여하는 데 비용이 들어간다. 우리가 노후에 꿈꾸어오던 여유로운 여가생활이나 여행, 그리고 좀 더 활발한 취미생활에 필요한 자금이다. 부부를 기준으로 이런 생활이 가능하려면 기본생활비에 200만 원 정도의 추가 생활비가 필요하다. 누계로 본다면 월 500만 원이다.

지금의 디지털 세대는 과거 아날로그 세대에 비해서 수백 배나 많은 정보를 받아들이면서 생활한다. 갖고 싶은 것, 보고 싶은 것, 먹고 싶은 것, 즐기고 싶은 것들이 넘쳐난다.

2044년에 65세가 되는 1980년생 부부가 꿈꾸어오던 여유로운 은퇴생활을 하기 위해서는 현재(2016년) 화폐가치로 월 500만 원이 필요하다. 이를 위해 월세 500만 원을 꼬박꼬박 받을 수 있다면 얼마나 좋을까?

월세 500만 원 필요하다는 의견에 동의하지 않는 사람도 있을 것이다. 그렇다면 그 사람은 현재 생활하면서 일상 중에 인터넷이나 스마트폰도 전혀 사용하지 않으며 좋아하는 취미나 스포츠도 없고 사람을 만나는 것을 아주 싫어해야 한다. 또 가족과 외식을 하거나 여행 가는 것을 좋아하지 않는 사람이어야 한다. 월 500만 원이란 숫자가 주는 중압감도 문제지만 사실 언제까지 이어질지 모르는 노후생활은 그렇지 않아도 모호한 노후 준비를 더욱 막연하게 만들곤 한다. 그렇다면 500만 원은 언제까지 필요할까?

2013년 통계청이 발표한 대한민국 평균 기대 수명표에 의하면 1980년생 남녀의 기대 수명은 남자의 경우 78.8세 여자의 경우는 85.3세다. 그렇다면 65세 은퇴를 한다고 하더라도 월 노후생활비는 최소한 25년에서 30년이 필요하다. 약 300개월 이상 월 500만 원이 필요하다는 결론이 나온다.

【Action13】 배우자와 은퇴 이후의 월 생활비를 현재 화폐가치로 적어보자.

- 우선 주택과 차량 등 고정비에 영향을 주는 항목을 설정한 후 적어보자.
- 여가생활의 경우 원하는 수준을 설정한 후 대화를 통해서 작성해보자.

【기본생활비】

구 분	생활비 항목	월 비용 예상
관리비 아파트(공동주택) 평형은? V 체크 20평 □ 25평 □ 30평 □ 35평 □ 40평 이상 □	일반관리비	
	도시가스요금(난방)	
	전기요금	
	상하수도요금	
통신요금	인터넷/TV/전화	
	스마트폰요금	
대중교통비	버스, 지하철, 택시	
차량유지비 V 체크 1000cc □ 1500cc □ 2000cc □ 2000cc 이상 □	주유비, 보험료, 수리비 등	
식생활비	주식비용	
	외식비용	

건강관리비	의료비용	
	건강증진비용	
	국민건강보험	
	민영의료보험	
품위유지비	사회활동비용	
	손자손녀	
	의류구입비용	
기본생활비 합계		

【여가 및 문화생활비】

구 분	생활비 항목	월 비용 예상
가족여행	국내여행	
	해외여행	
취미활동	스포츠	
	레저활동	
문화생활	영화/연극 관람	
	도서 구입	
여가 및 문화생활비 합계		

【Action13-1】 배우자와 은퇴 이후의 월 생활비를 현재 화폐가치로 적어보자.

부부가 은퇴 이후 필요한 노후 월 생활비 최종 목표액은?
 - (   )세부터 현재 화폐가치 월 (만 원)이 (세)까지 필요하다.
 - 은퇴시점까지 남은 기간은? (년)

| 달라진 노후생활, 슬로우 워커의 등장 |

현재 할아버지, 할머니 세대(현재 70세 이상), 즉 1945년 이전 출생자 분들의 노후생활 로드맵은 다음과 같았다. (1세대)

■ 인생 70세 시대: 20-30-20 시대

많은 경우 60세, 70세가 되면 건강히 장수했다는 의미로 환갑잔치나 칠순잔치를 했다. 지금은 60세나 70세를 장수라고 여기지 않는다. 예전에는 지금처럼 평균 수명이 높지 않았다는 뜻이다. 경제활동을 손에서 놓고 20년 정도 자녀들의 도움으로 큰 소득이 없어도 생활할 수 있었다. 현재 대한민국의 노인빈곤율은 49.6%, 거의 절반의 노인이 매우 가난하다. 한 달에 최소한의 생계비만을 가지고도 생활할 수 있는 세대가 바로 지금의 75세 이상의 노인들이다.

다음은 이제 은퇴를 앞두고 있거나 은퇴생활을 시작한 지 10년 미만의 사람들, 해방 이후 태어난 베이비부머 세대, 즉 1960년 초반생까지의 사람들이다. 그들은 지금 2030 세대의 부모님 세대로 노후생활 로드맵은 다음과 같다. (2세대)

■ 인생 90세 시대: 30-30-30 시대

　　이 세대를 흔히 트리플 30시대라고 부른다. 급격히 올라간 평균 수명으로 정년까지 일을 한 후 은퇴하더라도 무려 30년이란 노후생활이 기다리고 있다. 앞서 소개한 1세대에 비해서 수명도 길어지고 노후생활비도 크게 늘어났다. 지금의 2030 세대처럼 맞벌이 비율이 높지 않았지만 상대적으로 정년까지 일하는 경우가 많았다.

　　이제 막 사회에 진출을 시작하는 2030세대부터 40대까지 기성세대의 노후생활 로드맵은 다음과 같다. (3세대)

■ 인생 100세 시대: 30-40-30 시대

　　부모님 세대나 조부모님 세대에 비해서 훨씬 길어진 평균 수명은 이제 100세를 바라보고 있다. 이 세대의 90% 이상은 도심형 라이프스타일로 소비욕구가 높고 가장 많은 노후생활비가 요구된다. 반면 지금은 과거에 비해 저성장과 장기불황으로 고용이 안정적이지 못하다. 따라서 이러한 진퇴양난의 상황을 맞벌이라는 새로운 카드로 돌파해야 한다. 많은 사람들이 경제적인 문제로 인해 고용이 불안함에도 불구하고 오래도록 생계형 경제활동에 매달린다. 평생 한 가지의 일을 하는 것이 아니라 현재 직장에서 은퇴한 후에도 소위 '세컨잡' '서드잡'에 도전하게 된다. 이처럼 60세 이후에도 일을 하는 연령층은 지금도 해마다 늘고 있다.

여기서 중요한 차이를 발견할 수 있다. 바로 맞벌이 부자와 맞벌이 푸어의 차이다. 맞벌이 푸어는 늘어난 추가 10년의 경제활동을 생계를 위한 경제활동, 즉 여전히 하드 워커(Hard Worker)로 일해야만 한다. 반면 맞벌이 부자들은 추가로 늘어난 10년의 경제활동을 사회참여, 봉사활동, 또는 자신이 꿈꾸어 왔던 취미나 관심사에 도전한다. 다시 말해 슬로우 워커가 되는 것이다. 슬로우 워커(Slow Worker)란 천천히 일하는 사람을 뜻하며, 굳이 돈을 벌 필요가 없지만 사회참여와 자기계발 등을 이유로 자아실현형 경제활동을 하는 사람을 말한다.

슬로우 워커가 갖는 사회적 의미

① 정년 이후에도 사회참여를 통해서 건강한 노후생활을 시작할 수 있다.
② 자기계발과 보람을 동시에 얻을 수 있다.
③ 적은 돈을 벌더라도 노후생활비를 줄일 수 있다.
④ 완전한 은퇴 이후에 보다 윤택한 생활을 가능하게 해준다.

슬로우 워커가 되기 위한 전제조건은 결국 은퇴시기인 60세 이

전에 맞벌이 부자가 되어야만 한다는 것이다. 슬로우 워커란 여러 가지 경제 문제를 해결하기 위해서 정년 이후에도 일을 한다는 의미가 절대 아니다. 정년에 이르러서는 소득이 중단되더라도 지금의 생활을 지속할 수 있는 모든 준비가 끝났지만, 그럼에도 불구하고 그동안 현직에서 있으면서 해보지 못했던 새로운 일에 도전하고 계속해서 사회참여와 경제활동을 통해 자아를 실현하고 보람을 찾는 그야말로 행복한 노후생활의 일부인 것이다.

노후에 안정감을 더하는 4개의 바퀴

많은 맞벌이들이 꿈꾸는 것이 있다. 그것은 바로 빌딩과 같은 임대용 부동산이다. 누구나 도심에 빌딩을 쳐다보면서 매달 들어오는 월세를 상상해본 일이 있을 것이다. 일하지 않더라도 자본이나 자산을 통해서 계속 발생되는 소득을 갖는다는 것은 모든 직장인들의 로망임에 분명하다. 하지만 냉정한 현실로 돌아와서 평생 큰돈을 만져볼 기회가 적은 일반적인 사람들, 특히 직장인들에게는 빌딩과 같이 엄청나게 큰 부동산을 소유한다는 것은 결코 쉽지 않다. 하지만 맞벌이 부자들은 빌딩은 아니더라도 여유 있는 생활비가 어디선가 월세처럼 나오는 사람들이다.

그들은 어떻게 그런 노후생활비를 준비했을까? 이미 맞벌이 부자에 진입한 사람들이나 은퇴 전에 맞벌이 부자로의 진입이 확실시되는 예비 맞벌이 부자들의 노후 준비를 보면 몇 가지 특징이 나타난다.

■ 맞벌이 부자들의 노후 준비 핵심 포인트

① 자산보다는 소득으로 준비했다. (노후 월 소득에 집중)
② 일찍 시작했다. (조기 준비)
③ 노후소득이 최소한 4곳에서 나온다. (소득의 다양성)
④ 주거용 주택에 들어가는 주거비용이 거의 없다. (결혼 10년 내 주택마련)
⑤ 자녀교육비에 하프 인한다. (올 인하지 않음)
⑥ 자기계발로 진짜 은퇴시기를 늦춘다. (현직에서 물러나도 +10년 슬로우 워킹)
⑦ 부동산과 금융의 밸런스를 이룬다.

이 중에서 눈에 띄는 부분이 있다. 바로 '노후소득이 최소한 4곳에서 나온다'라는 것이다. 외국에 유명브랜드 자동차 광고에서 정말 눈으로 믿기 어려운 장면을 본 일이 있다. 눈이 가득한 가파른 스키 점프대를 거침없이 오르는 자동차의 모습이다. 이처럼 어떠한 길에서도 이런 안정적인 드라이브가 가능한 이유는 바로 4개의 바퀴가 동시에 돌아가는 사륜구동四輪驅動 차이기 때문이다. 이처럼 자동차 공학 측면에서 가장 안정감을 더한 숫자, 그것이 바로 4다. 사륜구동의 차가 안정적인 드라이브를 가능하게 하듯이 노후도 4라는 안정감 있는 숫자가 반드시 필요하다.

이제 은퇴Retire를 물러난다는 뜻이 아니라 다시Re 새로운 타이어tire로 갈아 끼우고 달려간다는 의미로 생각해야 한다.

따라서 어떠한 경우라도 안정적인 노후소득을 책임지는 4개의 바퀴가 필요하다.

노후소득을 책임지는 4개의 바퀴
① 공적연금(국민연금, 공무원연금, 사학연금 등)
② 퇴직연금
③ 개인연금
④ 수익형 부동산

공적연금의 경우는 강제성을 띠고 있기 때문에 직장인이라면 누구나 가입하고 있다. 공적연금을 제외하더라도 맞벌이 부자들의 노후소득은 역시 연금이나 임대용 부동산과 같은 소득이 지속적으로 발생하는 형태를 갖고 있다. 그렇다면 왜 이처럼 연금이나 임대용 부동산으로 준비해야만 하는가? 그 이유를 알아보자.

현재 매월 250만 원을 노후생활비로 계획하고 있는 정수한 씨(60세), 퇴직금과 모아둔 돈을 합해 5억 원을 은행에 넣고 매월 250만 원을 인출해서 사용한다면 얼마 동안 생활할 수 있을까?

매년 인플레이션 2% 예금금리 2%를 적용했을 경우 매월 현재 화폐가치 250만 원을 인출한다면 예금 5억 원으로 25년 정도 버틸 수 있다.

연령	은행예금 잔액	인출 후 잔액	연간 생활비
60세	500,000,000	470,000,000	30,000,000
61세	479,400,000	448,800,000	30,600,000
62세	457,776,000	426,564,000	31,212,000
63세	435,095,280	403,259,040	31,836,240
64세	411,324,221	378,851,256	32,472,965
65세	386,428,281	353,305,857	33,122,424
66세	360,371,974	326,587,102	33,784,873
67세	333,118,844	298,658,274	34,460,570
68세	304,631,439	269,481,658	35,149,781
69세	274,871,291	239,018,514	35,852,777
70세	243,798,884	207,229,051	36,569,833
71세	211,373,632	174,072,403	37,301,229
72세	177,553,851	139,506,597	38,047,254
73세	142,296,729	103,488,530	38,808,199
74세	105,558,301	65,973,938	39,584,363
75세	67,293,417	26,917,367	40,376,050
76세	27,455,714	-13,727,857	41,183,571
77세	-14,002,414	-56,009,657	42,007,243
78세	-57,129,850	-99,977,237	42,847,387
79세	-101,976,782	-145,681,117	43,704,335
80세	-148,594,740	-193,173,161	44,578,422
81세	-197,036,625	-242,506,615	45,469,990
82세	-247,356,747	-293,736,137	46,379,390
83세	-299,610,860	-346,917,838	47,306,978
84세	-353,856,195	-402,109,312	48,253,117
85세	-410,151,499	-459,369,678	49,218,180

이처럼 예금과 같은 현금성 자산의 경우는 지속적으로 발생해야 하는 노후소득을 준비하기에는 역부족이다. 따라서 노후 준비의 일부는 예적금이나 펀드와 같은 일반적인 금융상품이 아닌 연금상품으로 반드시 준비할 필요가 있다.

> ■ 노후생활비 마련을 위해 반드시 연금이 필요한 이유
>
> ① 적금이나 펀드의 경우는 구속성이 낮아 노후까지 남아 있지 않게 된다.
> ※ 구속성이 낮아 단기자금으로 활용 가능성 높음.
>
> ② 최소 15년 이상 운용해야 하는 장기상품의 특성상 원금 외에 이자소득에 대한 과세가 중요한 문제가 되는데 연금은 현존하는 유일한 비과세 상품이다.
>
> ③ 예적금은 노후가 길어질 경우 자금이 바닥날 수가 있지만 개인연금의 종신연금형 활용 시 일부 대비할 수 있다.

① 공적연금(국민연금)

우리나라의 공적연금은 공무원연금, 군인연금, 사학연금 그리고 국민연금이 있다. 공무원이나 군인, 사립학교 교원을 제외하고 대부분의 국민들이 가입하고 있는 국민연금이 가입인원이나 기금의 규모면에서 가장 크다고 볼 수 있지만 기금의 안정성에 관해서는 오랜 논란이 있는 것도 사실이다.

■ 4대 공적연금 운영 현황

(2013년 말 기준)

구분	특수직연금			국민연금
	공무원연금	군인연금	사학연금	
근거 (도입 연도)	공무원연금법 (1960)	군인연금법 (1963)	사립학교 교직원연금법 (1975)	국민연금법 (1988)
적용대상	국가·지방 공무원	장기부사관 및 장교	사립학교교직원	18~60세 전 국민
기여율(부담률)	-국가 7%+보전금 -공무원 7%	-국가 7%+보전금 -군인 7%	·교원 -국가: 2.883% -법인: 4.117% -교원: 7.0% ·사무직원 -법인: 7% -직원: 7%	·사업장가입자 -사용자: 4.5% -가입자: 4.5% ·지역·임의·임의계속 가입자: 9%
가입자	107만 2000명	18만 3000명	27만 6000명	2074만 4000명
연금수급자 (부담률)	37만 3000명 (33%)	8만 2000명 (44%)	4만 8000명 (17%)	345만 1000명 (16%)
수급조건	20년 이상 재직	19년 6개월 이상 복무	20년 이상 재직	10년 이상 가입
지급 개시 연령	65세 (2010년 이후 임용자)	퇴역 즉시	55세 (2010년 이후 임용자)	2013년 61세에서 2033년 65세로
적자 발생 시기	1993	1973	-	-
주무 부처	인사혁신처	국방부	교육부	보건복지부
관련기관	공무원연금공단	국방부	사립학교 교직원연금공단	국민연금공단

실제로 특수직연금의 경우 연금기여율에 부족분이 발생할 경우 국가가 보전하도록 법으로 보장하고 있지만 국민연금의 경우 국가가 지급을 보증하는 것은 맞되 적자나 부족분을 모두 메운다는 법적인 근거는 없다. 하지만 여러 논란에도 불구하고 공적연금은 강제성을 띠고 있으므로 오랜 기간 본인의 의지와 상관없이 장기간 노후 준비를 하도록 하는 노후생활의 기본이라고 볼 수 있다.

그럼 국민연금 가입자가 받을 수 있는 연금액은 얼마나 될까?

> 【Action14】 배우자와 국민연금의 예상 연금액을 확인해보자.
>
> - 국민연금관리공단 (www.csa.nps.or.kr) 사이트 예상연금 조회를 통해 알아보자.
> - 기타: 공무원연금(www.geps.or.kr), 사학연금관리공단(www.tp.or.kr), 국방부군인연금(www.mps.go.kr)

노령연금의 수급 개시 연령은 다음과 같다.

■ 노령연금 수급 연령 상향조정(법률 제8541호 부칙 제8조)

출생연도	수급 개시 연령		
	노령연금	조기노령연금	분할연금
1952년생 이전	60세	55세	60세
1953~1956년생	61세	56세	61세
1957~1960년생	62세	57세	62세
1961~1964년생	63세	58세	63세
1965~1968년생	64세	59세	64세
1969년생 이후	65세	60세	65세

예상 연금액의 경우는 현재 화폐가치 예상 연금액을 기준으로 확인한다. 예를 들어 예상 연금액이 89만 6130원이라면 이것은 현재 화폐가치를 의미한다. 하지만 지급 시기는 현재 연령에 따라 달라지며 연금액 또한 가입 기간과 보험료에 따라 변동될 수 있다. 그

렇다면 국민연금 예상 연금액을 100% 감안하고 노후생활비 계획을 세우는 것이 바람직할까?

얼마 전 있었던 공무원연금개혁은 현재 연금의 수급조건을 변경하여 앞으로 발생할 공무원연기금의 적자를 줄이고자 하는 취지에서 시행됐다. 다시 말해 연금의 수급조건이 당초의 계획과 달리 줄어든 것이다. 같은 이유로 국민연금과 같은 기타 공적연금의 경우도 현재의 예상금액을 100%로 적용해서 노후계획을 세우기에는 무리가 있을 것이다. 보다 안정적인 노후 준비를 위해서는 국민연금 예상연금액을 아주 보수적으로 감안하여 나머지 노후 준비를 하는 것이 바람직하다.

【Action15】 공적연금에서 확보되는 최종 월 노후생활비(ⓑ)를 적어보자.

- (　)세부터 공적연금 예상액 (ⓐ)만 원
- 실제로 감안할 노후생활비
  (ⓐ)만 원 × (　)% 감안 = 월 (ⓑ)만 원

② **퇴직연금(또는 퇴직금)**

퇴직연금이란 퇴직급여제도에 따라서 기업이 종업원에게 주는 연금 형태의 퇴직금을 말한다. 퇴직급여제도란 근로 기간이 1년 이상인 근로자에게 기업이 한 달분 이상의 평균임금을 퇴직금으로 적립하는 제도를 말하는데, 여기에는 과거 퇴직금제도와 현재 퇴직연금제도가 있다.

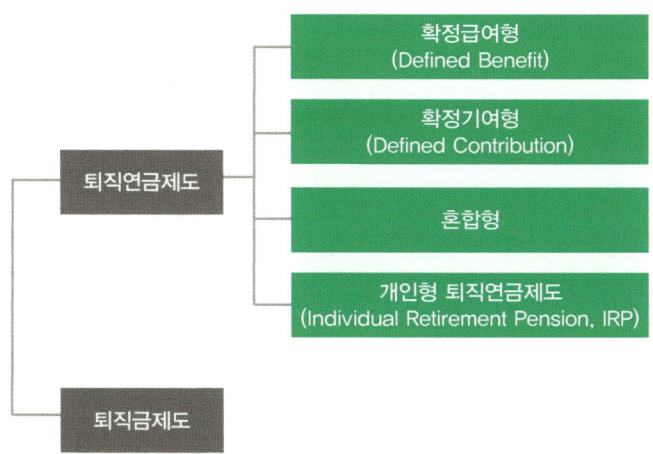

현재 퇴직급여제도 중 퇴직연금제도는 300인 이상의 사업장은 모두 가입이 의무화되어 있으며 앞으로 그 범위를 확대할 예정이다. 본인의 회사가 현재 퇴직연금제도를 도입하지 않았다면 지금 기존의 퇴직금제도를 적용받는다는 것을 의미한다. 퇴직연금제도의 내용을 좀 더 자세히 살펴보자.

ⓐ **확정급여형**
확정급여형은 퇴직시점에 근로자가 받을 퇴직급여가 정해져 있는 형태다. 따라서 기업의 부담금은 적립금 운영 결과에 따라서 변동한다. 근로자가 받을 퇴직금이 정해져 있다는 면에서 기존의 퇴직금제도와 같다고 볼 수 있다. 아울러 근로자의 입장에서 보면 회

사가 아닌 금융기관에 퇴직급여가 보관되므로 퇴직금이 체불될 위험이 사라지게 된다. 안정적이기는 하지만 인플레이션을 헷지하는 기능은 떨어진다.

ⓑ **확정기여형**

확정기여형은 확정급여형과 같이 퇴직금이 확정되어 있지 않은 형태다. 따라서 기업의 부담금이 1년에 월 임금만큼 사전에 확정 적립되고, 그 돈을 근로자 본인이 운용한 결과에 따라 퇴직금이 변동하는 형태다. 운용 성과가 좋을 경우 수익률이 높아질 수 있고 인플레이션 헷지가 가능하지만 투자 성과가 안 좋을 경우는 퇴직금이 줄어들 수도 있다.

ⓒ **혼합형**

확정급여형과 확정기여형을 혼합한 형태다.

ⓓ **개인형 퇴직연금(IRP)제도**

개인형 퇴직연금제도는 퇴직연금 가입자거나 퇴직급여를 수령한 근로자가 본인의 퇴직금 및 개인 여유자금을 추가로 납입하여 55세 이후 연금 또는 일시금으로 수령하는 은퇴 전용계좌다.

퇴직연금의 선택은 개인의 성향이나 퇴직 잔여기간을 고려하여 선택하면 된다. 퇴직금이든 퇴직연금이든 근로자라면 최소 연봉

구분	퇴직금제도	퇴직연금제도	
		확정급여형(DB)	확정기여형(DC)
퇴직급여수준	[평균임금×근속연수] 이상	퇴직금제도와 유사	운용결과에 따라 변동
부담금수준	-	연금계리방식으로 계산	연간 급여의 1/12 이상
지급형태	일시금	연금 또는 일시금	연금 또는 일시금
사회적립수준	규정 없음	60% 이상 사회적립	전액 사회적립
수급권보장	불안정	부분 보장	보장
적립금 운용책임	기업	기업	근로자
자금인출	제한적 가능 (중간정산)	제한적 가능 (담보대출)	제한적 가능 (담보대출, 중도인출)

의 12분의 1을 강제적으로 떼 퇴직을 대비하여 적립하는 셈이다. 적립에 강제성이 있다는 점은 공적연금과 비슷하다. 하지만 퇴직연금이 공적연금과 가장 다른 점은 공적연금은 인출이 금지되어 있지만 퇴직연금은 중간정산제도를 통해서, 또는 퇴직일시금을 통해서 인출이 가능하다는 점이다. 이는 퇴직급여를 실제 퇴직 후 노후생활비용이 아니라 다른 용도로 사용하게 되는 원인이 되기도 한다.

맞벌이 부자들은 퇴직금 또는 퇴직연금을 절대로 일시금으로 인출하지 않는다. 아예 퇴직금이란 것을 현재의 돈이 아니라 미래에 퇴직자가 된 자신의 돈이라고 생각하는 것이다. 지금은 소득이 있지만 20~30년 후 퇴직한 미래의 자신은 지금과 같은 소득이 없다는 걸 잊어서는 안 된다.

이 논리에 누구나 고개를 끄덕인다. 하지만 실제로 회사의 이직이나 중간정산을 통해서 미리 받은 퇴직금이 다시 노후를 위해 재투자되는 경우는 흔하지 않다. 만일 퇴직금이나 퇴직연금이 퇴직까지 이어진다면 노후 월 생활비 확보에 큰 도움이 될 것은 자명하다.

한상훈 씨(27세)는 이제 갓 건설회사에 입사한 신입사원이다. 현재 연봉의 12분의 1에 해당하는 월급으로 275만 원을 받고 있다. 한상훈 씨가 정년인 57세까지 근무할 경우 퇴직 시 받게 될 퇴직금의 규모는 얼마나 될까?

매년 임금 인상률 3.5%, 퇴직연금의 수익률 4%, 인플레이션 2% 적용 시 한상훈 씨의 57세 퇴직시점에 퇴직금 또는 퇴직연금 적립액은 2억 4974만 원이다.

인플레이션 2%를 적용해 현재 화폐가치로 보면 1억 3786만 원이다. 25년 정도 노후생활을 할 경우 월 43만 원 정도의 노후생활비가 확보될 수 있는 자금이다.

【Action16】 퇴직연금에서 확보되는 월 노후생활비를 예상해보자.

- (   )세까지 퇴직금 또는 퇴직연금 적립 예상액 (   )만 원
- 만일 연금으로 수령 시 월 현재 화폐가치 예상액 (   )만 원

하지만 57세 퇴직 시까지 퇴직금이나 퇴직연금적립액이 남아 있을지는 의문이다. 국민연금과 같은 공적연금은 인출 자체가 불가

능하지만 퇴직금은 중간정산을 통해서 수령이 가능하고, 퇴직연금도 회사의 이직이나 퇴직 시에 일시금 수령이 가능하기 때문이다. 따라서 본인이 노후에 필요로 하는 월 생활비를 지속적으로 확보하기 위해서는 퇴직금과 퇴직연금을 다른 용도로 절대 사용하지 않겠다는 부부 간의 약속이 필요하다.

> 【Action17】 안정된 노후를 위한 퇴직금에 대한 전용 금지 약속.
>
> - 부부 간 예상되는 퇴직금과 퇴직연금에 대해 예상 금액을 산출하고 퇴직금을 생활자금, 주택자금, 교육자금, 사업자금 등으로 전용하지 않을 것을 약속합니다.
>
> 년 월 일
> (인)   (인)

③ 개인연금

개인연금은 공적연금과 퇴직연금을 보완하기 위해서 개인이 추가로 가입하는 연금상품이다. 추가로 가입하는 퇴직연금과 마찬가지로 세제 혜택을 주는 상품도 있고 납입 시 세제 혜택은 없지만 연금 수령 시 비과세가 되는 상품도 있다. 맞벌이 부자들의 경우 개인연금 상품을 일찍부터 가입해왔다. 일찍부터 가입했다는 것은 적은 금액이라도 빨리 가입하고 지속적으로 납입해왔다는 것을 뜻한다. 복리효과를 주식채권에 투자하는 투자형의 경우는 투자효과를 극대화하는 것이 개인연금상품의 운용 전략 중 가장 중요한 핵심이기 때문이다.

　개인연금의 경우 사회초년생을 기준으로 소득의 최소 10%를 납입하는 것이 바람직하다. 개인연금의 경우 공적연금이나 퇴직연금과 같이 본인이 실제로 수령하기 전인 세전소득에서 차감하는 것이 아니라 세후소득에서 납입해야 하므로 너무 과다한 비율이 될 경우 계속해서 납입이 어려울 수 있다. 보통 공적연금과 퇴직연금, 그리고 소득의 10%를 개인연금에 가입해야만 기본적인 노후생활이 가능하다. 또한 개인연금은 동일한 수익률일 경우에 가입 시점에 따라 납입 비용이 달라진다. 30세의 남자가 월 30만 원씩 10년간 납입하고 60세에 받는 연금과 동일한 금액을 받기 위해서 31세 때 연금에 가입한 남자가 더 많은 금액을 납입해야 하는 금융상품이다. 다시 말해서 지체할수록 비용이 증가한다.

【Action18】 개인연금 최소 금액을 산출해보자.

- 최초 신입사원 시절에 받은 급여의 10%인 (　　)만 원을 10년 이상 납입하는 것이 필요하다.

개인연금 상품에는 어떠한 종류가 있는지 알아보자.

상품	운용 형태	상품명	과세 여부		장점 및 특징	단 점
			납입 기간	연금시기		
A 세액공제형	A-1 금리형	개인연금 저축보험	·소득 5500만 원 이하 16.5% 세액공제 ·소득 5500만 이상 13.2% 세액공제	연금개시 시 5.5~3.3% 연금소득세	연간 400만 원 한도로 세액공제로 최대 66만 원 세액환급이 가능함	① 일시금 선택 불가 ② 연금소득세 과세 ③ 연 1200만 원 이상 소득세 합산 ④ 중도인출 불가, 해지 시 22% 가산세 ⑤ 인플레이션 헷지 불가능
	A-2 투자형	개인연금 저축펀드	·소득 5500만 원 이하 16.5% 세액공제 ·소득 5500만 원 이상 13.2% 세액공제	연금개시 시 5.5~3.3% 연금소득세	연간 400만 원 한도로 세액공제로 최대 66만 원 세액환급이 가능함	① 일시금 선택 불가 ② 연금소득세 5.5% 과세 ③ 연 1200만 원 이상 소득세 합산 ④ 중도인출 불가, 해지 시 22% 가산세 ⑤ 원금손실 가능성
	A-3 금리형 투자형	퇴직연금 계좌 추가납입	·소득 5500만 원 이하 16.5% 세액공제 ·소득 5500만 원 이상 13.2% 세액공제	연금개시 시 5.5~3.3% 연금소득세	연간 최대 700만 원 한도로 세액공제로 최대 115만 5000원 세액환급이 가능함	① 연금소득세 5.5% 과세 ② 종합소득세 합산 가능성 ③ 중도 인출 불가, 해지 시 기타소득세 16.5%
B 비과세형	B-1 금리형	금리형 개인연금 보험	세액공제 없음	이자소득세 비과세 연금소득세 비과세	① 일시금 선택 가능 ② 연금개시 후 비과세 ③ 중도인출 가능 15년 이내 은퇴자 유리	장기상품임에도 금리형으로 운영하여 인플레이션 헷지 불가능
	B-2 투자형	투자형 변액연금 보험	세액공제 없음	이자소득세 비과세 연금소득세 비과세	① 일시금 선택 가능 ② 연금개시 후 비과세 ③ 중도인출 가능 ④ 인플레이션 헷지 15년 이후 은퇴자 유리	단기 운용 시 원금손실 가능성

④ **수익형 부동산**

맞벌이 부자들은 앞서 소개한 것처럼 일찍부터 소득이 없어질 때를 대비해서 지속적으로 소득이 발생하는 시스템에 관심을 가져온 사람들이다. 하지만 일반적으로 생각하기에는 경제활동기 내내 큰 자산보다는 매월 발생하는 월급만으로 생활하는 직장인이 주거용 주택 이외에 수익형 부동산을 갖는다는 것은 쉬운 일이 아닌 것으로 여겨진다. 그럼에도 불구하고 맞벌이 부자들은 거의 모두 수익형 부동산을 가지고 있다. 맞벌이로서 이것이 어떻게 가능했을까? 이것은 생각의 차이에서 비롯된다.

> ■ 맞벌이 부자들에게 수익형 부동산이란?
>
> ① 맞벌이 10년 내 주택마련을 끝내고 잉여자금을 적극 활용한 결과
> ② 교육자금에 올 인하지 않고 잉여자금을 적극 활용한 결과
> ③ 아주 작은 금액이라도 대출 레버리지를 활용해 투자한 결과
> ④ 시세차익보다는 월세를 염두에 두고 투자한 결과

직장인 박혜숙 과장은 20년 정도 맞벌이를 하면서 현재 월급 외로 월세 195만 원을 받는 임대소득자다. 하지만 현재 월세 195만 원이 모두 순소득은 아니다. 월 125만 원은 투자 중인 부동산대출의 원리금을 갚는 데 사용되고 있기 때문이다.

그녀가 처음으로 수익형 부동산에 투자한 것은 지금부터 7년 전인 2009년으로 판교에 분양받은 오피스텔이었다. 분양면적 19평

형(실평형 7평)에 아주 작은 오피스텔이었다. 당시 그녀가 가지고 있던 돈은 3000만 원 남짓. 이렇게 적은 돈으로 어떻게 오피스텔에 투자할 수 있었을까? 그녀는 계약금 10%를 내고 나머지 중도금과 잔금은 무이자대출로 해결한 뒤, 향후 완공되면 전세를 주어 전세금으로 중도금과 잔금을 상환하는 방식을 활용했다. 물론 당시로는 전세를 주고 나면 월세는 없는 상태였고 월세 세입자를 찾더라도 받은 월세로 대출금의 원리금을 갚고 나면 실제 이익은 없었다. 하지만 2년 만에 시세가 올라 원리금을 갚으면서도 조금씩 월세가 발생했다. 다소 높은 분양가라는 생각도 있었지만 향후 판교는 공실이 없을 것이라는 확신이 있었다.

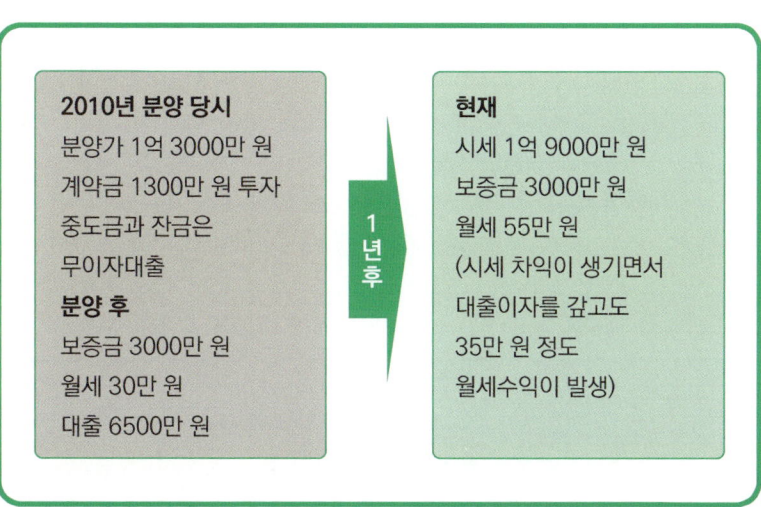

처음 투자한 오피스텔과 1년 후 이와 비슷한 방식으로 투자한

수원에 오피스텔 또한 3년 전 되팔고 시세차익을 챙겼다. 이것은 주택자금에 더 이상 돈이 들어가지 않는 30대 후반부터 매월 100만 원을 꾸준히 저축해온 종잣돈을 가지고 시작한 투자였다.

이와 같은 투자방식을 통해서 현재 월세 195만 원 중 125만 원의 대출 원리금을 갚고 실제 임대소득은 70만 원 정도지만, 향후 5년 내에는 임대수익으로 실질소득 월 100만 원이 가능하고 10년 내에는 월 150만 원 정도 실질소득을 올리는 것을 목표로 하고 있다.

이와 같이 현재는 작은 규모의 종잣돈이지만 소형부동산에 관심과 투자를 지속해 향후 수익형 부동산에서 임대소득을 올리기 위한 포인트를 확인해보자.

【Action 19】맞벌이 부자들의 수익형 부동산 투자의 포인트를 확인해보자.

- 결혼 후 10년 내에 내 집 마련을 완료한다(대출 20%까지는 인정).
- 결혼 후 10년 이후에는 주거용 주택에 비용이 들어가지 않도록 한다.
- 평소 꾸준한 저축으로 잉여자금을 만든다(정기적금 또는 펀드 등).
- 결혼 후 10년 이후 잉여자금을 통해 소형부동산 위주로 투자한다.
- 주택 수 산정에 제외되는 소형오피스텔로 시작, 대출과 전세금을 활용한다.
- 소득이 있는 기간 동안에 발생하는 임대소득으로 대출원리금을 상환한다.

이제 부부가 향후 주택에 대한 주거비용이 들어가지 않는 시기가 되었을 때 수익형 부동산에 대한 투자를 어떻게 해나갈 것인지를 계획해보자.

> 【Action 20】 수익형 부동산에 투자시기와 방법 등 계획을 수립해보자.
>
> - 주거비용이 들어가지 않는 시기는 언제가 될 것인가? (년) 후
> - 현재의 종잣돈으로 투자할 수 있는 소형부동산은 무엇이 있는가?
> - 수익형 부동산에서 확보할 수 있는 임대소득의 목표는 얼마인가?
>   (년 후 월   만 원 예상) *현재 화폐가치

맞벌이 부자와 맞벌이 푸어의 갈림길, 노후 준비

은퇴 전에 이미 맞벌이 부자에 진입한 경우와 오래도록 맞벌이를 해왔지만 맞벌이 푸어를 벗어나지 못한 경우의 갈림길은 바로 노후 준비의 여부다. 앞서 여러 번 언급했던 것처럼 맞벌이 부자들은 일찍부터 한 사람 또는 두 사람 모두의 소득이 사라질 것을 대비해왔다. 반면 맞벌이 푸어는 한 사람의 추가소득을 노후보다는 주택과 자녀교육에만 올 인했다. 그렇다면 이제 우리는 어떻게 해야 할 것인가? 우리는 지금 갈림길에 서 있다.

앞서 Action13과 13-1에서 목표한 대로 부부의 월 노후생활비가 현재의 상태로 과연 몇 %나 달성될 것인지를 확인해보자. 또한 목표한 월 노후생활비를 준비하기 위한 4가지 바퀴에 대한 계획을 좀 더 철저히 세워야 할 것이다.

Chapter 9

맞벌이 부자라는 목표를 향해 달리다

맞벌이 부자로 가기 위한 계획이 완성되었다면 이제 그 목표를 향해 달려가기만 하면 된다. 바로 저축과 투자를 실행할 차례다. 우선 결혼 1년차 신혼부부의 재무목표를 보고 맞벌이 부자로 가기 위해서 어떤 실행안을 만들 것인지를 생각해보자.

이채연 씨(31세)와 정동준 씨(32세)는 이제 갓 결혼한 신혼부부다. 연봉은 세후소득으로 각각 2900만 원, 4400만 원이며 월 소득은 608만 원이다.

■ **재무목표** Financial goal

구분	재무목표	준비 기간	총 필요자금	향후 준비금액	목표 내용
주택자금	1.전세자금상승 2.주택구입자금	10년	현재 평균가 4억 7800만 원	ⓐ 3억 652만 원	서울 동작구 30평형대 아파트를 자가 소유
교육자금	전체 금액의 25%는 장기저축으로 준비	10년 후 부터 16년간	자녀 1명 약 2억+α	ⓑ 약 5000만 원	도시에서 평균적인 교육비로 대학까지 교육
노후자금	노후 월 생활비 마련계획	60세 이후	월 생활비 400만 원	ⓒ 공적연금 100만 원 퇴직연금 100만 원 개인연금 100만 원 임대부동산100만 원+α	현재 화폐가치로 60세 이후부터 월 400만 원 생활비
자기계발 자금계좌 CMA	오아시스계좌 예비자금	단기	연간 300만 원	ⓓ 300만 원	특별소비, 가족여행 등 자금

ⓐ **주택자금** – 현재가 4억 7800만 원 ×연 상승률 2%×10년 후
=5억 8316만 원-전세자금 2억 원=3억 8316만 원×80%
(주택자금은 가계소득 50%를 10년 저축할 경우 집값의 80%를 모을 수 있는 범위 내에서 계획해야 한다.)
ⓑ **교육자금** – 10년 후부터 16년간 나누어 준비하며 목표한 2억 원 중 25%는 10년 동안 저축으로 마련한다.
ⓒ **노후자금** – 4곳 이상에서 나오도록 미리 준비한다.
ⓓ 매년 300만 원 정도는 오아시스 자금으로 여행, 특별 소비를 위해 사용한다.

| **무엇인가? VS 얼마인가?** |

평생 소득만을 가지고 생활해야 하는 맞벌이들에게 저축이란 떼려야 뗄 수 없는 친구와 같이 매우 중요한 존재다. 맞벌이 부자들은 평생 저축을 해왔다. 결국 저축은 납입하는 금액과 수익률, 그리고 시간의 조합이다.

목적자금 = 월 불입액 × 수익률 × 시간

세 가지 변수 중 무엇이든 높이면 목적자금이 늘어난다. 하지만 최소 3년 이내에 써야 하는 단기자금의 경우는 변수가 두 가지로 줄어든다. 바로 월 불입액과 수익률이다. 요즘 같은 초저금리시대에는 짧은 기간 동안 당장 수익률을 늘릴 수 있는 방법이 없다. 물론 투자를 약간 가미한 펀드 저축을 고려해볼 수 있지만 3년 이내라면 수익률보다는 월 불입액으로 돈을 모으는 정기적금이 바람직하다. 단기로 투자하는 경우에는 수익률을 올리는 데 분명히 한계가 있기 때문이다. (단기: 3년 이내, 단중기: 3~5년, 중장기: 5~10년, 장기: 10~20년, 초장기: 20년 이상)

그렇다면 결국은 월 불입액만 남는다. 따라서 단기자금은 어떤 상품을 선택할 것인지가 아니라 얼마를 납입할 것인지가 핵심이다. 맞벌이 부자들은 저축을 과감하게 한다. 얼마를 저축해야만 하는지가 첫 번째 고려 대상이고 그다음 고려 대상은 소비다.

> **생각의 변화 1**
>
> **일반적인 생각:** 소득에서 필요한 소비를 하고 남는 돈을 저축한다.
> 월 소득-소비= 저축
>
> **맞벌이 부자 생각:** 소득에서 필요한 저축을 하고 남는 돈을 소비한다.
> 월 소득-저축 =소비

초저금리시대에 단기저축을 얼마나 할 것인가를 고민할 때 어떤 상품을 선택할 것인지 고민하는 것은 큰 의미가 없다. 현재 월 100만 원 정기적금 1년 연 금리 1.9%를 적용할 경우에 1년 후 원금 1200만 원을 제외한 세후 이자는 약 104,000원이다. 금융상품을 물색하여 0.2~3%라도 높은 상품에 가입한다고 하더라도 만기금액은 1만 원 정도 차이가 날 뿐이다.

100만 원 가입을 목표로 했다면 과감하게 그냥 105만 원을 가입해보자. 100만 원일 때 만기 이자금액보다 거의 7배가 많아진다. 이것이 바로 단기저축의 방법이다.

> **생각의 변화 2**
> 만약 만기 목적자금이 정확하게 설정되지 않은 저축이라면 최초에 마음먹은 저축액보다 과감하게 5%를 더해보자. 처음 예상한 이자금액보다 5배 이상 받는다.

이채연 씨 부부는 2년에 한 번씩 상승하는 전세자금을 대비하기 위해 단기저축을 운영하고 있다. 현재 10년 내로 목표하고 있는 주택자금의 금액은 3억 652만 원, 단기저축으로 대비해야 하는 금액은 다음과 같이 설정했다.

① **전세보증금 상승 대비자금 2500만 원 (최소 10% 상승 예상)**

> 정기적금 월 102만 원 만기설정금액에 월 불입액과 기간을 맞추어 저축 집중력을 높여보자.
>
> - 전세보증금 상승 대비자금 2500만 원
>   이채연 씨는 주거래은행에 월 정기적금 2년 만기에 연 금리 1.9%로 월 1,024,600원 상품에 가입했다.

이처럼 단기저축은 30만 원, 50만 원, 100만 원…… 등으로 월 불입액을 설정하는 것이 아니라 만기에 목표로 하는 목적자금을 기준으로 설정해야 한다. 이런 방법을 사용하면 앞서 지적한 것처럼 일반적인 사람들이 가지고 있는 선소비 후저축의 개념을 선저축 후소비로 자연스럽게 바꿀 수 있도록 도와준다.

중위험 중수익의 투자효과를 노려라

단중기란 3년 이상 5년 이내에 필요한 자금을 말한다. 3년 이상이라면 오로지 원금만을 뭉쳐서 목적자금을 만드는 정기적금을 고수하는 방법은 옳지 않다. 재테크의 오래된 격언 중에 "100에서 자신의 나이를 뺀 비율만큼을 투자하라"는 말이 있다.

> 내 자산의 투자 비중
> 100 − 자신의 나이 = 적정한 투자 비율

이는 결국 젊은 사람일수록 투자의 비중을 높여야 한다는 뜻이고 투자란 것이 시간이 길어질수록 상대적인 리스크가 줄어들 수 있다는 말이기도 하다.

3년 이내에 쓸 자금이 아니라면 반드시 투자를 가미한 저축을 함께해야만 한다. 하지만 기간이 장기는 아니기 때문에 고위험 고수익 상품을 가입하지 말고 중위험 중수익의 다소 안정적인 성향으로 투자해야 한다.

특히 투자금액이 일정하지 않은 직접투자나 아무 때나 임의로 납입하는 임의투자 말고 적립식투자로 위험을 분산하는 적립식펀드를 지속적으로 반복하는 것이 좋다. 많은 직장인들이 펀드는 주식에 투자하는 상품이므로 고수익을 얻을 수 있을 거라는 환상을 가진다. 하지만 3년 정도를 투자할 계획이라면 무조건 중수익을 추구해야 한다.

물론 10~20%의 수익률도 가능할 수 있겠지만 적금 수익률의 2~3배 정도 수준이라면 환매하여 목돈은 안전한 예금으로 운영하고 다시 분할로 주식 매수를 반복하는 방식이 필요하다. 이런 투자 방식은 수익이 높게 나지는 못해도 상대적으로 손실의 위험을 줄여준다. 다시 말해서 분할로 투자를 지속하되 목돈은 오래 두지 않는 것이다.

생각의 변화 3

정기적금은 고수익의 환상에서 벗어나라
- 월 100만 원씩 1년 납입. 연 금리 1.9% 만기원리금은 12,104,000원
  수익률은 100.9%이다.
  월 100만 원씩 2년 납입. 연 금리 1.9% 만기원리금은 24,403,000원
  수익률은 101.7%이다.
  월 100만 원씩 3년 납입. 연 금리 1.9% 만기원리금은 36,900,000원
  수익률은 102.5%이다.

적립식펀드의 목표수익률은 낮게 가져가라
- 2년 수익률 103% 이상이거나 3년 수익률 105% 이상이면 성공이다.
  ① 적립식펀드 납입은 지속적으로 하라(분할 매수효과를 늘린다).
  ② 펀드 내의 목돈은 목표수익률이 달성되면 3년 내에 모두 찾아라.
  ③ 주가 하락기에도 꾸준히 투자하라(코스트 에버리지 효과).

무작정 고수익을 기대하며 수익률이 5% 이상인 펀드의 환매를 미루다가 주가조정으로 손실이 생기거나 수익률이 적금 수준과 비슷해지는 경우가 많다. 적립식펀드로 고수익을 추구해서는 안 된다.

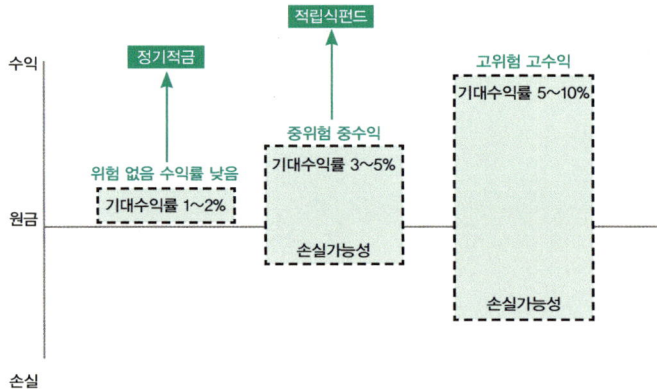

기본적으로 펀드를 고수익 기대상품이 아닌 중수익 상품으로 생각하면 한결 운영이 쉬워진다. 적립식 펀드의 경우 최상의 시나리오와 최악의 시나리오 그림은 아래와 같다.

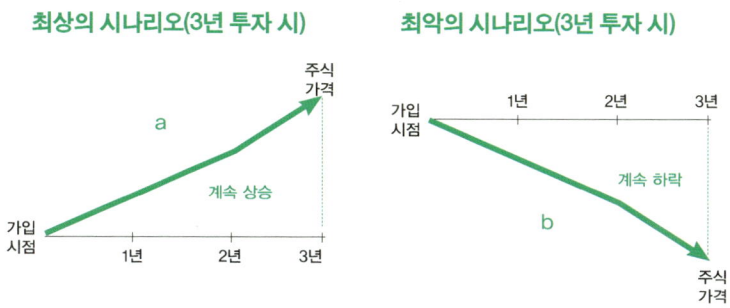

최상의 시나리오라면 그야말로 대박 수익률을 기대할 수 있다. 반면에 최악의 시나리오처럼 주식이 계속 하락한다면 원금에서 크게 손실이 생길 것이다.

하지만 3년이란 시간을 감안했을 때 현실에서 위의 그래프 같은 상황이 일어날 확률은 거의 없다. 실제로는 대개 하락하다 상승하거나 아니면 상승하다 하락한다. 3년 정도를 분할로 투자하는 경우라면 대체로 환매시점에 상승(a)하는 그림이 나타나는 경우 중수익을 기대할 수 있다. 반면 환매시점에 하락(b)하면 손실이 생길 수 있다.

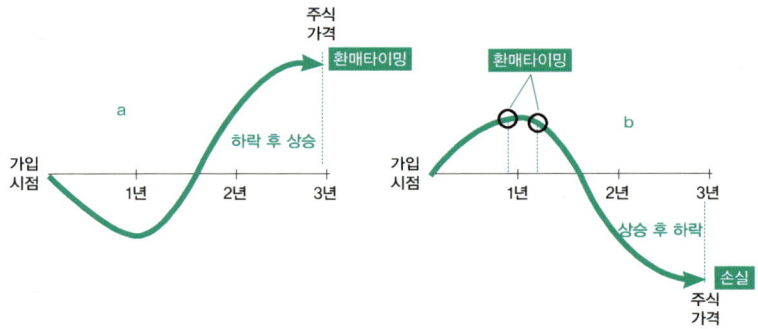

　따라서 (b)의 경우처럼 적립식 펀드를 가입하고 나서 투자기간의 3분의 1이 지나기도 전에 높은 상승이 있을 경우라면 중수익에 만족하고 조기에 환매를 통해 목돈을 펀드에서 빼야 한다. 이것은 앞서 설명한 대로 항상 분할로 꾸준히 투자하다가 중수익을 달성한 목돈이라면 욕심을 부리지 말고 적절한 환매타이밍을 잡는 양면의 전략이다. 이처럼 적립식 펀드는 코스트 에버리지Cost Average 효과를 통해 적금보다 조금 높은 수익을 좇는 형태가 바람직하다.

> ■ **코스트 에버리지**
>
> 코스트 에버리지는 구매비용을 평균화하는 투자법으로 정액분할투자법, 평균매입단가 인하라고도 한다. 주가가 높을 때는 적은 수의 주식을 매입하고 주가가 낮을 때는 많은 수의 주식을 구매하면 한 주당 평균매입단가는 낮아지게 된다. 적립식 펀드는 매달 일정금액을 투자하게 되는데 주가가 높은 달에는 적은 수의 주식을, 주가가 낮은 달에는 많은 수의 주식을 자동적으로 구매하게 되면서 평균매입단가는 낮아지게 된다. 장기적으로 투자하게 되면 적립식펀드는 코스트 에버리지 효과에 의해 비교적 주식시세에 영향을 받지 않고 안정적으로 운용된다.

이채연 씨 부부의 경우 마련해야 할 주택자금 중 일부를 단기저축으로 운영하지만, 3년 이상을 투자하는 것은 향후 주택구입자금이다. 이 자금은 최대 10년까지도 단중기 저축으로 운영되어야 한다. 다음을 보자.

② **주택구입자금 중 일부, 3년에 3000만 원 이상을 목표**

> 주식형 펀드 월 80만 원 최대 3년을 분할로 투자하고 적금보다 높은 수익의 중수익 시 환매.
>
> - 주택구입자금 중 3000만 원 3년 내에 모으기
>   이채연 씨는 주식형 펀드에 월 80만 원 36개월 투자

이처럼 단중기 저축의 경우는 투자를 가미한 저축을 10년 동안 최소 3~4회, 또는 최대 6~7회에 걸쳐서 분할로 투자를 지속한다.

라벨링이 강한 저축을 만들자

맞벌이 푸어들이 오랜 시간 두 사람의 소득에 비해 많은 돈을 모으지 못하는 이유는 저금리 때문이 아니다. 가장 큰 이유는 바로 목적 없는 저축 때문이다. 돈을 열심히 모았다고 하더라도 정확한 목적 없이 모았다면 만기 이후에 흐지부지 돈을 사용하게 된다. 애초에 어디에 사용할 것인지에 대한 확실한 라벨링Labeling이 없었다는 표현이 더 맞을 것이다. 특히 돈의 규모가 1000만 원 이하거나

세제 혜택을 받은 상품인 경우가 특히 그렇다. 보통 1000만 원 이상의 큰 목돈은 누구나 재투자를 생각하지만 수백만 원의 목돈은 소비의 유혹을 받기 쉽다. 세제 혜택을 보기 위해 가입한 상품들도 소규모의 금액인 데다 세제 혜택이란 당초 목표를 달성했기 때문에 의도치 않은 지출로 흘러갈 확률이 높다.

> **생각의 변화 3**
>
> 목적 없는 저축으로 만기금을 소비하기 쉬운 경우
> ① 1000만 원 이하의 소규모 종잣돈
> ② 세제 혜택을 받는 금융상품
> - 아무리 소규모의 저축이라도 확실한 목표(라벨링)를 정해두자.
> - 되도록 큰 금액으로 가입하자(월 10만 원×3개, 월 15만 원×2개보다는 월 50만 원, 70만 원…).

이채연 씨 부부의 경우 중장기 저축으로 세제 혜택을 받을 수 있는 상품을 다음과 같이 설정했다.

③ 주택구입자금 중 일부, 7년에 6000만 원 이상을 목표

> 주택청약저축 월 20만 원 7년 만기 2.5%(변동) 연간 96만 원 소득공제효과
> 신재형저축 월 50만 원 7년 만기 3.9%(변동) 이자소득세 비과세
>
> 이채연 씨는 7년 만기에 중장기 저축 중 세제 혜택을 챙길 수 있는 상품으로 월 70만 원을 가입했다.

이 자금은 만기에 예금과 같은 거치상품에 재투자될 수 있지만 결국 주택구입자금 목표인 3억 652만 원을 향해가는, 라벨링이 명확한 중장기 저축이다.

또한 2년 후로 자녀계획을 세운 이채연 씨 부부는 향후 자녀의 교육자금을 위해 교육비 마련 저축도 준비 중이다.

④ **자녀의 교육자금 중 일부, 10년에 약 5000만 원 마련 목표**

> **장기펀드 월 30만 원** 동일수익률 비교 시 장기운용펀드는 15년 이내 인출 시 유리
>
> 10년 이상임을 감안하여 투자형으로 교육자금마련 중장기 저축을 실행한다. 이채연 씨는 자녀가 고등학교 때부터 교육자금을 인출할 계획이므로 장기펀드 30만 원을 가입했다(만약 대학 이후에 교육자금을 인출하는 경우라면 변액유니버셜 적립형이 유리).

노후 월세 500만 원 만들기

공부, 운동, 노후 준비. 이 세 가지에는 공통점이 있다. 무엇일까? 바로 오랜 시간을 투자해야만 좋은 결과를 기대할 수 있다는 것이다. 과외 한두 번으로 공부를 잘할 수는 없다. 또 헬스클럽 한두 달로 몸짱이 되지 않는다. 노후 준비도 마찬가지다. 정말 오랜 시간 꾸준히 다양한 방법으로 준비해온 사람만이 안정된 노후가 확보된다. 맞벌이 부자는 이것을 실천에 옮긴 사람들이다. 공부나 운동처럼 노

후 준비도 결국 얼마나 오랜 시간을 투자했는지의 싸움이다. 지금 당장 큰돈을 노후에 투자할 여력이 없는 월급쟁이들이야말로 일찍부터 실질적인 노후 준비를 실행하는 것이 절실하다.

우선은 국민연금, 퇴직연금, 개인연금과 같은 3대 연금으로 노후를 위한 기본생활비를 확보해보자. 그리고 여가생활비는 수익형 부동산으로 대비해야 한다. 3대 연금으로 기본생활비를 마련해야 하는 이유는 종신지급이 보장되기 때문이다. 10년 안에 주택에 대한 비용을 끝내고 나면 은퇴 전까지 수익형 부동산 마련을 통해 기본생활비 외의 여유생활비를 확보해야 한다.

노후자금은 먼 미래에 필요한 돈을 모으는 장기상품으로 금리형보다는 투자형을 가입하는 것이 바람직하다. 하지만 투자성향이 극히 안정성향이거나 퇴직시기가 10년 이내의 경우라면 금리형도 고려해볼 필요가 있다. 그렇다면 노후를 투자로 대비해야 하는 가장 큰 이유는 무엇일까? 노후자금에는 상당히 많은 돈이 필요하지만, 지금 당장 많은 돈을 투자하기 어렵기 때문이다. 또한 연금이란 매월 조금씩 돈을 내는 방식으로 준비되는 것이기 때문에 장기투자효과가 커질 수 있는 방식을 선택하는 것이다.

이 사진은 1978년 당시 압구정동 현대아파트의 모습이다. 현재는 강남의 금싸라기 땅 중 하나지만 당시만 해도 완전한 시골이다. 저 땅을 소유했던 사람은 지금 무엇을 하고 있을까? 만일 당시 저 땅에 투자한 사람이 지금까지 장기간 땅을 소유했다면 그 사람은

출처: 한국향토문화전자대전

두말 할 것 없이 큰 부자가 되었을 것이다. 투자란 이런 것이다. 현재보다 나중이 더욱 가치 있어질 것으로 생각되는 것에 돈을 묻어두는 것. 결국 투자란 시간을 사는 일이다. 반면 투기란 자산의 가격 변동성으로 시세차익을 보려는 것을 말한다. 따라서 변동성이 중심이면 투기, 시간이 중심이면 투자다.

하지만 노후 준비를 위해 지금보다 미래에 더 가치가 올라갈 만한 자산에 목돈을 쓰기 어려운 직장인들에게는 소득이 발생할 때마다 꾸준히 일정한 금액을 투자하는 것이 유일한 방법이다. 물론 결과론적인 이야기가 되겠지만 국내 코스피 시장의 대표주인 삼성전자의 경우를 예로 들면 주가가 20년 전에 5만 원이었고 10년 전에는 30만 원이었다. 20년 전 월급이 100만 원인 어떤 직장인이 월 소득의 단 5%만이라도 매월 삼성전자 주식에 투자했다면 현재 노후 준비는 더 이상 필요하지 않을 것이다.

노후자금은 어떤 연금으로 준비하는 것이 바람직한 것일까? 현재 국민연금과 퇴직연금에 가입되어 있는 맞벌이 직장인이 안정된 노후 준비를 위해 선택할 수 있는 방법은 총 5가지다.

첫째, 개인연금저축보험(세제 적격)에 가입하는 방법
둘째, 개인연금저축펀드(세제 적격)에 가입하는 방법
셋째, 개인형 퇴직연금제도인 IRP(세제 적격)에 추가 납입하는 방법
넷째, 개인연금보험(세제 비적격)에 가입하는 방법
다섯째, 변액개인연금보험(세제 비적격)에 가입하는 방법

우선 어떤 연금에 가입할 것인가 고민하기 전에 연금과 관련된 세금을 이해해야만 올바른 선택을 할 수 있을 것이다. 현행 세법(2015년 12월 기준)으로 보면 세액공제를 해주는 연금은 총 3가지로 개인연금저축보험, 개인연금저축펀드, 개인형 퇴직연금제도인 IRP다. 연 소득 5500만 원 이상인 경우 납입금액의 13.2%를, 연 소득 5500만 원 미만일 경우에는 16.5%의 세액공제 혜택을 받을 수 있다.

구분	연 소득 5500만 원 이상	연 소득 5500만 원 미만
개인연금저축 400만 원	13.2%	16.5%
퇴직연금 추가 300만 원	최고 92만 4000원 환급	최고 115만 5000원 환급

하지만 세액공제를 받는 대신 연금을 수령할 때 연금소득세를 내야만 한다. 또한 중간에 목돈으로 받거나 중도해지 시에 기타소득세 16.5%를 공제한다. 세상에는 공짜가 없다는 말이 실감나는 대목이다.

구분	연금소득세	중도해지 시
55세~69세	5.5%	기타소득세 16.5%
70세~79세	4.4%	
80세 이상	3.3%	

결국 정리해보면 세액공제를 받은 상품은 연금 수령을 할 때 세금에서 자유로울 수 없다. 따라서 연금을 수령할 때 세금을 내고 세액공제를 지금 받을 것인지, 아니면 지금 세액공제를 받지 않더라도 추후 연금을 수령할 때 완전 비과세를 받을지 선택해야만 한다. 여기서 고려해야 할 점은 공적연금(2001년 이후 적립분)과 개인연금저축, 퇴직연금의 합산 연금액이 월 100만 원, 즉 연간 1200만 원이 넘게 된다면 5.5%와 같은 분리과세를 선택할 수 없고 종합소득세를 내야 한다. 따라서 현재 2030 세대이면서 퇴직연금이 도입되어

■ 연금 상품의 과세는 어떻게 이루어질까?

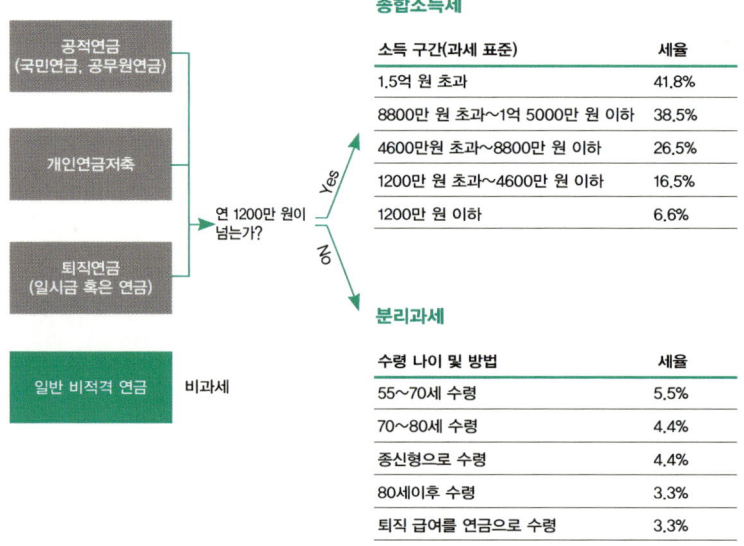

있는 사업장의 종업원이라면 세액공제형 연금이나 IRP계좌의 추가 납입보다는 비과세형 연금이 더 바람직하다고 볼 수 있다.

> **생각의 변화 4**
>
> 본인의 상황과 개인성향을 파악하여 그에 알맞는 개인연금을 선택하고, 하루라도 빨리 시작한다
>
> ① 우리 회사는 퇴직연금이 도입되었는가?
> ② 몇 년 후 퇴직할 것인가?
> ③ 나의 투자성향은 안정형, 중립형, 공격형 중 무엇인가?

■ 연금 선택 시 고려사항

상품	운용 형태	상품명	어떤 직장인에게 적합한가?
A 세액 공제형	A-1 금리형	개인연금 저축보험	은퇴까지 적은 기간이 남은 경우 투자성향이 매우 안정성향인 경우 주로 40~50대 연령층에게 적합
	A-2 투자형	개인연금 저축펀드	은퇴까지 적은 기간이 남은 경우 투자성향이 공격형/중립형인 경우 주로 40~50대 연령층
	A-3 금리형 투자형	개인형퇴직계좌 IRP추가납입	은퇴까지 적은 기간이 남은 경우 투자성향이 중립형 이상인 경우 주로 40~50대 연령층
B 비과세형	B-1 금리형	금리형 개인연금 보험	은퇴까지 많은 기간이 남은 경우 투자성향이 매우 안정성향인 경우 주로 20~30대 연령층 퇴직연금이 도입된 사업장
	B-2 투자형	투자형 변액연금 보험	은퇴까지 많은 기간이 남은 경우 투자성향이 중립형 이상인 경우 주로 20~30대 연령층 퇴직연금이 도입된 사업장

이채연 씨 부부의 경우 65세를 기준으로 국민연금에서 약 월 120만 원을, 퇴직연금에서 월 120만 원 정도를 예상하고 있다. 따라서 개인연금에 소득의 약 10% 정도를 투자하여 부족한 기본생활비를 대비할 계획이다.

⑤ **노후생활자금 중 기본생활비 월 300만 원 목표(현재 화폐가치)**

> B타입 비과세형 변액연금 월 65만 원씩 10년간 납입 연금 수령 시 종합소득세, 이자소득세, 연금소득세 모두 비과세혜택을 받을 수 있다.
>
> 20년 이상임을 감안하여 투자형으로 노후자금마련 장기 저축을 실행한다.
> (현재 화폐가치로 60세 수령 시 월 80만 원 종신연금 수령 가능)

연금소득세에 해당되는 연금

1. 2002. 1. 1일 이후 불입한 공적연금에서 발생한 연금소득.
2. 퇴직보험연금, 퇴직연금 소득.
3. 2001년 이후 개인연금저축보험(신탁, 펀드)에 가입하고 소득공제를 받은 부분(현재 연 400만 원).

단, 다음의 경우에는 연금소득에서 제외(비과세)된다.

1. 유족연금, 장애연금, 상이연금.
2. '산업재해보상보험법'에 따라 받는 각종 연금.
3. '국군포로의 송환 및 대우 등에 관한 법률'에 따라 국군포로가 받는 연금.
4. 개인연금저축보험(신탁, 펀드)에 가입하고 소득공제를 받지 않은 원금(이자는 연금소득으로 과세됨).

맞벌이를 부부를 위한 적절한 보험상품 가입하기

항공기는 출발지를 이륙해서 목적지까지 가기 위해서 필요한 연료에 몇 %를 급유하고 비행을 할까? 필요한 연료의 100% 이상을 급유할 것임에는 틀림없다. 하지만 추가로 급유하는 비상 연료의 양을 정하기란 쉽지 않다. 너무 많은 양을 급유하면 항공기의 무게가 올라 많은 연료가 소모되고 그만큼 비용이 증가하기 때문이다. 그렇다고 너무 적은 비상 연료를 급유할 경우 비상 시 안전에 문제가 생길 수도 있다. 이때 고려되어야 할 사항이 몇 가지 있다.

① 비행 거리
② 비행 지역의 기상 상황
③ 위급 상황 시 회항할 주변 공항의 여부

이 이야기는 마치 '보험을 얼마나 가입해야 할까?'라는 질문과 크게 다르지 않다. 맞벌이 부부에게 보험이란 매우 중요하다. 특히 특별한 자산 없이 소득으로 모든 것을 해결해야 하는 직장인이라면 위험이 발생했을 경우 지금까지 세웠던 모든 인생 플랜들이 지연되거나 아예 차질을 빚을 것이 확실하기 때문이다. 그렇다면 어떤 보험을 어느 정도 가입하는 것이 바람직할까? 앞서 언급한 항공기 비유에서처럼 비상 연료를 무조건 많이 급유한다면 좋겠지만 그만큼 많은 비용이 발생하기 때문에 신중해야 한다. 보험을 얼마나 어떻게 가입하느냐의 문제는 단순히 보장 내용과 비용의 측면에서 극대화할 것인지, 극소화할 것인지의 문제가 아니다. 과연 적당한 것인가, 즉 최적화의 문제인 것이다.

그렇다면 이제 적절한 보험 가입을 위해서 결정해야 하는 몇 가지의 기준을 알아보자.

① 보장성 보험료의 적정한 비율은 얼마인가?

이 문제는 한 가정을 기준으로 미래에 발생할 수 있는 위험의 크기에 따라 달라진다. 가정의 경제 책임을 맡고 있는 가장이 경제력을 영구적으로, 또는 일시적으로 잃을 경우에 경제적인 충격이 얼마나 커질 것인가를 판단할 수 있는 요소들이 가정마다 다르기 때문이다.

보험료의 비율에 영향을 줄 수 있는 요인(위험 요소가 높을수록 높은 보험료 비율이 요구)

1) 자녀의 수(자녀의 수가 많을수록 위험 요소 증가)
2) 자녀의 나이(자녀의 나이가 어릴수록 위험 요소 증가)
3) 현재 자산과 부채현황(순자산이 적을수록 위험 요소 증가)
4) 소득원의 수(소득원이 적을수록 위험 요소 증가)
5) 재무목표의 크기(재무목표가 클수록 위험 요소 증가)

※ 가이드라인: 한 가정의 순수보장성 보험료의 비율은 최소 5%가 필요하다(위의 요인을 감안하면 상황에 따라 늘어날 수도 있다).

> **생각의 변화 5**
>
> 한 가정의 순수보장성 보험의 비율은 최소 5%다.
> 자녀의 수, 자녀의 나이, 현재 자산과 부채현황, 소득원의 수(맞벌이 여부), 재무목표의 크기에 따라서 보장성 보험의 비율은 증가할 수 있다.

② **누가 보험에 가입해야 하는가?**

당연히 경제력을 가진 가장이 가입해야 한다. 맞벌이의 경우라면 경제력이 분산되어 있으므로 적절한 배분으로 가입한다. 자녀의 경우는 주 가장이 가입 후 여력이 있을 경우에 최소한으로 가입하는 것이 옳다. 보험상품은 보험의 대상자에게 유고 상황이나 질병, 상해 등이 발생하여 경제력에 문제가 생길 경우에 다른 가족을 경제적으로 보호하기 위해서 가입하는 것이다. 따라서 남편의 보험은 아내와 자녀를, 아내의 보험은 남편과 자녀를 보호하기 위한 프로그램이다.

주 가장의 보험이 제대로 되어 있지 않은 상태에서 자녀에 대한 과도한 보장성 보험을 가입하는 것은 바람직하지 않다. 자녀에게 위험이 발생한다고 해도 만일 부모가 건재하다면 큰 문제가 없지만 부모에게 위험이 발생한다면 바로 자녀에게 문제가 생기기 때문이다.

> **생각의 변화 6**
>
> 가장 〉 배우자 〉 자녀 순으로 보험을 가입한다.
> ※자녀에게 과도한 보장성 보험은 피한다.

③ 어떤 상품에 가입해야 하는가?

보험상품은 세상에 존재하는 수없이 많은 위험으로부터 자신과 가족을 지키기 위한 것이다. 여기서 말하는 위험이란 무엇일까?

일반적인 위험 - 데인저(DANGER)
보험에서의 위험 - 리스크(RISK)

일반적인 위험의 개념과 달리 보험에서 말하는 위험은 보통 리스크라고 한다. 리스크란 눈에 보이지 않는 위험, 흔히 경제적 위험을 가리킨다. 다시 말해 보험에서 피하고자 하는 위험이란 미래에 닥칠, 눈에 보이지 않는 경제적 위험을 말한다. 이런 관점에서 본다면 리스크야말로 셀 수 없이 많아진다. 그렇다면 이런 크고 작은 모든 위험을 모두 대비하여 가입해야 할까? 그렇지 않다. 그런 위험들 중에서 반드시 피하지 않으면 안 되는 위험부터 따져 보험에 가입해야 한다. 영어 속담에 이런 말이 있다. "You can't have your cake and eat it too" 양손에 빵을 다 쥐고 있을 수는 없다는 의미다.

보험 가입에 있어서도 우선순위를 정하는 것이 중요하다. 그렇다면 반드시 피하지 않으면 안 되는 위험이란 무엇일까? 바로 확률이 낮더라도 발생할 경우 돌이킬 수 없을 정도로 가족에게 큰 경제적 충격을 주는 위험이다. 만일 종신보험이나 정기보험처럼 가장의 사망 시에 지급되는 보험은 발생 확률이 낮아 보이고 내용 자체도 기분이 나쁘다는 이유로 가입하지 않으면서 임플란트 보험은 확률도 높아 보이고 수백만 원을 지급한다는 이유로 가입했다면 어떨까? 잘못 생각한 것이다. 임플란트 보험이 불필요하다는 뜻이 아니라 우선순위 측면에서는 앞서지 않는다는 뜻이다.

보험 가입의 우선순위 기본 항목
1순위: 가장의 유고 시 보장(특히, 경제활동 기간에 유고는 높은 보장이 요구됨)
2순위: 가장의 상해 시 보장
3순위: 가장의 중대 질병 시 보장
4순위: 가장의 질병 시 의료비 보장(실손)

맞벌이의 경우는 경제력이 분산되어 있기 때문에 한 명의 가장에게 지나치게 과도한 보험료를 몰아두는 것은 위험할 수 있다. '보험 가입의 우선순위 기본 항목'에 맞도록 보장성 보험을 가입한 후, 보험료의 여력이 있을 때 추가적인 생활형 보험을 가입하는 것은 나쁘지 않다.

> **생각의 변화 7**
> - 보험 가입 우선순위 기본 항목에 맞추어 보험에 가입한다.
> - 맞벌이 부부의 경우 한 명의 가장에게 보험을 편중하지 않는다.
> - 발생 확률은 높지만 가족에게 경제적 충격이 적은 생활형 보험은 기본 항목을 가입 후 추가로 가입한다.

④ 어느 정도의 보장 금액을 가입해야 하는가?

보험에서 말하는 보장의 정의는 다음과 같다.

> **보장이란?**
>
> 한 가정의 경제적 책임을 맡고 있는 가장이 만일 그 책임을 다하지 못하는 경우가 발생하더라도, 사랑하는 가족이 더 이상의 경제적 곤란을 겪지 않고 지금과 같이 계속적으로 안정적인 생활을 유지할 수 있도록 미리 준비해놓은 재정적인 계획

여기서 중요한 대목이 있다. '지금과 같이 계속적으로 안정적인 생활을 유지할 수 있도록'이라는 부분이다. 이것은 보장이 준비되어 있느냐, 준비되어 있지 않느냐의 문제가 아니다. 과연 충분한 수준만큼 준비되어 있느냐의 문제다. 보험이 제 역할을 다하기 위해서는 바로 이런 부분을 잘 따져야 한다.

충분한 보장의 조건

① 가장의 유고 시 보장 - 맞벌이(연 소득의 5배), 외벌이(연 소득의 7배)

② 가장의 상해 시 보장 - 장해율 50% 시(연 소득의 7배 이상)

③ 가장의 중대 질병 시 보장 - 3년 생활비

④ 가장의 질병 시 의료비 보장(실손) - 본인 부담 의료비의 80% 이상 보장

> **생각의 변화 8**
>
> 현재 상황을 체크해보자.
> 사망 시 보장은 연 소득의 5배 □   장해 시 보장은 연 소득의 7배 이상 □
> 암, 뇌졸중, 급성심근경색 등 발병 시 3년 생활비 □   실손보험 가입 □

맞벌이 부부를 위한 세제 혜택 챙기기

연말정산을 통해 더 챙겨야만 하는 맞벌이 부부만의 세제 혜택 방법에는 무엇이 있을지 알아보자. 우선 연말정산의 기본적인 흐름은 다음과 같다.

1단계	총 급여액 산출 = 연간급여액 - 비과세소득
2단계	근로소득금액 산출 = 총급여액 - 근로소득기본공제
3단계	과세표준 산출 = 근로소득금액 - 각종 공제
4단계	산출세액 산출 = 과세표준 × 구간별 세율
5단계	결정세액 결정 = 산출세액 - 세액공제금액

1단계와 2단계는 근로자가 스스로 챙기지 않더라도 자동으로 계산된다. 특히 근로소득기본공제란 연봉에 따라서 총 급여액에서 근로소득자의 기본 경상비를 감안하여 일정 금액을 공제하여주는 것으로 신경 쓰지 않아도 된다.

	3단계 과세표준이란 세금을 정할 때 실제 대상이 되는 금액이다. 바로 이 각종 공제를 통해서 과세표준을 낮춘다면 실질적으로 세금을 줄일 수 있게 되는 것이다. 공제에는 크게 소득공제와 세액공제 두 가지가 있다. 소득공제란 일정 금액을 소득에서 공제하여 과세표준을 낮추므로 세금의 절약효과를 발생시킨다. 따라서 소득공제는 부부 중 누구에게 적용되는가에 따라 세금환급이 달라질 수 있다. 세액공제란 일정 금액을 산출세액에서 공제하여 세금을 줄여주는 방법을 말한다. 따라서 세액공제는 누가 받더라도 세금환급효과는 동일하다.

■ **소득공제와 세액공제**

① **소득공제** - 과세표준에서 일정 금액으로 공제하여 세금을 줄이는 방법(고소득자에게 유리).
예) 인적공제- 본인이나 연간 500만 원 이하 소득인 배우자 인당 150만 원을 소득공제.

② **세액공제** - 산출세액에서 일정 금액을 공제하여 세금을 줄이는 방법(맞벌이, 저소득자 유리).
예) 개인연금저축 세액공제 - 연간 납입금액 400만 원 한도로 12%인 48만 원을 세금 환급함(연 소득 5500만 원 이상자 기준).

국세청은 2015년부터는 연말정산의 과정을 근로자 본인이 시뮬레이션해볼 수 있도록 관련 프로그램을 홈페이지를 오픈했다. 맞벌이 부부라면 연말에 국세청 홈페이지 기본 화면 중 '연말정산 자동계산'에 접속하여 각종 공제를 부부 중 어느 쪽으로 몰아주는 것이 유리한지를 미리 알아볼 수 있어 매우 유용하다.

① 인적공제와 같은 기본공제는 소득이 높은 사람에게 몰아라

남편의 연봉은 6000만 원이고 아내의 연봉이 3000만 원일 경우 인적공제와 같은 소득공제는 남편에게 몰아주는 것이 더 높은 세금절약 효과가 있다. 다른 공제가 없다면 아내는 15%의 소득세가 발생하는 구간에서 소득공제가 되는 것이나 남편은 24%의 소득세가 발생하는 구간에서 소득공제가 되는 것이기 때문이다.

종합소득과세

소득 구간 (과세표준)	총 세율	소득세	지방세 (소득세×10%)
1억 5000만 원 초과	41.8%	38%	3.8%
8800만 원 초과~1억 5000만 원 이하	38.5%	35%	3.5%
4600만 원 초과~8800만 원 이하	26.4%	24%	2.4%
1200만 원 초과~4600만 원 이하	16.5%	15%	1.5%
1200만 원 이하	6.6%	6%	0.6%

남편 소득공제 구간: 4600만 원 초과~8800만 원 이하
아내 소득 공제구간: 1200만 원 초과~4600만 원 이하

② 의료비와 신용카드 소득공제는 소득이 적은 사람이 유리할 수 있다

소득공제라고 해서 무조건 소득이 높은 사람에게 몰아주는 것

이 유리하다고 생각하면 안 된다. 인적공제와 같이 금액이 정해져 있는 것은 그렇지만 일정 수준 이상 사용할 경우 그 이상의 금액을 소득공제해주는 의료비나 신용카드(체크카드, 현금영수증)의 경우는 소득이 낮은 사람이 유리할 경우가 있으므로 소비의 규모를 따져보고 몰아주어야 한다.

■ 신용카드와 체크카드의 소득공제 비율 차이

카드	신용카드	체크카드	현금영수증
공제금액 기준	연봉 25% 초과액	연봉 25% 초과액	연봉 25% 초과액
소득공제 비율	15%	30%	30%

예컨대 신용카드나 체크카드 또는 현금영수증 소득공제의 경우는 연봉의 25%를 초과 사용한 금액에 대해서 15~30%를 소득공제해주기 때문에 연 소득의 25%라는 조건을 넘기 위해선 연봉 6000만 원인 남편보다는 연봉 3000만 원인 아내가 카드를 사용하는 것이 유리할 수 있다. 의료비에 대한 소득공제도 마찬가지다. 연봉의 3%를 초과 사용한 의료비에 대해서 소득공제해주기 때문이다.

■ 의료비 소득공제

연 소득의 3%를 초과하여 지출한 의료비는 소득공제하여 준다.

③ 연말정산 간소화 서비스에서 조회되지 않는 항목도 챙겨라

교육비 세액공제나 의료비 소득공제의 경우 연말정산 간소화 서비스에서 자동체크가 되기도 하지만 조회되지 않는 항목도 있으므로 꼼꼼히 챙기는 것이 중요하다. 아울러 요즘 전세난으로 인한 반전세가 확산되고 있는데 월세를 내는 경우 10%까지 세액공제가 되므로 월세납부 내역을 챙길 필요가 있다.

> 교육비 세액공제 교육비 지출금액의 15%를 세액공제
> ※ 간소화 서비스에 조회되지 않는 교육비 - 취학 전 아동의 학원비 및 체육시설비, 교복구입비 등
>
> 의료비 소득공제 연봉의 3%를 초과 지출한 의료비를 소득공제
> ※ 간소화 서비스에 조회되지 않는 교육비 - 안경, 보청기, 의료기기 구입비 등
>
> 월세 세액공제 연간 월세납입액 750만 원 한도 납입액의 10%를 세액공제

④ 연말정산 자동계산 프로그램을 활용하라

배우자 중 어느 쪽으로 공제를 받더라도 상관없는 세액공제 부분 이외에 소득공제 항목들은 공제금액과 조건에 따라 변동되는 경우가 많으므로 연말이 되면 항상 국세청 홈페이지 연말정산 자동계산을 이용하여 시뮬레이션해보자. 항상 전년도의 인적공제와 기타 사용금액으로 세팅되어 있는데 본인이 숫자를 바꾸어가며 산출세액을 확인할 수 있도록 되어 있다.

맞벌이 부자들의 라이프스타일 1+1=3 !

Chapter 10
인생을 품위 있게 즐기는 사람들

| **0.8의 법칙, 길어지는 라이프 그래서 느려지는 라이프** |

지난 주말에 한 신혼부부를 상담했다. 이제 결혼한 지 1년 정도 된 30대 초반의 동갑내기 부부였다. 남편은 스포츠 용품을 생산하는 중견기업에서 직장생활을 하고 있고 아내는 현재 전업주부라고 했다. 아직 아이가 없는 젊은 여성에게 전업주부라는 말을 들으니 좀 어색하기까지 했는데 사정을 듣고 보니 이 부부도 원래 맞벌이였지만 최근 아내가 회사를 그만두고 외벌이가 된 상황이었다.

요즘 젊은 사람들은 어떻게 해서든 맞벌이를 하려고 노력하는데 무슨 이유로 자진해서 외벌이가 된 것일까? 사실 아내의 꿈은 오래전부터 교사였다고 한다. 하지만 어쩌다 보니 대학에서 여성으로는 드물게 공학계열을 전공한 후 얼마 전까지 IT 관련 회사를 다녔다. 입사 초기부터 적은 월급과 많은 업무량에 회의감이 밀려오곤 했는데, 특히나 남성 위주의 회사문화로 장기근속이 어려운 환경이었다. 결국 그녀는 4년간의 직장생활을 정리했다. 이제 그녀가 회사를 그만두고 선택한 새로운 진로는 무엇이었을까? 놀랍게도 그녀는 다시 공부를 시작해 교대 입학을 준비하고 있었다.

듣자마자 눈이 휘둥그레질 만한 말이었다. 몇 가지 의문이 들었다. 늦은 나이에 다시 공부를 해서 들어가기 힘들다는 교대를 들어갈 수 있을까? 또 무척 어렵다는 임용고시에 합격할 순 있을까? 무엇보다도 31세의 나이에 시작해서 모든 것이 계획한 대로 이루어진다고 하더라도 30대 후반은 되어야 할 텐데……. 아무래도 무모한 도전 같아 보였다. 하지만 이런 우려를 무색하게 할 정도로 구체적이고 확고한 계획을 부부는 들려주었다.

오래전부터 과외를 해왔다는 그녀는 이렇게 말했다.

"수능은 1년 정도 준비하면 될 거구요. 학비는 퇴직금으로 할 생각이에요."

그녀의 목소리에는 자신감이 가득 차 있었고 남편도 별 문제가 안 된다는 표정이다. 말끝마다 "늦은 나이에…" 라는 말을 붙여가며 의심을 드러낸 내가 무안할 정도로 당당한 저 자신감의 정체는 무엇일까?

우선 부부는 이런 말을 했다.

"70세까지는 무조건 일해야 하는데 몇 년 좀 늦는 것이 큰 문제는 아니죠!"

그들은 시간이 좀 걸릴지라도 원하는 것을 하겠다는 의지가 강했다. 지금 당장은 일시적인 외벌이지만 미래에는 좀 더 견고한 맞벌이가 시작될 것이었다.

70세까지는 무조건 일해야 한다는 말, 사실 이 말은 내가 몇 해 전부터 노후 관련 강연에서 자주 역설하는 것이다. 이런 말을 신혼부부의 입에서 듣게 되니 묘한 감정이 들었다. 실제로 사람들은 내가 이런 말을 했을 때 한숨부터 내쉬곤 했다.

'지금도 힘들어 죽겠는데 70세까지 일해야 한다고?' 물론 이 말을 얼핏 듣는다면 숨이 턱 하고 막힐 만하다. 우리나라 사람들은 '일'이라고 하면 무조건 풀타임 잡에 하드 워킹을 떠올리기 때문이다. 공부하던 어린 시절부터 사회인이 되어 살아온 지금까지 대한민국에서는 경쟁이 아닌 때가 없었다. 무엇을 하든지 치열하게 매달리고 정신없이 달려든 경험 때문이다. 일이라고 하면 '고된 노동'이라는 생각이 반사적으로 떠오르는 것이 당연하다.

하지만 70세까지 일한다는 것은 결코 생계형 경제활동을 위한 하드 워킹만을 뜻하는 것이 아니다. 즐겁게 할 수 있는 자신만의 보람을 찾는 일, 다시 말해 자아실현을 위한 '슬로우 워킹'을 포함한 개념인 것이다.

하루 종일 햇볕에 그을리며 땀 흘린다는 것에는 그 옛날 농부나 오늘날 골프 선수나 매한가지인데 세월이 갈수록 농부는 깊이 패인 주름에 늙어만 가고 골프 선수는 왜 점점 멋있어지는 걸까? 우리에게 농부는 생계형 경제활동인 노동勞動의 이미지가 강하고 골프 선수는 자신이 좋아하는 운동運動을 하고 있는 이미지가 강하기 때문이다. 생계에 찌들려 매일 반복하는 노동은 쇠가 닳아서 없어지듯 인생을 마모시킨다. 하지만 자신이 좋아하는 일을 하는 것은 쇠를 갈아 더욱 예리하게 만드는 것처럼 인생을 쇄신한다.

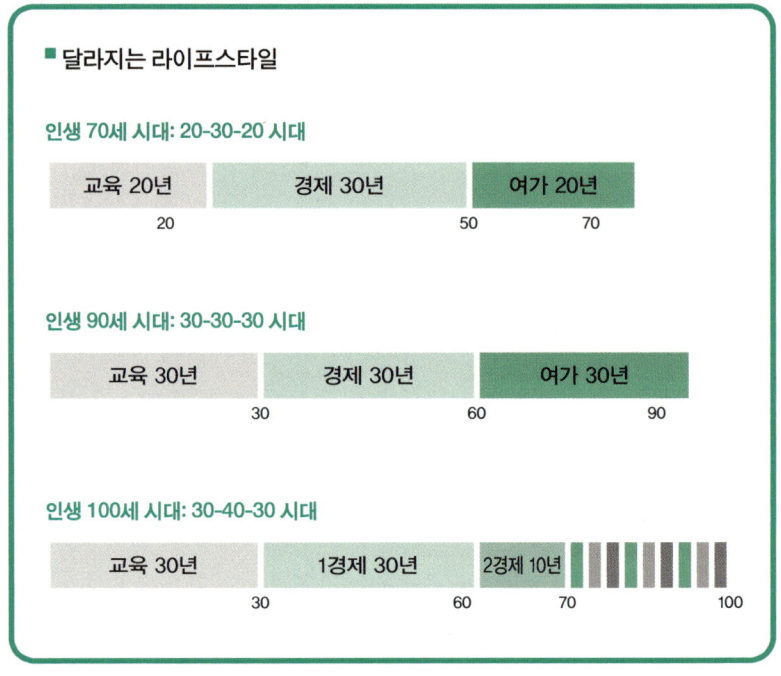

20~40대들의 조부모님 세대는 '인생 70세 시대'였다. 또 우리 부모님들의 세대는 '인생 90세 시대'다. 하지만 한창 경제활동기에 있는 2040들은 정말로 이제 '인생 100세 시대'를 준비해야 한다. 그

럼에도 불구하고 여전히 과거 부모님의 세대 라이프 사이클에 맞춰진 눈높이와 고정관념이 우리에게 강하게 남아 있다.

생각해보면 내가 1990년대 중반에 처음 직장생활을 시작하면서 모셨던 임원 분이 당시 40대 중반이었는데 그분이 처음으로 임원이 된 나이가 39세였다. 1980년대엔 20대 후반 과장도 있었고, 30대 초반 차장이나 30대 후반 부장들도 많았다. 따라서 50세가 넘어간다는 것은 어느 분야든 은퇴 예정 연령대이며 퇴직을 준비해야 하는 시기였다. 하지만 이제는 한국인의 평균 수명이 2013년 기준 남자 77.8세 여자 85.3세로 평균 81.44세에 이르렀고 이런 인구 구조의 변화에 따라 현재 노인의 기준인 65세도 변경해야 한다는 움직임이 있을 정도다.

이제는 더 이상 과거처럼 인생이 빨리 흘러가지 않는다. 예전 같으면 30대에는 사회적으로 완전히 자리를 잡고 40대에는 최고의 전성기를 누리며 50대에 이르러서는 이제 뒷짐 좀 지고 "이 나이에 내가 하리?" 하며 한 발 뺐을 것이다. 그러나 시대가 달라졌다. 50대든 60대든 얼마든지 새로운 도전이 필요한 시대가 되었다.

따라서 우리는 이제 자신에게 새로운 사회적 연령을 부여할 필요가 있다. 바로 '0.8의 법칙'이다. 그동안 우리가 생각해온 사회적인 연령은 현대를 살아가는 우리에게 맞지 않는 옷이다. 자신의 나이에 0.8을 곱해보자. 계산 후의 나이가 실제로 이 시대에 우리가 살아내야 하는 나이다. 나도 0.8을 곱한 나이처럼 생각하고 행동하며 살아가고 있는데 희한하게도 그런 생각 하나만으로도 실제로 매우 긍정적인 변화가 시작된다. 사실 책을 쓰고자 마음먹은 용기도 거기에서 얻은 것이다. 여러분도 반드시 해보길 바란다. 0.8의 법칙은 나이가 많으면 많을수록 더 큰 연령의 감소를 가져온다.

> 70세 노인이라 할지라도 56세처럼 살아가야 하고
> 60세 어른은 48세의 중년과 같은 마음으로 살아가야 하며
> 50세 장년은 40세의 열정과 노력으로 살아가야 하고
> 40세 중년은 32세 젊은이의 패기로 살아가야 하는 것이다.

얼마 전 공기업 최고경영자 교육과정에서 노후관련 강의를 한 적이 있었다. 대상은 공기업에 근무하는 팀장급 20명이었는데 그때 바로 이 0.8의 법칙을 소개했다. 당장 본인의 나이에 0.8을 곱해보고 새로 부여받은 자신의 사회적 연령이 어떤 느낌인지 물어보았다. 20명 중 가장 연장자를 찾았을 때 나온 사람이 바로 김영주 팀장(54세, 한국가스공사)이다. 그는 잠시 생각한 후 빙긋이 웃으며 대답했다.

"그럼 43세가 되는 건가요? 하하. 갑자기 앞으로 해야 할 일이 정말 많구나 하는 생각이 듭니다!" 실제로 대답한 말이다.

사실 공기업에서 25년 이상 근무한 사람이라면 변화나 도전이라는 말보다는 현 상태의 유지나 안정이란 말을 더욱 선호한다. 안정된 직장생활을 해왔지만 직장생활 대부분을 외벌이로 지내왔

고 아직까지 자녀의 대학교육이 끝나지 않아서 노후 준비는 제대로 되어 있지 않다. 그런 사람들에게 60세에 은퇴하고 다른 일을 하더라도 70세까지 일해야 한다는 '100세 시대 라이프사이클'은 어쩌면 어떻게 풀어야 할지를 모르는 수학 문제처럼 난해해 보일 수 있다.

　　60세, 인생의 은퇴Real Retirement가 아니라 현직의 은퇴Semi-Retirement를 하자. 오히려 은퇴 후 그동안 자신이 해보지 못한, 좋아하는 일을 해보자. 물론 그 일이 적당한 소득을 올릴 수도 있다면 더할 나위 없이 좋다. 하지만 꼭 그렇지 못하더라도 은퇴 후 적어도 10년 정도를 슬로우 워커로 일하는 것은 매우 중요하다.

슬로우 워커 10년의 의미
① 자아실현
② 은퇴로 인한 생활비 증가를 억제

　　생계형 경제활동이 아니므로 이 일을 하기 위해 무리한 투자를 하거나 건강을 해칠 정도로 많은 시간을 쏟는 것은 금물이다. 내가 관심이 없거나 좋아하지 않는다면 돈이라는 보상 없이 일하는 것이 불가능하지만 정말 좋아하는 일을 찾게 된다면 그 보상은 돈뿐만이 아닐 것이다.

　　이제 0.8의 법칙이 주는 영감과 자신감으로 우리는 새로운 시대를 준비해야만 한다. 분명한 것은 조금 늦더라도 큰 영향이 없을 만큼 우리의 인생이 정말 길어졌다는 사실이다.

자, 그렇다면 지금의 2030 세대는 어떤가? 지금의 환경이 안 된다고, 또 상황이 여의치 않다고 자신이 좋아하는 일, 자신이 그토록 도전해보고 싶은 일을 너무 쉽게 포기해버리지는 않았는가? 남편의 적극적인 도움으로 31세에 다시 공부를 시작해서 교사의 꿈을 꾸는 아내의 도전은 결코 무모한 것이 아니다. 여러분도 지금 당장 나이에 0.8을 곱하고 그런 노력과 열정을 회복해보자.

최선을 추구하되 항상 최악을 대비하다

몸값이 수백억 원에 이르는 유명한 스포츠 선수나 할리우드 배우들은 신체의 일부를 보험에 가입해놓는다. 야구의 투수라면 자신의 팔, 축구선수라면 다리, 또는 유명 영화배우라면 얼굴이 될 것이다. 이처럼 사람들은 자신이 가장 가치 있다고 생각하는 것을 어떠한 경우라도 지키고 싶어 한다. 나는 이런 뉴스를 접했을 때 보험의 어마어마한 액수보다는 다른 부분에 놀랐다. 보험이란 최악의 경우가 현실이 되었을 때를 가정하는 것이다. 하지만 일반적인 사람들은 보험을 가입할 때 최악의 상황을 아주 구체적으로 상상하고 싶어 하지는 않는다.

따라서 보험에서 말하는 최악의 상황, 그러니까 가장의 사망이나 암 같은 중대질병이 생길 경우는 관행적으로 얼마 정도의 대비책이 필요하다. 그런데 대부분 대략 숫자를 결정하고 넘어가기 일쑤다. 정말로 나 또는 배우자가 암에 걸린다면 어떻게 될까? 경제활동에 얼마나 지장이 있을까? 현실적으로 얼마의 치료비용과 생활비가 더 필요할까? 또 그것이 가정에 어떤 영향을 줄까? 이처럼 아주 구체적인 생각으로 계획을 세우지는 않는다.

하지만 내가 만나 본 맞벌이 부자들은 달랐다. 정말 깜짝 놀랄 정도로 아주 구체적인 보험계획을 가지고 있다. 보험 용어도 전문가 못지않게 많이 알고 있는 경우도 있다.

인생에 찾아 올 수 있는 최악의 시나리오를 매일 같이 염려하며 살아갈 수는 없다. 하지만 적어도 그들은 보험을 가입할 때 딱 한 번만큼은 깊이 있게 제대로 생각해보고 철저하게 대비하자는 기본적인 마인드를 갖고 있었다.

초등학교 교사로 30년을 근무하고 5년 전 희망퇴직을 한 최미숙 씨(57세)는 퇴직 후 현재 개인화실을 운영하고 있다. 그녀는 남편과 자신의 보험 중 유독 암 보험에 많이 가입했는데 그 이유를 물어보았다.

"자녀가 모두 성장한 지금, 죽는 문제보다는 살면서 겪는 암 같은 질병이 더 무섭죠. 암은 병원 치료비뿐만 아니라 환자의 정상 시기와 비교했을 때 생활비가 두 배 필요해요. 우리 나이 때는 5년치 생활비는 최소한 있어야 합니다."

매우 구체적이었다. 그녀는 또 일반적인 암인가, 아니면 고액의 치료비가 필요한 암인가에 따라서도 다른 계획이 필요하다고 주장한다. 일반적인 사람들이 아주 구체적으로 생각하기 싫어하는 문제도 그녀는 제대로 한번쯤 깊이 있게 생각하고 대비한 후 그다음에 잊어버리기로 마음먹었다.

최미숙 씨가 주장하는 내용이 매우 타당하다는 생각이 든다. 그녀는 인생에 최악의 상황을 철저하게 대비해야 할 만큼 자신의 인생을 가치 있게 생각하는 것이다. 자신과 가족을 위한 계획에는 대충이 없다.

그녀의 남편인 김광호 씨(60세)는 30년간 공기업에서 근무하다 역시 3년 전 희망퇴직을 하고 현재 천안에 한 대단지 아파트에서 아파트 관리소장으로 근무하고 있다. 정년보다 이른 퇴직이었지만 그래도 공백 없이 지금껏 안정된 경제활동을 이어가고 있다. 퇴직 몇 년 전부터 준비해서 취득한 주택관리사 자격증 덕분이다. 최미숙 씨 부부도 20년 넘게 맞벌이를 하면서 두 자녀를 키웠다. 지금 당장 은퇴하더라도 생활에는 전혀 문제가 없는 상황이니 맞벌이 부자라고 할 수 있다. 하지만 그들은 아직까지 일할 수 있다는 것 자체가 늘 감사하다고 말한다. 그야말로 생계형이 아닌 자아실현형 경제활동을 하는 셈이다.

김광호 씨가 오래도록 근무했던 공기업은 남들 모두가 부러워하는 직장이다. 불과 10여 년 전만 하더라도 신의 직장으로 불렸다. 게다가 그 옛날부터 맞벌이까지 했으니 경제적으로는 별다른 걱정이 없었을 수도 있다. 그럼에도 불구하고 시간을 아껴가며 퇴직 전부터 자격증 공부를 시작한 계기는 무엇일까?

"세상에 벌어놓은 돈 가지고 곶감 빼먹듯 생활하는 것만큼 불안한 것이 없어요. 나중에 나이 먹고 아플 수도 있고……. 퇴직 후에도 일을 해야겠다는 생각으로 자격증 공부를 시작했습니다."

순간 저절로 "정말 대단하시네요"라는 말이 나왔다.

문득 '김광호 씨는 워커홀릭처럼 그저 일만 하는 사람이 아닐까? 혹시 일중독에 돈 한 푼에도 벌벌 떠는 자린고비는 아닐까?' 하는 생각이 들었다. 그에게는 초등학교 교사로 퇴직한 아내의 연금도 있고 자녀는 벌써 모두 결혼해 출가한 상태이니 꽤 여유가 있을 것이다. 그런데 퇴직 후 채 몇 달도 쉬지 않고 바로 일에 뛰어든 모습을 보고 '어쩌면 돈만 움켜쥐고 있는 구두쇠가 아닐까?' 하는 생각이 든 것이다.

하지만 그렇지 않았다. 오히려 문화생활과 취미에 과감한 지출을 하고 있어서 놀라웠다. 알고 보니 그들 부부는 골프광이었다. 겨울철에는 매주 등산을 다니고 나머지 계절은 아내가 분당인 집에서 천안까지 내려와서 거의 매주 함께 골프를 즐기는 주말 골퍼다.

물론 김광호 씨가 퇴직 후 일하지 않았다고 해도 경제적으로 최악의 상황은 아니었을 것이다. 하지만 지금의 취미나 문화생활을 마음껏 누리지는 못했을 것은 분명하다. 어쩌면 남은 돈만으로 취미생활을 누린다는 것은 그들 부부에게 있어서 최악인 상황일 수 있다. 그래서 '이제 좀 여유를 가져도 되지 않을까? 이 정도 되었으면 나중에 큰 탈이 있겠어?'라고 누구나 마음을 놓을 수 있는 상황에서도 항상 유비무환有備無患의 자세를 유지한 것이다.

항상 여유 있는 생활을 위해서는 김광호 씨가 말한 것처럼 은퇴 후에도 최대한 현재의 소득을 가지고 살 수 있는 상황을 유지하는 것이 중요하다. 이미 벌어놓은 자산을 소진하면서 생활하는 불안감이나 그에 따른 불확실성을 제거하는 것이다. 거의 모든 맞벌이 부자들에게 발견되는, 항상 최선을 추구하되 최악의 상황을 대비하는 특유의 라이프스타일인 것이다.

자신이 좋아하는 일을 찾아라!

세상에서 가장 힘든 일이 바로 '먹고살기 위해 하는 일'이다. 그도 그럴 것이 생계에 대한 책임감이 주는 부담이란 마치 족쇄와 같이 현실에 얽매이도록 만든다.

대부분의 사람들이 현실적인 문제, 그러니까 생계를 위한 경제활동의 방법으로 맞벌이를 선택한다. 하지만 맞벌이 부자가 되기 위해서는 반드시 오랫동안 맞벌이를 지속할 수 있어야 한다는 전제조건이 필수적이다. 그러나 생계를 위한 목적으로만 일을 한다면 그 일을 잘할 수도 없고 또 오래 지속할 수도 없다. 세상에 일하는 사람들 중에서 경제적인 이유 이전에 그 일 자체가 좋아서 하는 사람은 얼마나 될까?

경제적인 이유가 중요하지 않은 것은 아니지만 무엇보다도 자신의 일을 좋아하고 그 일을 통해 성취감과 보람을 느낄 수 있다면 경제적인 성공도 자연히 따라올 수 있다. 『해리포터』의 작가 조앤

K.롤링, 그녀는 생활보호 대상자일 정도로 하루하루를 힘들게 살아가던 이혼녀였다. 하지만 자신이 좋아하는 일을 포기하지 않고 끝까지 한 결과 세계적인 베스트셀러 작가로 성공할 수 있었다.

> "자신이 좋아하는 것을 하라! 그러면 성공은 자연히 이루어질 것이다."
> -워런 버핏

현실에 굴레를 벗어나 자신이 좋아하는 일에 도전해볼 수 있는 것도 맞벌이의 또 다른 가치다. 하지만 현실에선 많은 사람들이 아직도 경제적 이익이란 관점에서만 일자리를 찾다 보니 시야가 많이 좁아진다.

나는 1994년부터 대기업에서 시작해 8년 1개월 동안 직장생활을 했고 2002년 프리랜서를 선언했다. 지난 12년 동안은 재무상담사로, 또 산업 강사로 집필과 강연을 병행해왔다. 하지만 15년간을 외벌이로 보냈다. 아내가 결혼과 함께 직장을 그만둔 탓도 있지만 지금 생각해보면 경제적인 면에서 맞벌이의 필요성을 그다지 크게 느끼지 못했던 것 같다.

그런데 몇 해 전 아내는 뜻밖에도 이제 아이들도 어느 정도 컸으니 밖에 나가서 일을 해야 하지 않을까 하고 말을 꺼냈다. 직장생활을 한 지도 까마득하고 전업주부로 15년을 넘게 보냈는데 일한다는 것이 과연 가능할까? 처음엔 부정적인 마음이 들었다. '일한다는 것이 가능할 것인가'라는 의문 속에는 사실 '아내가 진짜 돈을 벌 수 있을까?'라는 의문이 숨어 있었다. 하지만 아내는 경제적인 이유보다는 우선은 파트타임이라도 일 자체가 하고 싶었다고 한다. 그렇게 이것저것 아르바이트를 하기 시작했다. 아내는 본인이 좋아하고 늘 관심을 가지고 있던 애견샵에서 아르바이트를 하다가 1년이 지난 후에 소자본으로 들여서 집 근처에 10평이 안 되는 작은 애견샵을 오픈해 지금은 어엿한 사장님이 되었다. 집에서 애완견 두 마리를 키우고 있었는데 흥미와 관심이 합쳐지니 아내는 더 즐거워했다.

요즘은 오래된 경기불황에 자영업자들 어려움이 이만저만이 아니다. 이런 불황에 새로운 사업을 시작한다는 게 불안해 처음에는 반대했지만 아내가 꼼꼼하게 시장조사를 하고 열심히 사업계획을 구상하며 6개월이 넘는 준비기간 동안 모든 열정과 에너지를 쏟는 것을 보고 마음이 움직였다. 또한 아내는 본인이 너무나 좋아하는 애완견과 관련된 일이다 보니 준비 과정에서부터 피곤함을 모르고 매달렸다. 그렇게 차린 가게가 어느덧 1년이 지났다. 그럼 지금 가게는 과연 성공했을까?

우선 개업 초기 지칠 줄 모르고 열심히 달려들었지만 지난 1년은 좌절도 맛보고 희망도 맛본 시간들이었다. 처음에는 한 달 내내 쉬는 날 없이 매달려 매출을 올려도 실질적으로는 전혀 소득이 없는 몇 달이 지나갔다. 6개월 정도 되었을 때는 아주 작은 돈이지만 사장의 월급을 책정하여 어렵사리 본인의 인건비 정도를 가져오기 시작했다. 그 정도 수준이라면 어디 가서 아르바이트를 하는 것이 좀 더 속 편하지 않을까 하는 생각도 들었다. 하지만 주변에서는 오히려 마이너스가 안 나는 것 자체가 대성공이라며 위로했다. 정말 요즘 장사하시는 소상공인들의 어려움이 정말로 크겠다는 생각이 절로 들었다. 딱히 경제적인 면에서만 본다면 큰 이익이 없는 1년을 지냈다. 하지만 아내는 지난 1년 동안 정말 소중한 경험을 했다. 아내는 큰돈을 벌지는 못했지만 오히려 더 강력한 주인의식을 가지고 즐거운 고민에 또 고민을 거듭하며 자신의 사업을 발전시키는 모습을 보여주었다.

나는 아내의 낯선 모습이 참 보기가 좋았다. 지난 1년은 그 어느 때보다도 아내와 많은 대화를 했던 시간이다. 가게 운영에 관해서, 고객에 대해서, 그리고 마케팅에 대해서였다. 여기서 깨달은 중요한 것이 있다. 무엇보다 자신이 좋아하는 일을 해야 한다는 것이다. 외벌이에서 맞벌이가 되는 경우는 경제적인 필요에 의해서가 많다. 하지만 생계만을 위해서 일을 해야 한다면 창살 없는 감옥이나 다름이 없다.

그런 면에서 아내가 일을 시작한 것이 정말 잘한 일이라는 생각이 들었다. 아내를 볼 때마다 '일하는 사람의 생기'가 무엇인지 알 것 같았다. 맞벌이의 진정한 가치는 자신이 좋아하는 일을 하며 그것에서 보람을 찾는 것이다. 외벌이를 청산하고 맞벌이를 해볼까 생각하고 있는 사람이라면 처음부터 거창한 것에 도전하기보다는 시간을 잘 활용할 수 있는 파트타임부터 시작할 것을 권한다. 우선 경제적인 실익보다는 사회생활을 통해서 경험을 쌓는 것이 중요하다. 부부 모두가 풀타임 잡을 가져야만 맞벌이가 되는 것은 아니다. 본인이 좋아하는 것을 배우고 그 일에 도전한다면 당장은 경제적인 면에서 충족이 되지 않더라도 훗날 정말 멋진 맞벌이 부자가 될 수 있을 것이다. 부부는 서로를 마주보는 것이 아니라 같은 곳을 향해 함께 나아가는 존재이기 때문이다.

남성의 이성적 정보 능력과 여성의 감성적 소통 능력이 만나다

종종 여성들이 TV 속 드라마의 이야기를 현실처럼 말하는 것을 보게 된다. 이것은 여성들이 이야기 전개를 빨리 이해하고 몰입하여 감정이입을 더 잘하는 능력을 갖고 있기 때문이 아닐까. 남성이 보통 수리적인 분야에서 뛰어난 능력을 발휘하는 데 비해 여성이 언어적인 부분에 뛰어난 능력을 발휘하는 이유도 마찬가지다.

남성은 목표 지향적인 일을 할 때 안정감을 느낀다고 한다. 그래서 쉬면서도 신문이나 뉴스를 보면서 끊임없이 정보를 수집한다. 반면 여성들은 감정에 관련된 일을 할 때 안정감을 느낀다고 한다. 예를 들어 아내가 시어머니와의 갈등을 이야기한다면 해결책을 원하는 것이 아니라 배우자가 자신의 감정을 함께 공감해주길 바라는 마음이 우선이다.

이처럼 남성과 여성, 그러니까 남편과 아내는 가정에서 근본적으로 다른 성향을 지니고 있다. 따라서 특별한 노력이 지속되지 않는다면 사소한 것도 갈등의 원인이 된다. 하지만 맞벌이 부자들은 근본적으로 다른 부분을 이겨내고 훌륭한 조화를 만들어온 사람들이다. 실제로 남성의 뛰어난 정보수집 능력과 여성의 현실감각에 기초한 공감 능력이 적절히 조화를 이룰 때 더 좋은 결과를 만들어낼 수 있다. 바로 정반합正反合의 원리다. 정반합이란 철학자 헤겔의 변증법으로 하나의 주장인 정正에 모순되는 다른 주장인 반反이 있을 때 더 높은 종합적인 주장인 합合으로 통합되어 더욱 훌륭한 결과에 이른다는 것이다.

인생이란 수많은 선택들의 조합으로 이루어진다. 매 선택 속에서 다른 시각을 갖고 있는 사람의 조언을 들을 수 있다면 어떨까? 나와는 다른 의견이라며 화를 낼 것이 아니라 정반합의 과정으로 이해해야만 한다.

바둑이나 장기를 두다 보면 훈수訓手라는 것이 있다. 정작 바둑과 장기를 두고 있는 사람보다는 옆에서 구경하는 사람이 더 좋은 수를 발견하는 경우가 많다. 왜일까? 그것은 훈수를 하는 사람이 나와는 다른 시선을 갖고 있기 때문이다.

맞벌이 부부는 바로 서로에게 훈수를 두는 셈이다. 재테크에 크게 성공한 사람들의 이야기를 듣다 보면 역발상이 성공의 중요한 포인트라고 말하는 것을 자주 듣는다. 바로 이런 이치와 무관하지 않다. 그리고 의견이 발전된 하나로 통합되는 과정에는 여성의 감성적인 판단 능력이 반드시 필요하다.

앞서 소개했던 맞벌이 부자 박혜숙 씨, 2006년 본격적인 부동산 규제정책 때문에 주택 가격이 하락세로 돌아서고 모두가 부동산 시대는 끝났다고 말하던 바로 그때, 남들이 주목하지 않던 작은 주택이나 쪽필지에 투자를 시작하여 지금은 맞벌이 부자의 대열에 들어섰다. 그녀는 어떻게 그런 역발상을 하게 된 것일까? 사실 부부는 독특한 지병으로 인하여 두 사람 모두 보험에 가입할 수가 없었다. 그것이 계기가 되어서 은퇴 전에 언제든 일을 그만두더라도 생활이 가능한 자산을 만들어야 한다는 생각이 남달리 강해졌다고 한다. 보험 하나 가입할 수 없는 상황이 오히려 일찍부터 적극적으로 재테크에 힘을 모으게 만든 것이다. 건설회사 공무팀에서 근무하는 남편은 15년 전부터 부동산 시장 하락에 대한 뉴스를 통계에 근거하여 이야기했다. 어쩌면 이런 남편 때문에 아내가 부동산 시장에 관심을 갖게 되었는지도 모른다. 위기란 언제나 기회를 만드는 법. 그녀는 항상 어떠한 사실을 접하면 그 사실 뒤에 숨어 있는 다른 면의 진실을 생각했다.

각종 미디어에서는 인구 감소로 인한 부동산 수요의 감소 이야기가 끊임없이 나왔지만 그녀는 이것을 계속해서 거꾸로 생각해봤다. 특히 요즘 같이 평균 수명이 연장되는 시기에 통계처럼 급격한 인구 감소가 과연 곧바로 수요 하락으로 이어질 것인지에 대해 고민했다.

늘 보도되는 내용과 현실은 차이가 있다. 전국의 주택 보급률은 110%가 넘는다고 하지만 여전히 집 없는 사람은 많다. 치솟는 전세

가격을 보건대 주택 수요는 당분간 떨어질 기미가 없다. 오히려 혼자 사는 가구가 증가하면서 수도권에도 고급주택은 아니지만 소형 주택이나 오피스텔 수요가 꾸준할 것이란 확신이 들기 시작했다. 남들이 모두 아니라고 발을 빼는 시기가 오히려 좋은 기회일 수 있다는 생각이었다.

지난 10년을 돌아보건대 그녀의 생각은 적중했다. 뉴스에 나오는 말처럼 부동산 가격은 전반적으로 하락했다. 하지만 그녀의 부동산은 그렇지 않았다. 떨어지는 집값 속에서도 그녀의 부동산은 올라갔던 것이다.

박혜숙 씨는 부동산을 고를 때마다 이 지역에 살고자 하는 사람들이 누구일지, 엄마의 마음으로 그 지역을 바라본다고 말한다. 그 사람들이 되어서 지하철을 타보고 또 버스를 타보며 동네를 돌아본다. 단순히 지도로 지하철역과의 거리나 입지를 평면적으로 보고 판단하지 않는다. 결국 수요는 소비고 대부분의 소비는 여성이 키를 쥐고 있기 때문에 여성의 감성적 판단은 부동산 투자에서도 성공적인 결과를 가져오는 경우가 많다.

여성의 현실감각이 최고의 경쟁력이다

맞벌이 부자들의 남편은 거의가 탈권위적이다. 남녀의 뚜렷한 성역할을 강조하던 시대에 성장했지만 정작 본인은 남녀의 성역할보다는 부부로서의 평등적 사고를 가지고 있는 것이다. 이것은 흔히 가부장적인 의식을 갖고서 남편이 특별한 배려심으로 아내를 열심히 도와준다고 생각하는 일반적인 사람들의 생각과는 크게 다르다. 하지만 아내를 도와준다고 생각하는 것 자체가 잘못된 것이다. 도와주는 것이 아니라 당연히 분담해서 해야 할 일을 하는 것이 맞다. 남편의 이런 평등적 사고는 아내로 하여금 사회적으로도 더 많은 발전의 기회를 제공한다.

이제 우리는 평생 직장의 시대가 아니라 평생 직업의 시대를 살고 있다. 우리 사회 각 분야에서 여성파워가 커지는 것은 어제 오늘 일이 아니다. 과거 남성들의 고유영역이라고 생각되는 분야에서조차도 좋은 성과를 내는 훌륭한 여성들이 많다. 그 옛날 노동집약적 산업인 농업이나 공업이 경제를 주도하던 시대에는 남성들이 산업 전반을 주도했다. 그러나 이제는 지식과 정보산업의 시대다. 여러 분야에서 섬세함과 감성적 여성성이 더욱 부각되고 있다. 여성이 남다른 경쟁력을 발휘하는 시대가 왔다.

그런데 여성은 남성들과 좀 다른 경쟁력을 가지고 있다. 그 다른 경쟁력의 실체란 과연 무엇일까?

나는 그 경쟁력의 본질을 여성의 뛰어난 현실적 감각이라고 말하고 싶다. 현실적 감각이란 어떠한 경우라도 반드시 살아남고야 마는 생존 능력의 또 다른 이름이다. 나이가 같으면 여성이 더 조숙하고 정신적인 연령도 더 높다고들 한다. 이것이 바로 생존 능력이다. 생존 능력이란 본능에서 비롯된 것이지만 특히 여성의 경우 결혼과 출산을 거치면서 이런 현실적 감각이 더욱 강화된다. 아마도 조물주가 엄마들에게 모성애라는 이름으로 더해 준 특별한 능력일지도 모른다.

　그렇다면 돈에 대한 감각은 어떨까? 현대사회에서 생존과 돈은 떼려야 뗄 수 없는 관계임에 분명하다. 내가 만나본 젊은 직장인들을 살펴보면 주식투자를 하는 비율의 경우, 남성이 여성에 비해 월등히 높다. 하지만 실제로 주식에 투자하는 여성이 남성 투자자에 비해 훨씬 높은 수익률을 기록하는 경우를 많이 보게 된다. 쉽게 접근하지는 않지만 하면 더 잘한다는 것이다. 또한 실제로 상담을 하다 보면 20대의 사회경험이 적은 여성 직장인들이 30대 중반의 남성 직장인보다 더 훌륭한 현실감을 갖고 있다. 따라서 재테크에 있어서도 여성이 훨씬 더 좋은 감각을 지닌 경우가 많다. 그래서 재테크에 있어서 아내의 의견을 따라야만 좋은 결과로 이어진다는 말이 생겨난 것이다. 이런 것을 흔히 여성의 '감'이나 '촉'이라고 말하기도 한다.

　2030의 젊은 부부들과 대화를 나누다 보면 남편과 아내의 의견이 서로 달라서 때론 상담 중에 살짝 언쟁이 생기는 경우도 있다. 아직 신혼이라서 소통 시스템이 만들어지지 않았기 때문이다. 또 아직 주도권을 누구도 쥐고 있지 않기 때문일 수도 있다. 특히 결혼하고 얼마 되지 않은 경우라면 가정 내에서 경제권이나 그 밖에 것들에 대한 주도권 싸움이 벌어지기 일쑤다. 하지만 경제적인 문제에 있어서는 주로 여성의 현실감각을 인정해주는 것이 좋다. 남성은 눈에 보이는 사실과 정보를 기초해서 판단하는 성향이 강하다. 하지만 여성은 그 사실과 정보 뒤에 감추어진 또 다른 내용까지 보고 판단하는 능력이 있다.

한 신혼부부에게 질문했다. 앞으로 10년 동안 어느 정도의 주택을 목표로 하는 것이 좋을까? 또 얼마 정도의 주택자금을 만들어야 할까?

남편은 "출퇴근만 편하다면 어디든 상관없다. 비싼 아파트보다 빌라나 연립이 괜찮을 것 같다"라고 말했다. 하지만 아내는 "초, 중, 고등학교의 교육환경이 갖추어진 곳이어야 한다. 10년 후라면 반드시 아파트여야 한다"는 의견을 말했다.

남편은 눈앞에 문제를 해결하는 데 급급하지만 아내는 앞으로 태어날 자녀의 교육환경을 생각하고 있다. 교육환경은 곧 주택의 가치를 의미한다. 주택이 더 이상 투자용이 아닌 주거용이라고 하지만 인생에서 많은 돈이 투자되는 주택의 자산 가치는 잘 유지되는 것이 매우 중요하다. 연립이나 빌라는 보안 문제나 자산가치 면에서 아파트에 비해 다소 떨어지기 때문이다.

물론 세상의 모든 남편과 아내가 꼭 그렇다는 것은 아니다. 하지만 맞벌이 부자들은 대체적으로 여성의 이런 현실감을 많이 인정해주는 편이다. 따라서 경제적인 주도권이나 돈에 대한 컨트롤타워를 아내가 맡는 경우가 훨씬 많다는 것을 잘 참고해볼 필요가 있다.

"슈퍼맨이 돌아왔다!"

요즘 육아 방송의 인기가 높아지며 슈퍼맨이 등장했다. 바로 아빠들이다. 이들은 엄마의 휴가를 위해 아이들과 멀리 여행을 떠나주거나, 갓난아이를 위해 이유식을 만든다. 이처럼 육아를 척척 해내는 아빠들의 모습에서 휴일에 잠만 자던 과거 아빠들의 모습은 더 이상 찾아볼 수 없다. 이처럼 현대사회의 부부들은 엄마의 역할이나 아빠의 역할을 구분 짓기보다는 함께 부모라는 역할을 공유하고 분담한다. 사실 그동안 우리 사회는 일하는 여성들에 대한 배려가 부족했다. 이제 더 이상 아내의 일은 남편의 일을 경제적으로 보조하는 부업이 아니다. 오히려 아내가 사회적으로 더 뛰어난 능력을 보이기도 하고 그에 따라 소득이 더 높은 경우도 많다. 사정이 이렇다 보니 이제는 밖에서 일에 지쳐 들어온 아내가 전통적인 여성의 역할에 속박되어 집에서도 가사일과 육아까지 홀로 감당해야 하는 원더우먼이 될 수는 없다. 그래서인지 요즘 TV에는 원더우먼을 대신하는 슈퍼맨이 등장한 것이다.

그뿐만이 아니다. 요즘 대세는 바로 요리하는 남자. TV를 켜면 온통 요리하는 남자들 모습밖에 안 보인다. TV에서 도리어 여성이 요리하는 모습을 보면 이젠 좀 어색할 정도다. 이 시대 최고의 칭찬은 '섹시하다'는 표현이다. 그래서 '요섹남(요리하는 섹시한 남자 준말)'이란 말까지 나오곤 한다. 이런 변화는 늘어나는 맞벌이 가정과 함께 시작된 긍정적인 변화다.

남자들에게 너무 많은 짐을 지우는 게 아니냐고 볼멘소리가 나올 법하다. 하지만 슈퍼맨과 같은 남자가 되기 위해 너무 긴장할 필요는 없다. 사실 요리를 잘하는 남자가 인기 있는 것이 아니라 가사노동을 기꺼이 분담해주는 배려심 있는 남자가 인기 있는 것이다.

요리가 도저히 안 된다면 설거지라도 열심히 하면 된다. 효과는 동일할 테니 말이다. 이런 현상이야말로 맞벌이 시대가 가져온 바람직한 변화다. 매스 미디어는 시대요구를 보여주기 마련이다. 지금 우리 사회에 얼마나 맞벌이가 필요한지, 또 그 가치가 얼마나 높은지를 간접적으로 보여주고 있다.

요즘은 이런 멋진 아빠와 남편들이 많다고 하지만 이미 '맞벌이 부자'의 결승점을 통과한, 성공한 맞벌이들의 과거는 어땠을까? 불과 20년 전만 하더라도 지금과는 사뭇 다르게 남성과 여성의 성 역할이 분명했다. 하지만 놀랍게도 이미 그때부터 맞벌이 부자들은 남달랐다. '맞벌이 부자'의 성공 스토리 속에는 시대를 앞서가는 슈퍼맨 같은 남편과 아빠가 있었다.

김미숙 씨(56세)는 몇 해 전 23년을 근무한 은행을 퇴사한 후 사회체육지도자와 골프 티칭프로 자격증을 따서 지금은 골프연습장에서 골프 선생님으로 일하고 있다. 과거 은행에서 입행 동기 중 유일하게 20년을 넘기며 오래도록 근무했고 차장으로 퇴사하기까지 뛰어난 실력과 성실함을 인정받기도 했다. 주변 동료들은 그녀를 '움직이는 FM'이라 부를 정도다. 매우 보수적이며 관료적인 조직문화를 가진 은행의 치열한 경쟁 속에서도 당당히 간부까지 올라간 그녀. 지금 멋진 골프 선생님으로 변신하기까지 김미숙 씨의 성공 스토리 속에는 철저한 자기관리와 강한 도전정신이 있었다. 하지만 정작 그녀는 성공적인 직장생활과 풍요로운 현재의 뒤엔 지난 25년간 열심히 뒷바라지를 한 남편이 있다고 힘주어 말한다.

김미숙 씨는 현재 전문대에서 부교수로 있는 남편과 약 25년 넘게 맞벌이 중이다. 남편 채영흠 씨(58세)는 가장의 권위를 내세우기보다는 집안일을 묵묵히 도와주고 아이들까지 잘 돌봐주는, 정말 든든한 그녀의 도우미였다. 남편의 외조는 남달랐다. 그녀는 현재 대학생인 두 자녀를 키우면서도 학교 선생님과 상담하기 위해 아이들 학교를 가본 일이 없다. 그때마다 남편은 엄마의 역할을 자처했다. 심지어 그녀는 아이들이 어릴 적에 이유식을 만들어주었던 기억도 없다고 한다. 아니, 이유식을 만드는 방법조차 모른다고 말한다. 남편이 주부 역할의 상당 부분을 책임지는 남다른 외조를 해준 것이다. 시간만 허락된다면 그 정도는 남편이 도와줄 수 있다고 생각할지도 모르겠다. 하지만 시간을 낼 수 있다고 해서 모든 남편들이 육아와 가사를 도맡아 하면서 아내의 직장생활 돕지는 않는다. 또 20년 전 사회적 분위기 속에서는 더더욱 쉬운 일이 아니었다.

그러고 보면 지금 TV에서 아이를 돌보는 이휘재 씨나 요리하는 남편 백종원 씨를 합쳐놓은 듯한 슈퍼맨 남편이 20년 전에도 있었던 셈이다. 실제로 그녀의 동기들 대부분은 30대 중반에 직장을 그만두고 전업주부가 되었다. 과거 여성의 설 자리가 좁았던 직장문화도 문제였지만 가장 큰 원인은 출산과 육아를 거치면서 아이를 키워야 한다는 것이었다.

김미숙 씨와 친구들은 이제 50대로 접어들었다. 자녀가 다 커 버린 지금, 친구들은 아직까지 일하는 그녀를 너무나도 부러워한다. 친구들은 결혼과 출산, 육아로 이어지는 시기에 전업주부가 되면서 자연스레 외벌이가 되었다. 하지만 그녀는 아이가 어린 시절에도 남편의 적극적인 도움 덕분에 직장생활을 하는 동안 간부 승격을 위한 사내교육 프로그램까지 적극적으로 참여했다. 퇴직 후 새로운 일에 도전하게 된 것도 바로 남편의 권유와 열렬한 지원 때문이었다. 평소 운동을 너무 좋아하는 아내를 위해서 지인을 통해서 사회체육 지도자 과정을 소개하고 적극적으로 지원해준 것이다.

실제로 대한민국 여성의 경제활동 참여율은 2013년 기준 63.5%로 세계 111위를 차지하고 있는데 연령대별 경제활동 참여율 곡선을 보면 20~30대에 이르렀을 때 다른 OECD 국가에 비해서 급격하게 하락하는 것을 볼 수 있다. 이때가 바로 출산과 육아 때문에 경력 단절이 발생되는 시기다. 그리고 50대를 넘어서면서 맞벌이 위기는 다시 찾아오는데 그녀는 이런 두 번의 위기를 남편의 남다른 도움으로 넘길 수 있었다.

은행원답게 재테크도 무척 성공적이었다. 기본적인 저축을 통해 모은 목돈을 주로 예금과 임대용 부동산에, 그리고 근래에는 약간의 금액을 주식에 분산 투자했다. 현재는 서울에 40평대 아파트를 갖고 있고 예금과 주식, 그리고 송도 임대용 아파트까지 합해 자산이 15억 원 정도 된다. 그녀는 이제 새로운 일을 갖게 되었다. 남편의 정년도 아직 5년 넘게 남아 있지만 이미 '맞벌이 부자'의 기준은 넘어섰다. 10년 후쯤 완전한 은퇴를 한다면 현재의 집은 조금 줄이고 남는 여윳돈과 임대용 부동산, 퇴직금과 개인연금 등을 활용해 좀 더 여유 있는 삶이 가능하다.

■ 김미숙 씨와 채영흠 씨의 자산현황

항목	내용	평가금액	비고
부동산	거주주택	6억 5000만 원	거주주택은 노후자산에서 제외
	송도 아파트	3억 9000만 원	영종도 아파트 25평형
예금	정기예금	1억 원	
연금	남편 사학연금	-	65세 이후 월 200만 원 정도 예상됨
	개인연금	2억 2000만 원	60세 연금개시
주식	주식	1억 5000만 원	
	ELS	6000만 원	
합계		15억 7000만 원	

김미숙 씨의 성공 핵심은 오랫동안 맞벌이를 지속했다는 것이다. 그 맞벌이는 진화하여 지금도 계속되고 있다. 육아와 출산으로 찾아온 첫 번째 위기, 또 퇴직 후 찾아온 두 번째 위기 역시 모두 극복한 것이다. 은행을 퇴사한 후에도 그녀는 늘 "아이들과 내 걱정은 말고 공부하고 싶으면 얼마든지 해요"라는 남편의 말에 힘을 얻었다고 한다. 부담이 될 때도 있었지만 항상 자신을 응원하고 힘들 때마다 격려하는 남편이 있어서 현재의 자신이 있다고 말하는 그녀.

물려받은 재산이 많은 것도 아니고 뛰어난 감각으로 대박 난 재테크를 한 것도 아니지만 이 부부는 오랫동안 나란히 삶이라는 두 개의 수레바퀴를 묵묵히 함께 감당해온 것이다.

요즘 김미숙 씨는 TV에서 〈슈퍼맨이 돌아왔다〉나 〈집밥 백선생〉을 보면 이렇게 혼잣말을 하며 활짝 웃는다.

"아~ 저거 옛날에 우리 준형이 아빠가 다 하던 거야!"

신데렐라가 자라서 파워 워킹맘이 되다

애니메이션 영화 〈겨울왕국〉은 과거의 동화와 사뭇 다른 점이 있다. 흥미롭게도 공주들만의 이야기라는 점이다. 신데렐라와 백설공주의 운명이 왕자를 만남으로서 극적으로 변화되는 것과 달리 〈겨울왕국〉의 주인공 '엘사'는 본인의 정체성을 발견하고 스스로 운명을 개척한다. 이 시대 동화 속 주인공의 캐릭터가 과거와 달라진 이유는 무엇일까?

이제는 더 이상 남성의 의해 운명이 좌우되는 여성의 모습이 필요하지 않다는 메시지다. 이런 변화는 이미 1990년대 이후부터 나타나 지금은 많은 분야에서 여성파워를 실감할 수 있다.

우리나라 여성들은 특히 스포츠 분야에서 세계 정상권에 오른 경우가 많다. 또 각종 전문직에도 여성들의 진출이 활발하다. 요즘 남녀공학의 학업 성적을 봐도 상위권은 모조리 여학생들의 차지다. 오죽하면 요즘 재판장에 가보면 검사도 여성, 변호사도 여성, 판사도 여성인데 오로지 범인만 남성이라는 웃지 못할 이야기가 있을 정도다. 이처럼 여성의 파워는 실로 대단하다. 모든 면에서 높은 경쟁력을 가지고 있는 여성의 능력은 가정에서도 예외가 아니다. 엄마의 역할을 하면서 동시에 사회에 진출해 본인의 능력을 마음껏 발휘하고 있는 일명 파워 워킹맘이 점차 늘어나고 있다. 사실 이런 파워 워킹맘 한 명의 가치는 가정적으로는 물론이고 국가적으로도 매우 높다고 봐야 한다.

하지만 아직 아쉽게도 이런 여성의 잠재력이 발휘되지 못하고 사장되는 경우도 많다. 우리나라 여성의 대학 진학률은 80%로 세계최고 수준이다. 그에 비해서 여성 고용률은 60.1%로 OECD 평균 78.7%보다 매우 낮은 편이다. 맞벌이를 하고 싶지만 여러 가지 여건과 환경이 따라 주지 못하는 경우가 많은 것이다.

유럽에선 여성의 고용률이 높은 나라일수록 출산율도 높다. 그 이유는 안정된 시간제 일자리와 완벽한 보육시스템 덕분에 일과 가정이 양립할 수 있기 때문이다. 그런 면에서 보면 우리나라는 많이 개선되었다고 해도 아직 상대적으로 열악한 편이다. 또 일하는 워킹맘들에 대해서는 좀 더 남다른 평가를 해줘야 한다.

만일 당신이 아이를 키우면서 동시에 직장생활을 하고 있는 워킹맘이라면 그 경제적 가치는 얼마나 될까? 워킹맘이 직장생활뿐만 아니라 전업주부가 하는 가사노동 일부를 한다고 가정하면 그 경제적 가치는 실로 엄청나다.

보통 가사노동만을 분담하는 전업주부가 이혼소송을 한 경우를 통해 그 가치를 가늠해보자. 재산분할청구 판례를 보면 과거 2000년대 초반까지는 전업주부가 이혼 시 받는 재산은 30% 정도였다. 하지만 2010년 이후의 판례를 보면 이혼 시 받는 재산이 50%로 늘어났다. 이것은 가사노동이 재산 형성에 기여하는 바가 그만큼 크다는 것을 보여준다. 따라서 단순하게 생각하더라도 워킹맘의 경제적 가치는 다음과 같이 계산할 수 있다.

> 예) 연 이자율 2.0% 시대, 워킹맘 연봉 2500만 원
> 매월 가계 저축 150만 원인 가정의 워킹맘이 지닌 경제적 가치는?
>
> $$\text{워킹맘의 경제적 가치} = \frac{\text{연봉} + ((150 \div 2) \times 12)}{\text{연 이자율}}$$
>
> $$\frac{2500\text{만 원} + 900\text{만 원}}{0.02} = 17\text{억 원}$$

매년 연봉과 연간 저축액을 합하면 3400만 원. 2% 금리에서 이 정도의 소득이 발생하려면 은행에 17억 원을 예금해야만 가능하다는 뜻으로 풀이할 수 있다. 즉 워킹맘의 경제적 가치는 무려 17억 원이 된다.

따라서 금리가 떨어지면 떨어질수록, 또 가계저축이 늘어날수록 워킹맘의 경제적 가치는 올라간다. 굳이 숫자를 통해 계산하지 않더라도 지금과 같은 경기침체에, 일자리가 하늘에 별 따기라는 시대에 워킹맘의 가치란 실로 어마어마한 것이다.

하지만 특권을 가지고 있는 사람은 그것이 특권인지 모르고, 기회 속에 있는 사람도 그 기회가 다 지나가고 난 후에야 그것이 정말 기회였다는 것을 아는 경우가 많다. 맞벌이라는 이 소중한 골든타임을 그냥 흘려버리면 안 된다. 그것을 기회로 잘 살려야만 한다.

현재 대한민국이 겪는 저성장의 큰 원인 중 하나가 바로 저출산이다. 저출산은 미래 인구를 감소시키는 원인인 동시에 당장의 관련 산업에도 악영향을 준다.

우리나라의 합계 출산율(여성 1명당 예상 평균 출생아 수)은 2014년 기준으로 1.20명이다. 초저출산의 기준인 1.30명을 밑돌고 있는 것이다. 한국의 합계 출산율은 OECD 회원국 중 가장 낮은 실정이다. 이처럼 출산율이 낮은 이유는 역시 경제적인 문제가 가장 크다. 불완전한 육아휴직제도와 보육 시스템은 상대적으로 소득이 높은 맞벌이에게도 출산을 망설이는 이유가 된다.

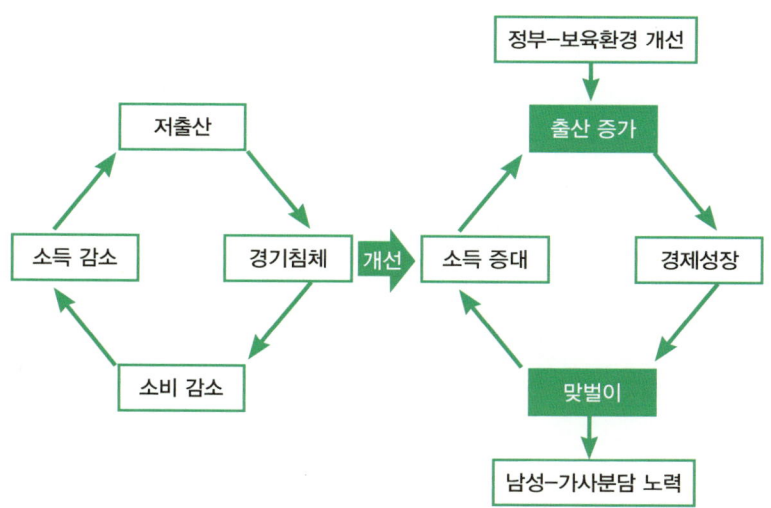

따라서 이런 저출산과 저성장의 고리를 끊기 위해서라도 맞벌이를 통한 안정된 워킹맘을 많이 만들어내는 것이 중요하다. 앞으로 국가와 사회가 함께 힘써야 하는 과제인 것이다.

요즘 여성들은 어릴 적에 신데렐라를 읽으며 자랐지만 더 이상 본인의 운명을 바꾸어줄 왕자를 기다리지는 않는다. 본인의 정체성을 발견하고 내면의 능력을 마음껏 발휘할 수 있는 멋진 파워 워킹맘들이 많이 나타나 하루속히 저출산과 저성장의 문제가 동시에 해결되길 바란다.

에필로그

걸림돌이 있다면 ☐ 디딤돌로 삼아라

　빈칸에 어떤 단어를 넣어야 할까? 성공한 사람들은 바로 인생의 걸림돌을 디딤돌로 변화시킨 사람들이다. 어려움 때문에 포기해 버리거나 걸림돌 앞에 주저앉는 것이 아니라 바로 그 걸림돌을 디딤돌로 삼아 새로운 에너지를 만들어냈다. 그래서 성공한 모든 사람들의 삶 속엔 '그럴수록'이라는 단어가 들어 있다. 우리도 빈칸에 '그럴수록'이라는 단어를 넣어보자. 혹시 과거에 어려움이 생길 때마다 '그럴수록'이라는 용기의 카드를 꺼내기보단 '그렇기 때문에'라는 자기합리화로 핑계부터 떠올리지 않았는가?

　사실 부자들 중에는 의외로 상속형 부자보다 자수성가형 부자들이 많다. 그들이 지금의 부자가 된 데에는 가난이라는 걸림돌이 있었을 것이다. 하지만 그들은 가난을 디딤돌로 삼아 복지라는 목표를 향해 달렸다.

인생은 마치 세상이란 무대 위에 펼쳐지는 연극이라고들 말한다. 그러나 연극은 무언가 잘못되었을 때 고칠 수 있지만 아쉽게도 인생이란 그럴 수 없다. 삶은 편집할 수도 없고 다시 공연할 수도 없다. 그야말로 한 번 뿐인 실전이다. 한 번뿐인 인생에서 우리가 가고자 하는 길을 먼저 갔던 선배들의 조언은 매우 소중하다.

우리는 그동안 맞벌이 부자라는 항구에 도달한 사람들의 모습들을 살펴보았다. 맞벌이를 한다는 것이 외벌이에 비해서 경제적인 여유가 있는 것만은 부인할 수 없는 사실이다. 하지만 눈앞의 넉넉함에 눈이 멀어 미래의 어려움을 예측하지 못한다면, 지금의 여유로움은 미래에 더 큰 충격을 만들 수 있다. 그것이 바로 맞벌이들의 걸림돌이다.

소득이란 줄어들 수도 있고 아예 사라질 수도 있는 불확실의 영역이지만 미래의 소비는 쉽게 줄어들거나 없어지지 않을 것이다. 맞벌이 부자들은 자신들이 맞벌이기 때문에 갖게 되는 소득의 경착륙이 더 큰 어려움이 될 수 있음을 일찍부터 깨달은 사람들이다.

이는 맞벌이들만이 갖는 어려움이자 그들 앞에 놓인 걸림돌이다. 그때 그들은 어김없이 '그럴수록'이라는 카드를 꺼냈다. 남들이 모두 부러워하는 안정된 직장을 다니고 있었지만 그들은 그 여유로움이 사라질 미래를 먼저 생각했다. 또한 소득이 많을수록 당장의 문화생활과 풍족한 여가에 매달리기보다는 저축과 자산증식에 전념했다. 앞서 사례를 통해서 보았지만 맞벌이를 한다고 모든 경제문제가 해결되는 것은 아니다. 오히려 맞벌이 때문에 경제적으로 힘들어지고 큰 어려움을 겪는 경우가 적잖다. 바로 이것이 현재의 경제적 여유로움 자체가 미래의 어려움을 보지 못하게 만드는 장애물로 변해버린 것이다.

맞벌이 부자들은 미래의 어려움을 바라볼 수 있는 눈을 가지고 있었지만 결코 성급하지는 않았다. 세상 사람들은 그들에게 묻는다. 도대체 당신이 성공한 그 특별한 비법이 무엇이냐고. 한순간의 어려움을 극복하고 마술처럼 꿈을 현실로 만드는 비법이 무엇이냐고. 그런 비법이 있었더라면 누군들 부자가 되지 못했겠는가. 우리가 만나본 맞벌이 부자들에게 그런 마법 같은 비법은 없었다. 다만 정도正道를 따랐을 뿐이다.

나는 직장인 재테크를 강의할 때 재테크를 주로 공부나 운동에 자주 비유한다. 그 속성이 매우 비슷하기 때문이다. 누가 공부를 잘하는지 생각해보자. 머리가 좋은 사람? 분명 하나의 조건은 될 수 있겠지만 결정적 요소가 아니란 것은 모두가 잘 알고 있을 것이다. 좋은 선생님, 좋은 학교나 학원, 과외 등 공부에 영향을 미치는 요소는 참 많다. 모두가 중요하다고 떠드는 많은 요소 중 덜 중요한 것을 하나씩 지워나간다면 결국 마지막에 남는 것은 무엇인가? 학원이나 과외 같은 것들을 하나씩 지워보자. 이것들이 모두 사라진다면 어떨까? 제일 중요한 것은 결국 책상에 앉아 있는 시간이다. 엄밀히 말해 공부에 집중하는 시간이 성적을 만드는 것이다. 결국 꾸준히 책상에 앉아서 오랜 시간 집중하여 책을 보는 아주 단순한 공부 습관이 성패를 좌우한다.

재테크도 마찬가지다. 성공한 맞벌이 부자들은 마치 학원이나 과외 같은 것이 모두 사라진 시대에 공부하는 학생과도 같다. 우리 부모님 세대가 재테크로 성공한 비결 뒤에는 부동산이라는 마술이 있었지만 지금은 특별한 투자비법이나 비결이 사라진 시대다. 결국 이제는 미래의 어려움을 정확히 인식하고 꾸준히 목표를 향해 저축을 집중해온 사람들만이 재테크에 성공할 수 있다.

원하는 성적이 나오지 않는 학생의 실패 원인이 좋은 과외와 좋은 학원을 찾지 못해서가 아닌 것처럼 맞벌이 부부가 재테크에 실패하는 이유 또한 좋은 상품을 찾지 못했거나 투자 기회를 못 살려서가 아니다. 현실감 있는 목표, 그 목표를 향한 집요하고 집중력 있는 저축과 투자가 맞벌이 부자들의 핵심이다. 이 단순하고도 명확한 사실의 바탕에는 마치 한 몸처럼 행동하는, 소통이라는 콤비플레이가 자리 잡고 있다는 점도 명심해야 할 것이다.

모두들 불황과 저성장으로 미래의 희망을 찾기 어렵다고 하는 이때 '그럴수록' 열심히 살아가는 이 시대의 맞벌이들, 또 워킹맘과 워킹대디 들이 이 책을 통해 힘과 용기를 얻고 미래의 희망을 현실화하길 간절히 바라는 마음으로 이 책을 썼다. 아울러 이 책을 기획하며 써나가는 데 물심양면 도움을 준 모든 분들께 감사하다는 말씀을 전한다. 아울러 항상 영감이 가득한 조언으로 책에 생동감을 불어넣어 준 임채강, 안성환 후배, 또 항상 응원을 아끼지 않는 아내와 아이들에게 고맙다는 말을 하고 싶다. 마지막으로 보잘것없는 내게 항상 큰 능력을 채워주시는 하나님께 감사드린다.

남들보다 2배 이상 빨리 돈이 모이는 기적의 돈 관리

맞벌이 부자들

초판 1쇄 발행 2016년 3월 18일
초판 5쇄 발행 2023년 7월 25일

지은이 김경필
펴낸이 김선식

경영총괄 김은영
콘텐츠사업본부장 임보윤
콘텐츠사업1팀장 한다혜 **콘텐츠사업1팀** 윤유정, 성기병, 문주연, 김세라
편집관리팀 조세현, 백설희 **저작권팀** 한승빈, 이슬, 윤제희
마케팅본부장 권장규 **마케팅2팀** 이고은, 김지우
미디어홍보본부장 정명찬 **영상디자인파트** 송현석, 박장미, 김은지, 이소영
브랜드관리팀 안지혜, 오수미, 문윤정, 이예주 **지식교양팀** 이수인, 염아라, 석찬미, 김혜원, 백지은
크리에이티브팀 임유나, 박지수, 변승주, 김화정, 장세진
뉴미디어팀 김민정, 이지은, 홍수경, 서가을
재무관리팀 하미선, 윤이경, 김재경, 이보람
인사총무팀 강미숙, 김혜진, 지석배, 박예찬, 황종원
제작관리팀 이소현, 최완규, 이지우, 김소영, 김진경, 양지환
물류관리팀 김형기, 김선진, 한유현, 전태환, 전태연, 양문현, 최창우
외부스태프 본문디자인 글빛 이춘희

펴낸곳 다산북스 **출판등록** 2005년 12월 23일 제313-2005-00277호
주소 경기도 파주시 회동길 490
전화 02-704-1724 **팩스** 02-703-2219 **이메일** dasanbooks@dasanbooks.com
홈페이지 www.dasan.group **블로그** blog.naver.com/dasan_books
종이 (주)북토리 **출력·인쇄** (주)북토리 **코팅 및 후가공** (주)북토리 **제본** (주)북토리

ISBN 979-11-306-0773-3 (13320)

© 김경필, 2016

- 책값은 뒤표지에 있습니다.
- 파본은 구입하신 서점에서 교환해드립니다.
- 이 책은 저작권법에 의하여 보호를 받는 저작물이므로 무단 전재와 복제를 금합니다.
- 이 도서의 국립중앙도서관 출판시도서목록(CIP)은 서지정보유통지원시스템 홈페이지(http://seoji.nl.go.kr)와
  국가자료공동목록시스템(http://www.nl.go.kr/kolisnet)에서 이용하실 수 있습니다. (CIP제어번호 : CIP2016005817)

다산북스(DASANBOOKS)는 독자 여러분의 책에 관한 아이디어와 원고 투고를 기쁜 마음으로 기다리고 있습니다.
책 출간을 원하는 아이디어가 있으신 분은 이메일 dasanbooks@dasanbooks.com 또는 다산북스 홈페이지 '투고원고'
란으로 간단한 개요와 취지, 연락처 등을 보내주세요. 머뭇거리지 말고 문을 두드리세요.